prometeo
l i b r o s

prometeo
libros

UNIVERSIDAD, PERONISMO Y DICTADURA
(1973 - 1983)

Laura Graciela Rodríguez

UNIVERSIDAD, PERONISMO Y DICTADURA

(1973 - 1983)

prometeo
libros

Índice

Introducción

Este libro está relacionado con otros dos que he publicado sobre los funcionarios y las políticas educativas durante el "Proceso de Reorganización Nacional" [en adelante PRN] o última dictadura (1976-1983).[1] A diferencia de éstos y como justificaremos más adelante, decidimos comenzar este relato unos años antes. Es decir, en este trabajo nos referiremos al período que se inició con la gestión del ministro Jorge Taiana (1973-74) y finalizó con Cayetano Licciardo (1982-1983). El propósito principal es brindar una mirada de conjunto de lo sucedido en las universidades, en una etapa que generalmente ha sido estudiada según lo ocurrido exclusivamente en la universidad más grande del país, la UBA.[2] Sin desatender los hechos acontecidos en aquélla, nos interesa realizar un estudio más abarcativo y diverso de la realidad universitaria de esos años, incluyendo a las casas de estudio privadas y católicas.

Las universidades argentinas fueron vistas como ámbitos claves de formación de las elites y resultaron intervenidas varias veces a lo largo

---

[1] Rodríguez, L. G., *Católicos, nacionalistas y políticas educativas durante la última dictadura (1976-1983)*, Rosario, Prohistoria, 2011; Rodríguez, L. G., *Civiles y militares en la última dictadura. Funcionarios y políticas educativas en la provincia de Buenos Aires (1976-1983)*, Rosario, Prohistoria.

[2] Esta mirada de conjunto intentamos llevarla a cabo en otro trabajo: Rodríguez, L. G., "La universidad argentina durante la última dictadura: actitudes y trayectorias de los rectores civiles (1976-1983)", *RBBA. Revista Binacional Brasil- Argentina*, volumen 3, N° 1, pp. 135-160, http://periodicos.uesb.br/index.php/rbba/issue/archive. Un estudio general de más largo alcance temporal está en Buchbinder, P., *Historia de las Universidades Argentinas*, Buenos Aires, Sudamericana, 2005. Sobre la UBA, ver entre otros, Carli, S. (comp.), *Universidad pública y experiencia estudiantil. Historia, política y vida cotidiana*, Buenos Aires, Miño y Dávila, 2014; Recalde, A. y Recalde, I., *Universidad y Liberación Nacional*, Buenos Aires, Nuevos Tiempos, 2007.

del siglo XX (1930, 1943, 1946, 1955, 1966, 1973, 1975, 1976).[3] Cada intervención del Poder Ejecutivo Nacional tenía entre sus objetivos principales desplazar a rectores y profesores, y expulsar a estudiantes que no fuesen afines con el régimen de ese momento.[4] Desde principios de los años de 1960 las Fuerzas Armadas comenzaron a visualizar a la universidad y sobre todo a algunas Facultades, como centros de "infiltración revolucionaria" en el marco de la doctrina de seguridad nacional y la doctrina francesa de guerra contra revolucionaria.[5] Los enfrentamientos entre la policía y los estudiantes adquirieron una violencia creciente durante toda la segunda mitad de la década.[6] Sin embargo, los estudios coinciden en señalar que fue durante el período democrático del tercer gobierno peronista (1973-76) y, particularmente, durante las gestiones de los ministros Oscar Ivanissevich (1974-1975) y Pedro J. Arrighi

---

[3] Como desarrollaremos en los siguientes capítulos, aquí sólo estamos contando las intervenciones a la totalidad de las universidades. Del período que nos ocupa, mencionamos el decreto de 1973 y la ley de 1975. Entre ambas normas hubo una serie de intervenciones y suspensiones a las intervenciones dirigidas a cada universidad (ver Anexo).

[4] Sobre la universidad en el período anterior, ver, entre otros, Barletta, A. M., "Una izquierda universitaria peronista. Entre la demanda académica y la demanda política (1968-1973)", *Prismas,* N° 6, 2002; Barletta, A. y Tortti, M. C., "Desperonización y peronización en la universidad en los comienzos de la partidización de la vida universitaria" en Krotsch, P. (org.), *La universidad cautiva. Legados, marcas y horizontes,* La Plata, Ediciones Al Margen, 2002, pp. 107, 126; Lenci, L., "Cámpora al gobierno, Perón al poder. La Tendencia Revolucionaria del Peronismo antes de las elecciones del 11 de marzo de 1973", en Pucciarelli, A. (edit.), *La primacía de la política. Lanusse, Perón y la Nueva Izquierda en tiempos del GAN.* Buenos Aires, EUDEBA, 1999; Califa, J. S., *Reforma y Revolución. La radicalización política del movimiento estudiantil de la UBA 1943-1966,* Eudeba, Buenos Aires, 2014; Suasnábar, C., *Universidad e intelectuales. Educación y política en la Argentina (1955-1976),* Buenos Aires, Flacso-Manantial, 2004.

[5] Distintas investigaciones han mostrado cómo el Estado argentino fue diseñando leyes y decretos de corte represivo en distintas épocas. El inicio de este proceso de más largo plazo se dio durante el gobierno de Arturo Frondizi con la aprobación en 1958 del Plan CONINTES, que fue desarticulado posteriormente. Durante la dictadura (1966-1973) que se inició con el general Juan Carlos Onganía, se sancionaron una serie de normas en esta misma dirección. El presidente Cámpora derogó buena parte de este *corpus,* para volver a reeditarse poco tiempo después. Ver Franco, M., *Un enemigo para la nación. Orden interno, violencia y subversión, 1973-1976,* Buenos Aires, Fondo de Cultura Económica, 2012; Águila, G., "La represión en la historia argentina: fases, dispositivos y dinámicas regionales", *Procesos represivos y actitudes sociales,* Buenos Aires, Prometeo, pp. 97-122; Ranalletti, M. y Pontoriero, E., "La normativa en materia de defensa y seguridad y la criminalización de las disidencias (1955-1976)", *V Jornadas de Trabajo sobre Historia Reciente,* Los Polvorines, UNGS.

[6] Buchbinder, P. *Historia...,* p. 188.

(1975-1976) cuando se impusieron mayores restricciones a la autonomía universitaria y se practicó sistemáticamente el ejercicio de la violencia por parte de la policía y grupos de civiles armados, sobre sus autoridades, profesores, investigadores, estudiantes, graduados y empleados, muchos de los cuales fueron objeto de cesantías, expulsiones, exilios forzados o se contaron entre las personas asesinadas o desaparecidas.[7] En 1976 se inició una etapa sustancialmente diferente y el terrorismo de Estado en manos de las Fuerzas Armadas elevó el número de las víctimas universitarias a niveles nunca vistos.

Con la finalidad de contextualizar mejor la situación de las universidades en el período que nos ocupa, vale aclarar que para esos años existían dos conjuntos de universidades: las más grandes y antiguas en Buenos Aires, Córdoba, La Plata, Tucumán, Litoral, Cuyo, Nordeste, Tecnológica, Sur y Rosario; y el grupo de las nuevas que se fundaron entre 1971 y 1975: Comahue y Río Cuarto (1971); Catamarca, Lomas de Zamora, Luján y Salta (1972); Entre Ríos, Jujuy, La Pampa, de la Patagonia, Misiones, San Juan, San Luis y Santiago del Estero (1973); Centro de la provincia de Buenos Aires (1974); y Mar del Plata (1975).[8] Como veremos en los siguientes capítulos, algunas de ellas comenzaron a funcionar recién al año siguiente. En suma, a la llegada del golpe, más de la mitad tenía poco tiempo de funcionamiento.

Con el golpe del 24 de marzo de 1976, las políticas diseñadas para la universidad desde el Ministerio de Cultura y Educación se concentraron en el control ideológico y la represión hacia las personas, la prohibición de autores, editoriales y contenidos de diferentes tipos de textos.[9] En base a un diagnóstico que afirmaba que existía un "excesivo" número de universidades y alumnos, se plantearon medidas para reducir la matrícula por medio de la restricción al ingreso con la implementación de los cupos y exámenes eliminatorios, el arancelamiento de diversos trámites

---

[7] Buchbinder, P. *Historia*....; Soprano, G.; Garatte, L., "Política y grupos académicos universitarios. Un análisis comparado de su historia reciente en Facultades de Ciencias Naturales y Humanas (Argentina. 1966-1986)", en Bohoslavsky, E. *et. al.* (eds.). *Historia reciente en el Cono Sur,* Los Polvorines, Universidad Nacional de San Martín/ Universidad Nacional de General Sarmiento, 2011, pp. 277-301.

[8] Buchbinder, P. *Historia...,* pp. 201-2.

[9] Kaufmann, C. (dir), *Dictadura y Educación,* Buenos Aires, Miño y Dávila, 2001 y 2003.

administrativos y la supresión o fusión de casas de estudios, Facultades y carreras.[10] El resultado fue una disminución significativa de la matrícula estudiantil en las universidades más antiguas y ubicadas en los grandes centros urbanos, y un leve pero sostenido aumento en las privadas.[11] En un contexto de disminución del presupuesto se desplazó la investigación hacia ámbitos extra-universitarios, resignando su calidad particularmente en el área de las Ciencias Sociales.[12] La sanción de una Ley Universitaria en 1980 que, entre otras, instauró el arancel y la organización de concursos docentes, no hizo más que profundizar la crisis, en un contexto de creciente desprestigio del gobierno dictatorial.[13] Desde marzo de 1981 el escenario político y social se modificó sustancialmente durante la presidencia del general Roberto Viola debido al rechazo a la política económica gubernamental, la ausencia de liderazgo político y el creciente aumento de la protesta social.[14]

---

[10] Las palabras o frases que están entre comillas se refieren siempre a expresiones de los actores. Rodríguez, L. G.y Soprano, G., "La política universitaria de la dictadura militar en la Argentina: proyectos de reestructuración del sistema de educación superior (1976-1983)", en *Noveaux Monde. Mondes Nouveaux. CERMA-Ecole des Hautes Etudes en Sciences Sociales,* 2009, disponible en http://noveauxmonde.revues.org; Tedesco, M. C., "La universidad en los años del Proceso", en Bulnes, M. C. de (dir.), *Universidad Nacional del Sur: 1956-2006,* Bahía Blanca, Universidad Nacional del Sur, 2006.

[11] Buchbinder destaca que en 1976 el sistema universitario privado concentraba a unos 58.000 estudiantes y en 1982 esa cantidad llegó a 75.000. Entre 1983 y 1989, el peso del sector privado en la matrícula universitaria volvió a disminuir de un 19 % a un 10 %. Buchbinder, P. *Historia....* Ver también Buchbinder, P. y Marquina, M. *Pasividad, heterogeneidad y fragmentación. El sistema universitario argentino 1983-2008,* Los Polvorines, Universidad Nacional de General Sarmiento, 2008.

[12] Sobre las Ciencias Sociales y la dictadura, ver Vessuri, H., "Las ciencias sociales en la Argentina: diagnóstico y perspectivas", en Oteiza, E. (dir.) *La política de investigación científica y tecnológica argentina. Historia y perspectivas,* Buenos Aires, CEAL, 1992, pp. 339-363; Pagano, N., "Las ciencias sociales durante la dictadura argentina (1976-1981), en Devoto, F. y Pagano, N. (ed.), *La historiografía académica y la historiografía militante en Argentina y Uruguay,* Buenos Aires, Biblos, 2004, pp. 159-170; Bekerman, F., "Investigación científica bajo el signo militar (1976- 1983): la bisagra entre el CONICET y la universidad", en *Alas. Asociación Latinoamericana de Sociología,* 2009, pp. 189-206; Rodríguez, L. G., "Las ciencias sociales durante la última dictadura: agendas, investigadores e instituciones", en Gárgano, C. (comp.) *Ciencia y Dictadura. Trayectorias institucionales, agendas de investigación y mecanismos represivos en Argentina (1973-1983),* Buenos Aires, Ediciones INTA.

[13] Rodríguez, L G. y Soprano, G. "La política...".

[14] Quiroga, H., *El tiempo del 'Proceso'. Conflictos y coincidencias entre políticos y militares. 1976-1983.* Rosario, Homo Sapiens Ediciones, 2004; Novaro, M. y Palermo, V., *Historia Argentina 9. La Dictadura militar. 1976/ 1983. Del golpe de Estado a la restauración democrática.* Buenos Aires,

* * *

A partir de este breve repaso de obras y autores buscamos hacer un aporte al área de estudios que se pregunta cuáles fueron las continuidades y rupturas entre las etapas democrática y dictatorial, quiénes estuvieron al frente del Estado en esos años, qué tipo de medidas propusieron y aplicaron, y qué actitudes asumieron los distintos actores.[15] Nos proponemos estudiar más en profundidad cada una de las medidas presentadas e incorporar nuevas temáticas agrupadas en tres dimensiones de análisis vinculadas entre sí: a) las políticas, b) las trayectorias de ministros y rectores, y c) las actitudes asumidas por los rectores frente a la política gubernamental.

En primer lugar, nos preguntamos por las políticas diseñadas e implementadas por los ministros, y las rupturas y continuidades que se dieron durante los diez años. A diferencia de las interpretaciones que conciben la dinámica política de esos años como unilateralmente centrada en la imposición de decisiones desde el Ministerio y/o por los rectores, haremos foco en las cuestiones que se anunciaron pero no se aplicaron, las que se llevaron a cabo sólo parcialmente, y las que efectivamente se concretaron, presentando una caracterización de ese escenario más compleja y diversa de lo que suele ofrecerse. Plantearemos además que los dos grandes períodos (el democrático y el dictatorial) estuvieron lejos de ser homogéneos. Identificaremos dos subperíodos al interior de cada

---

Paidós, 2003; Canelo, P., *El proceso en su laberinto. La interna militar de Videla a Bignone*, Buenos Aires, Prometeo, 2008; Águila, G., *Dictadura, represión y sociedad en Rosario. Un estudio sobre la represión y los comportamientos y actitudes sociales en dictadura*, Buenos Aires, Prometeo, 2008.

[15] Acerca de las investigaciones sociohistóricas que se preguntan por la incorporación de las elites políticas en los Ministerios durante el PRN, ver, entre otros, Canelo, P., "Represión, consenso y diálogo político. El Ministerio del Interior durante la última dictadura militar argentina", *Política. Revista de Ciencia Política*, vol. 52, pp. 219-24, 2014; Canelo, P., "Laboratorios de la refundación. Los ministerios de Interior, Trabajo y Economía durante la última dictadura militar (1976-1983)", *VII Jornadas de Trabajo de Historia Reciente*, Universidad Nacional de La Plata, 2014; Osuna, M. F., "Católicos y Tecnócratas. Diagnósticos, políticas y discusiones en torno a la previsión social durante la última dictadura", *Revista Páginas*, vol. 4, N° 6, 2012, pp. 101-121; Schvarzer, J., *Martínez de Hoz. La lógica política de la política económica*, Buenos Aires, CISEA, 1984; Oszlak, O., *Merecer la ciudad. Los Pobres y el Derecho al Espacio Urbano*, Buenos Aires, Humanitas/ CEDES, 1991.

uno, al tiempo que explicaremos en qué sentido se dieron más rupturas que continuidades entre la etapa democrática y la dictatorial.

En segundo término, buscamos reconstruir las trayectorias de los ministros y rectores de las universidades públicas con el propósito de conocer qué cualidades y atributos debían exhibir los universitarios para asumir como altos funcionarios.[16] Por regla general, éstos no tenían que ver con la posesión de un título universitario en particular, sino con otras cuestiones que excedían las credenciales educativas. Sobre los ministros, diremos que en los diez años casi todos estuvieron alineados con las posiciones de la jerarquía eclesiástica que fue una de las instituciones produjo y reprodujo en esos años el discurso de la "subversión" en las universidades.

Acerca de los rectores nombrados entre 1973 y 1976, plantearemos que las cualidades valoradas fueron cambiando: en los inicios los candidatos debían mostrar que se habían mantenido alejados de la universidad, preferentemente, entre 1955 y 1973 y que estaban dispuestos a llevar a cabo las modificaciones que proponía el plan de "Reconstrucción y Liberación Nacional" del ministro Taiana.[17] En los años de Ivanissevich y Arrrighi, se apreciaba más estar de acuerdo con estos últimos y la cúpula del Partido Justicialista, cuyo propósito principal era desmantelar el mencionado plan.

En 1976 se produjo un corte abrupto y la amplia mayoría de los rectores discontinuó sus gestiones, así como prácticamente ninguno de los que asumió entre 1973 y 1976, volvió a ser designado en los años del PRN. Frente a una imagen de sentido común que cree que durante los años "oscuros" las diferentes universidades estuvieron "ocupadas" por las fuerzas de seguridad, militares o por personas ajenas a la vida

---

[16] No hemos podido reconstruir la totalidad de las trayectorias de los rectores por problemas de acceso a las fuentes, por lo que nos referiremos sobre todo a los rectores más conocidos del período. Para simplificar la lectura mencionaremos la palabra "rectores", pero es preciso aclarar que las denominaciones legales podían ser "presidentes", "delegados", "delegados normalizadores", "rectores normalizadores", "delegado a cargo de despacho", etc.

[17] Sobre los recaudos que hay que tomar para hablar de derecha o izquierda peronista, ver Cucchetti, H. "¿Derechas peronistas? Organizaciones militantes entre nacionalismo, cruzada anti-montoneros y profesionalización política", *Nuevo Mundo Mundos Nuevos. Questions du temps présent,* consultado 4 junio 2014, http://nuevomundo.revues.org/65363. Ver también Franco, M., *Un enemigo....*

universitaria, señalaremos que los rectores de la dictadura eran egresados de esas mismas casas de estudio y/o exhibían una importante inserción como profesores e investigadores – especialmente entre 1966 y 1973-, siempre del lado ideológico de la derecha católica.

Por último, nos interesa indagar sobre las actitudes que asumieron los rectores – sin desatender a los otros actores universitarios- en relación con las medidas propuestas desde el Ministerio de Cultura y Educación. Veremos que en los años de gobierno peronista, los rectores que adherían al plan del primer ministro tuvieron serios problemas para sostenerse en el tiempo, debido, entre otras cosas, a las acusaciones de "marxistas" que les formulaban los dirigentes del Partido Justicialista y las agrupaciones estudiantiles de derecha. Después de agosto de 1974 hubo cierta armonía entre los ministros y un grupo de rectores, que se dedicaron a acompañar las medidas destinadas a "poner orden" en las universidades.

Durante la última dictadura, las autoridades ministeriales buscaron darle estabilidad a los rectores y muchos de ellos trascendieron en el tiempo a los ministros. Plantearemos que las actitudes de los rectores –de las universidades públicas y privadas- resultaron heterogéneas y variables en el tiempo, cubriendo un amplio espectro que exhibía, desde la coincidencia plena con las políticas del régimen hasta el cuestionamiento público de las medidas que los afectaban, siempre dentro del consenso general de que era necesario llevar a cabo una depuración drástica de docentes y estudiantes y torcer el rumbo de la modernización académica que se venía dando desde los años de 1950 en ciertas Facultades de algunas universidades.[18]

---

[18] Acerca de la modernización académica, ver, entre otros, Buchbinder, *Historia...*.; Beigel, F. (dir.) *Autonomía y dependencia académica. Universidad e investigación científica en un circuito periférico: Chile y Argentina (1950-1980)*, Buenos Aires, Biblos, 2010; Gil, G., *Las sombras del Camelot. Las ciencias sociales y la Fundación Ford en la Argentina de los '60*, Mar del Plata, EUDEM, 2011; Blanco, A. *Razón y modernidad. Gino Germani y la sociología en la Argentina*, Buenos Aires, Siglo Veintiuno, 2006.

Fuentes, estructura del libro y agradecimientos

Este libro se ha construido a partir de diferentes fuentes escritas: diarios nacionales y provinciales; *Boletines Oficiales*; revistas como *Cabildo, Perspectiva Universitaria, El Caudillo* y *Alianza Libertadora Nacionalista*; actas de la *Comisión Asesoramiento Legislativo* y documentos de inteligencia producidos por la Policía Federal y la Gendarmería Nacional Argentina; entre otros. En referencia a las distintas voces que se escuchaban en la época, a lo largo de los capítulos destacaremos las intervenciones que hicieron los periodistas – que en ocasiones eran universitarios que escribían con seudónimos- en los grandes medios gráficos como *Clarín* y *La Nación*. En varias oportunidades transcribimos sus opiniones porque eran ilustrativas del clima de ideas de esos años acerca de cómo debía ser la universidad: la manera en que se debían seleccionar a las autoridades y los profesores, el rol de los alumnos, qué tipo de carreras había que sostener, qué tamaño tenía que tener cada casa de estudios, y/o por qué la UBA se diferenciaba del resto de las universidades, entre otras cuestiones típicas de ese período.

Ahora bien, este libro contiene seis capítulos ordenados cronológicamente, reflexiones finales y un Anexo. El primer capítulo está centrado en la gestión del ministro Jorge Taiana (mayo 1973-agosto 1974): las medidas que tomó, cuáles fueron las principales agrupaciones estudiantiles de la época y las acciones que llevaron a cabo, la relación del ministro con la cúpula del Consejo Superior Justicialista, el proceso de creación de nuevas universidades y la sanción de la Ley Universitaria (marzo de 1974). En el segundo, nos ocupamos de los ministros que le siguieron, Oscar Ivanissevich (agosto 1974-agosto 1975) y Pedro J. Arrighi (agosto 1975-marzo 1976), los conflictos ocurridos en las universidades católicas, y cómo fueron incrementándose la violencia política, armada, la represión y las cesantías.

En el tercer capítulo desarrollamos los inicios del PRN con el primer ministro civil Ricardo P. Bruera (marzo 1976- mayo 1977), la nueva legislación, cuáles fueron las bases ideológicas de la represión estatal, el nombramiento de los primeros rectores militares y civiles, la relación con la Escuela de Defensa Nacional y los comunicados de los servicios de inteligencia. Al cierre, brindamos las cifras aproximadas de la cantidad de universitarios que fueron víctimas de la represión. En el cuarto capítulo nos concentramos en la política de cierres, ingreso y regionalización que intentaron aplicar tanto Bruera como su sucesor, Juan José Catalán (junio 1977- agosto 1978). En el capítulo quinto hablamos del ministro que más tiempo duró en su cargo, Juan R. Llerena Amadeo (noviembre 1978- marzo 1981), quien impulsó medidas de "reordenamiento" universitario y logró la aprobación de una nueva Ley Universitaria (1980). En el último capítulo hacemos foco en las gestiones de Carlos A. Burundarena (marzo 1981- diciembre 1981) y Cayetano Licciardo (diciembre 1981- diciembre 1983). A ellos les tocó la implementación de la Ley y presenciar la inexorable reorganización de los estudiantes. Las reflexiones finales buscan resumir las principales conclusiones de acuerdo a las hipótesis aquí formuladas. El Anexo contiene los títulos y números de las leyes y decretos más importantes publicados en el *Boletín Oficial* y la serie completa de los nombres de los rectores que estuvieron en cada universidad.

Para terminar, quisiera agradecer en particular a los colegas de las Jornadas de Historia de la Universidad Argentina que vienen organizándose periódicamente, ya que han logrado conformar espacios estimulantes para el intercambio de ideas sobre estos temas. Asimismo, partes de los capítulos fueron presentados y comentados críticamente en el marco de las distintas Mesas que coordino junto con colegas hace ya varios años en las Jornadas de Sociología de la Universidad Nacional de La Plata, las Jornadas de Trabajo sobre Historia Reciente y en los encuentros de Interescuelas/Departamentos de Historia.

Por último, este libro está dedicado a los afectos más cercanos: a mi esposo Germán Soprano, como siempre, por todos estos años de amor y trabajo compartidos. A nuestras hijas Carla y Paula, que cada día están más hermosas, en el sentido más amplio de la palabra.

Capítulo 1

Las universidades al servicio de la "Reconstrucción y Liberación Nacional"

Introducción

Luego de asumir la presidencia el 25 de mayo de 1973, Héctor Cámpora –junto al vicepresidente Vicente Solano Lima- nombró ministro de educación a Jorge Taiana. Egresado de la Facultad de Medicina de la UBA, había sido decano y rector durante la segunda presidencia de Juan Domingo Perón (1952-1955).[1] El presidente y su vice debieron presentar sus renuncias cuarenta y nueve días después, el 13 de julio, para permitir que Perón presentase su candidatura a jefe de Estado. Una vez reelecto, Taiana fue confirmado y permaneció en el mismo cargo hasta agosto de 1974, unas semanas después de su fallecimiento.

En las páginas que siguen analizaremos la gestión del ministro Jorge Taiana a lo largo de siete apartados. En el primero hablaremos de las primeras medidas que tomó: la intervención a las universidades, la reincorporación de profesores cesanteados entre 1955 y 1973, la promoción de la firma de convenios con distintos organismos y el ingreso irrestricto. Seguidamente describiremos las principales organizaciones estudiantiles que tuvieron incidencia en las universidades. En tercer término, haremos

---

[1] Es preciso aclarar que en la prensa las iniciales de la Universidad de Buenos Aires aparecen como "UNBA", pero en este libro utilizaremos siempre las siglas "UBA". Asimismo, utilizaremos la abreviación "UN" para referirnos a "universidad/es nacional/es".

foco en el rectorado de Rodolfo Puiggrós en la UBA, que en poco tiempo asumió el ingreso libre, facilitó la permanencia de los alumnos, promovió otros tipos de evaluaciones, suspendió convenios con agencias internacionales e impulsó los "juicios académicos" a profesores del período anterior. En el cuarto apartado nos ocuparemos el proceso de las "tomas" de universidades que se dieron entre mayo y julio de 1973 e involucraron a universidades públicas y privadas. Nos detendremos en los casos de las universidades Católicas de Mar del Plata, y las laicas de Aconcagua y Mendoza. Continuaremos ilustrando la postura que asumió el Consejo Superior Justicialista frente al ministro Taiana, las movilizaciones estudiantiles y los hechos de violencia armada que se sucedieron en distintas casas de estudio. En las dos últimas secciones estudiaremos la habilitación de las nuevas universidades nacionales, provinciales y privadas, la sanción de la Ley Universitaria en marzo de 1974 y los conflictos que se derivaron de los nuevos nombramientos de rectores.

Pretendemos mostrar que Taiana tuvo que gestionar la mayor parte del tiempo con la cúpula del Consejo Superior Justicialista y sus agrupaciones estudiantiles en contra. Después de la llegada de Perón a la presidencia, la prensa de las organizaciones de la derecha peronista se dedicó a denunciar que Taiana protegía a rectores "marxistas" y promovía la "subversión" en las universidades. La presión hizo que el ministro tuviese que pedirles la renuncia a las figuras más visibles. Hacia fines de 1973 comenzaron a darse hechos de violencia (tiroteos, bombas) dentro de las universidades –que se produjeron en buena medida durante las elecciones estudiantiles- que involucraban a la policía, estudiantes, profesores y trabajadores no docentes. Si bien con la sanción de la Ley, el ministro pretendió encauzar el conflicto, éste no hizo más que crecer, agudizado por el incesante cambio de rectores en la mayoría de las universidades. Dichos cambios se dieron por lo menos en tres oportunidades: cuando asumió Taiana e intervino las universidades, al llegar Perón a la presidencia y después de la sanción de la norma. En suma, al ministro y a los rectores afines les resultó muy difícil implementar y sostener su propuesta de poner a las universidades al servicio de la "Reconstrucción y Liberación Nacional".

Las primeras medidas del ministro Taiana

En una de sus primeras declaraciones, Taiana dijo que la educación y la cultura eran instrumentos fundamentales del "patrimonio popular", y que impulsaría la reincorporación y posterior reivindicación de los docentes de todos los niveles que habían sido dejados cesantes por razones políticas entre el 16 septiembre de 1955 y el 25 de mayo de 1973. Sin dudas, una de las medidas más importantes que tomó fue la de ordenar el ingreso irrestricto de los estudiantes para el año 1974 en todas las universidades públicas, llegando a alcanzar una cifra récord de inscriptos – alrededor de 128 mil- que no hizo más de disminuir los años siguientes con la vuelta al sistema de examen y cupos.[2]

El 30 de mayo Taiana intervino por decreto las universidades (decreto 35). En los fundamentos se decía que la universidad argentina atravesaba una crisis que se había expresado en "todo tipo de disconformismo" que resultó reprimido y desnaturalizó la vida universitaria. En tanto que la liberación nacional exigía "poner definitivamente las universidades nacionales al servicio del pueblo, siendo por lo tanto necesaria la reformulación de los objetivos, contenidos y métodos de enseñanza con la participación de todos los sectores vinculados a la vida universitaria". Como era necesario propiciar un nuevo ordenamiento legal, se establecía un "régimen transitorio de gobierno" y se ordenaba intervenir las universidades. A lo largo de 1973 se produjeron las designaciones de los interventores (ver Anexo).

Los analistas de su gestión y testimonios de la época, coinciden en señalar que el propósito del ministro de vincular la universidad con el contexto más general y las necesidades de la sociedad, se vio plasmada en una serie de acciones que se dieron en la mayoría de las universidades. De acuerdo con Augusto Pérez Lindo, se establecieron convenios con empresas y organismos del Estado en donde la universidad cumplía un rol de "consultora". Por ejemplo, la UBA formó parte del Proyecto de desarrollo agropecuario de la zona semiárida del Chaco, la UN del Sur asumió la dirección técnica de un dique y la UN de Tucumán

---

[2] Pérez Lindo, A., *Universidad, política y sociedad,* Buenos Aires, Eudeba, 1985, p.170.

participó de la explotación de un yacimiento. Se creó en la UBA un Centro de Producción de Medicamentos en colaboración con el Ministerio de Salud Pública y el Departamento de Química de la UN del Sur se puso a producir catalizadores; se hicieron experiencias para vincular la educación superior con otros ciclos de enseñanza en las universidades de Luján, Lomas de Zamora y Río Cuarto. Se crearon institutos destinados a estudiar los problemas de América Latina y del Tercer Mundo; se formaron equipos de trabajos con el objetivo de participar en proyectos de interés para las clases populares: la Facultad de Arquitectura de la UBA hizo encuestas y proyectos para la reorganización de las villas de emergencias y varias universidades participaron en la campaña nacional de alfabetización de adultos. Las casas de estudio intentaron reformular la política científica para adecuarla a las "necesidades nacionales" y se implementaron distintas formas de evaluación: la supresión de calificaciones numéricas, la generalización de las promociones sin exámenes o la evaluación grupal, entre otras acciones.[3] Vale decir que la mayoría de estos proyectos llegó a iniciarse pero fueron suspendidos por los ministros posteriores, como veremos en el siguiente capítulo.

Las agrupaciones estudiantiles

La elección y triunfo de Héctor Cámpora en marzo del 1973 hizo creer a los jóvenes que militaban en la "Tendencia Revolucionaria" del peronismo, que se iniciaba el proceso de "liberación" en el marco del "socialismo nacional". La Tendencia agrupaba un conjunto de organizaciones de la izquierda peronista, entre las que estaba la Juventud Universitaria Peronista (JUP) encabezada por José Pablo Ventura y luego por Miguel Talento. Este último presidió también la Federación Universitaria para la Liberación Nacional de Buenos Aires (FULNBA), fundada en 1973 en la UBA. Participaron de FULNBA la JUP, sectores de Franja Morada y el MOR (Partido Comunista). La Federación obtuvo un gran

---

[3] Pérez Lindo, A., *Universidad...*, pp. 170 y 172

triunfo en las elecciones de casi todos los centros de estudiantes de la UBA a fines de 1973.

Avanzado el año 1973 y con Juan Domingo Perón como presidente, se consolidó un conjunto de agrupaciones de la derecha peronista que se declararon en contra de las organizaciones de la Tendencia, acusándolas de "marxistas". Entre las que tenían alguna presencia en las universidades estaban: el Comando de Organización (CdeO) con Brito Lima, la Alianza Libertadora Nacionalista (ALN) de Juan Queraltó, la Coordinadora Nacional Universitaria (CNU) y el Frente Estudiantil Nacional (FEN) – Organización Universitaria Peronista (OUP) vinculados a Guardia de Hierro (GH).

El CdeO tenía la confianza de los dirigentes metalúrgicos y había actuado en los años de 1960 colaborando con María Estela Martínez de Perón.[4] La ALN nucleaba a un grupo minoritario de estudiantes en las universidades.[5] Eduardo Zanotti era su representante en la UBA y tenían otro en la UN de Rosario. Su principal órgano de difusión era el periódico *Alianza Libertadora Nacionalista*.[6] Juan Queraltó, su jefe, declaró en febrero de 1974 que "los grupos marxistas y los curas del Tercer Mundo, así como las universidades, son los semilleros que concientizan a la juventud para llevarla a la destrucción de la Patria".[7]

La CNU tenía referentes importantes en las universidades de Cuyo, Buenos Aires, La Plata, Mar del Plata y Bahía Blanca.[8] Carlos A. Disandro fue su mentor ideológico y Martín Salas – ambos de La Plata- uno de

---

[4] *Panorama*, N° 248, 1972, p. 18.

[5] Según sus dirigentes, había sido fundada en 1937 como Alianza las Juventudes Nacionalistas y en 1943 adoptó el nombre de ALN. Proponían la "Patria Cristiana, un Estado fuerte, disolución de partidos políticos y reemplazo por organismos gremiales que agrupen a los individuos según la esfera de actividades". En 1973 su dirigente era Juan Queraltó y tenían de aliado al senador por la provincia de Salta, Juan Carlos Cornejo Linares.

[6] Sobre la prensa de la Alianza Libertadora Nacionalista, ver http://www.ruinasdigitales.com/alianza-libertadora-nacionalista/

[7] *Noticias*, 22 febrero 1974, p 10.

[8] Sobre la CNU en la UN de Cuyo, ver Vélez, R., *La represión en la UN de Cuyo*, Mendoza, Universidad Nacional de Cuyo, 1999, pp. 173 y ss. De acuerdo a este estudio, la CNU estaba formada por estudiantes de la Universidad Tecnológica Nacional – Regional Mendoza. Acerca de la CNU en la UN de La Plata, ver Carnagui, J. L., "El nacionalismo juvenil platense y la formación de la Concentración Nacional Universitaria (CNU), 1960-1971", *Nuevo Mundo Mundos Nuevos. Questions du temps présent*, consultado 13 julio 2014, http://nuevomundo.revues.org/66038

sus militantes más conocidos.[9] Sus integrantes se expresaban a través de la revista *El Caudillo* reaparecida en noviembre de 1973. La publicación estaba financiada por José López Rega y era además el órgano de difusión de la Juventud Peronista de la República Argentina (JPRA), el CdeO, la Juventud Sindical Peronista y la Alianza Anticomunista Argentina o Triple A. Uno de sus líderes era Norberto Soria.

En 1965 surgió el Frente Estudiantil Nacional (FEN), que se convirtió en una de las agrupaciones estudiantiles más importantes hasta el crecimiento de la JUP en 1973. Fue extendiéndose hacia las universidades de Buenos Aires, Córdoba, Litoral, Rosario, Tucumán, Cuyo y Mar del Plata.[10] El principal referente fue Roberto Grabois, de orígenes judíos y ex dirigente de la Juventud Socialista, quien terminaría adscribiendo al peronismo y a Guardia de Hierro (GH), nacida en 1962 con Alejandro "Gallego" Álvarez a la cabeza. En 1971 se formó la Organización Universitaria Peronista (OUP), como una rama de GH en la universidad, más precisamente en la Facultad de Filosofía y Letras de la UBA, con Amelia Podetti ejerciendo el liderazgo, ligada a su vez a la revista *Hechos e ideas* y a las Cátedras Nacionales.[11] En 1972 Grabois fundó junto a Álvarez la Organización Única de Trasvasamiento Generacional (OUTG), lo que significó la unión formalizada de FEN-OUP con GH.[12]

Con la vuelta del peronismo al poder, el FEN-OUP se irá diferenciando de la JUP en la universidad. En esos años, los responsables del FEN-OUP eran Jorge Luchetti, Liliana Santos, Federico Ocampo y Walter

---

9   Besoky, J. L., "La revista El Caudillo de la Tercera Posición", *Conflicto Social,* N° 3, 2010; Axat, J., "La historia de Carlos A. Disandro, mentor espiritual de la CNU", disponible en http://poesiaypolitica.blogspot.com.ar/2011/07/la-historia-de-carlos-disandro-mentor.html [consultado 12 diciembre 2013]

10   Sobre el proceso de conformación del FEN, ver Cucchetti, H., *Combatientes de Perón, herederos de Cristo, Peronismo, religión secular y organizaciones de cuadros,* Buenos Aires, Prometeo, 2010, pp. 124-152. Ver también Reta, M. A., "El Frente Estudiantil Nacional (FEN): juventud y estudiantado en el proceso contestatario de los años sesenta en Argentina", *Antiteses,* Vol.2, N° 4, 2009, pp. 1059-1093, en línea.

11   Cucchetti, H., *Combatientes de Perón…*, p. 111. Sobre la experiencia de las Cátedras Nacionales y otras agrupaciones estudiantiles de la época, ver Recalde, A. y Recalde, I. *Universidad….*

12   De acuerdo a Alejandro Tarruella, Guardia de Hierro estaba liderada por Jorge Bergoglio, principal de la orden de los Jesuitas. Tarruella, A. C., *Guardia de Hierro. De Perón a Kirchner,* Buenos Aires, Sudamericana, 2005.

Romero. Eran conferencistas invitados en las "jornadas ideológicas justicialistas" la diputada Virginia Sanguinetti, Amelia Podetti y Francisco Piñón.[13] Con la muerte de Perón la OUTG se disolvió, pero el FEN-OUP continuó actuando en las universidades.

En relación a esta última agrupación, algunos analistas sostienen que el FEN se ubicaría más bien en el "centro" político, a una distancia más o menos equidistante (dependiendo del momento) de la derecha y la izquierda del peronismo.[14] En base a lo observado, agregaríamos que las posiciones que asumían sus militantes también dependían de la universidad adonde actuaban. En la misma dirección, coincidimos con los análisis que advierten que si bien estamos hablando de derecha e izquierda peronista, reducir los distintos grupos a estas dos categorías oculta la complejidad que presentaban ciertas biografías individuales.[15]

En líneas generales, la JUP y la Federación Universitaria de Liberación Nacional de Buenos Aires (FULNBA) apoyaron la gestión ministerial de Jorge Taiana y la CdeO, CNU, ALN y FEN-OUP la de Ivanissevich, aunque en algunas universidades los del FEN-OUP fueron perseguidos por los aliados del segundo. Así lo explicaba un ex militante de FEN-OUP y Guardia de Hierro de Mendoza: para los Montoneros, decía, "nosotros éramos de derecha, por supuesto que la CNU y el CdeO eran

---

[13] *Noticias,* 30 noviembre 1973. Sobre Podetti, ver Denaday, J. P., "Amelia Podetti: una trayectoria olvidada de las Cátedras Nacionales", *Nuevo Mundo Mundos Nuevos. Questions du temps présent,* 2013, consultado 2 julio 2014, http://nuevomundo.revues.org/65663

[14] Ver Besoky, J. L., "La derecha peronista en perspectiva", *Nuevo Mundo Mundos Nuevos. Questions du temps présent,* 2013, consultado 4 junio 2014, http://nuevomundo.revues.org/65374. Otros dirigentes y agrupaciones de derecha que actuaban en 1973 eran: el COR de Iñiguez, Ramiro Podetti (Brigadas), Guillermo Piuma (M. A. P.), Carlos A. Moreno Crespo (Comando Evita), Jorge Caterbetti (Juventud Sindical Peronista), H. Amante (Agrupación Peronista 20 de Noviembre), Simón Schumovich (Encuentro Juventud Peronista), Oscar A. Vallejos (Agrupación Peronista Nueva Argentina), Juan Carlos Ortiz (Mesa Nacional FREJULI), Pablo Tonelli (Juventud Secundaria Peronista), Juan Carlos Molina (Movimiento de Bases de la Verticalidad Justicialista), Jorge A. Rampoldi (Centro Universitario Peronista), Alvaro Peralta Tanco (Legión Revolucionaria Peronista), Norberto Crinelli (CNU-CJP), Luis Palma (Juventud Peronista Capital), Jorge G. Brocoglia (M. J. P.), José Miguel Tarquín (Agrupación 17 de Octubre), A. Peyloubet (Juventud Peronista de la R. A, Comando Organización), Juan Carlos De Piña (Juventud Peronista Zona Sur). Cit. en Besoky, J. L., "Adiós Juventud... Juan Domingo Perón y el fin de la Tendencia Revolucionaria", *VII Jornadas de Sociología,* Universidad Nacional de La Plata, 5-7 diciembre, 2012.

[15] Ver Cucchetti, H. "¿Derechas peronistas?...".

más de derecha. Y para los de derecha nosotros éramos más zurdos, por supuesto que los Montos eran más zurdos".[16]

A fines de 1973 y después del asesinato de Rucci, Perón convocó a que el Movimiento Nacional Justicialista fuese custodiado por las "fuerzas de seguridad" internas. El resultado fue que cobraron impulso organizaciones como la Juventud Peronista de la República Argentina (JPRA) y la Triple A. Esta última fue una organización parapolicial conformada por el subjefe de la Policía Federal, Alberto Villar y José López Rega, a cargo del Ministerio de Bienestar Social.[17] Las primeras actuaciones públicas habían sido la "masacre de Ezeiza" en junio, donde grupos de la derecha y la izquierda peronista se enfrentaron armados. En noviembre organizaron el atentado contra el senador radical Hipólito Solari Yrigoyen.[18] A las declaraciones sobre la necesidad de realizar la "depuración interna" previstas en un *Documento reservado*, se le sumarían una serie de medidas tendientes a aumentar la represión legal como las modificaciones al Código Penal, el empleo de la Gendarmería para custodiar las fábricas, la creación de un Consejo de Seguridad Nacional, la Ley de Prescindibilidad y la Ley de Asociaciones Profesionales.[19]

La Universidad "Nacional y Popular"

El presidente Cámpora y el ministro Taiana nombraron en la UBA al periodista e historiador Rodolfo Puiggrós. Había estado afiliado al Partido

---

[16] Ver testimonio en Cucchetti, H., *Combatientes...*, pp. 202-203.

[17] Cit. en Besoky, J. "Adiós Juventud...".

[18] Verbitsky, H., *Ezeiza*, Buenos Aires, Contrapunto, 1985. González Jansen, I., *La Triple-A*, Buenos Aires, Ed. Contrapunto, 1986. Según el González Jansen, los asesinatos que cometieron fueron más de 2 mil en 30 meses (p. 19) y entre julio y septiembre de 1974 se produjeron 220 atentados de la Triple-A, 60 asesinatos, 44 víctimas resultaron con heridas graves y 20 secuestros (p. 127). El expediente sobre los crímenes de la Triple A que tramita actualmente la Justicia argentina ha sumado 680 hechos atribuidos a esa organización. Están imputados Rodolfo E. Almirón, Jorge Héctor Conti, Norberto Cozzani, Carlos Alejandro Gustavo Villone, Julio José Yessi, Rubén Aturo Pascuzzi, Juan Ramón Morales y el director de *El Caudillo,* Felipe Romeo. (*Página/12,* 11 de mayo 2014, p. 4).

[19] Franco, M., *Un enemigo....*; Águila, G., "La represión...".; Ranalletti, M. y Pontoriero, E., "La normativa...".

Comunista, luego se hizo peronista en los años de 1940 y participó de la "resistencia". Autor de numerosos libros, fue uno de los exponentes del revisionismo histórico. Entre 1961 y 1966 vivió en México donde trabajó como periodista y profesor de la universidad. Cuando volvió al país se integró al sector de publicistas de la izquierda nacional.[20] Su gestión como interventor se extendió hasta el 2 de octubre de 1973, cuando Taiana pidió su renuncia.[21] En 1974 debió exiliarse en México, amenazado por la Triple A y allí continuó actuando como miembro de la organización Montoneros.

Las movilizaciones en la UBA venían del período anterior y Puiggrós intentó responder a varias de las demandas del pasado.[22] Anunció que llegaba para construir una "Universidad Nacional y Popular" y dictó dos resoluciones: por la primera quedaban amnistiados todos los hechos acaecidos por móviles políticos, sociales, gremiales y estudiantiles sucedidos hasta el día 25 de mayo de 1973 inclusive, y por los cuales los alumnos dependientes de la universidad hayan merecido sanciones disciplinarias por parte de las autoridades precedentes. En la segunda disposición se rechazaban las renuncias presentadas por el personal docente de la UBA por causas que nacieron "al imperio de una política educacional antinacional y antipopular en el lapso comprendido entre el 19 de septiembre de 1955 y el 25 de mayo de 1973". Se dejaban sin efecto las cesantías y exoneraciones dictadas por tales motivos y se invitaba a los afectados a reincorporarse a la actividad docente universitaria. Luego, restituyó el título *doctor honoris causa* al "teniente general Perón".

Posteriormente, aseguró que el ingreso de los estudiantes sería sin limitaciones de ninguna clase y dictó otra resolución en la cual se suspendía la aplicación de las restricciones previstas en los artículos 137,

---

[20] Ver, entre otros, Acha, O., "Rodolfo Puiggrós ante la condición humana", en Biagini, H. (coord.) *El pensamiento latinoamericano del siglo XX ante la condición humana,* 2005. Versión digital, disponible en http://www.ensayistas.org/critica/generales/C-H/argentina/puiggros.htm

[21] Un análisis más detallado de las acciones desarrolladas en la UBA, están en Recalde, A. y Recalde, I., *Universidad....*

[22] Una versión desde la derecha sobre lo que ocurría en la UBA, está en Landívar, G., *La universidad de la violencia,* Buenos Aires, Depalma, 1980. Por ejemplo, en su libro sostiene que la Facultad de Filosofía y Letras se hallaba "prácticamente en pie de guerra" en junio de 1971 (p. 9) y en 1972 afirmaba que "el desorden universitario no parecía tener fin" ya que "se registraban huelgas estudiantiles en casi todos los sectores" (p.37).

138 y 139 del Estatuto vigente. Los tres artículos establecían que: a) los alumnos que no aprobaban en un año una materia perdían su condición de tales; b) se perdía la condición de alumno cuando los aplazos excediesen la mitad del total de las asignaturas de cada carrera; y c) cuando un alumno tuviese una calificación "insuficiente" por tercera vez en una misma materia, quedaba inhabilitado para cursar ninguna otra hasta tanto aprobase aquélla.

Puiggrós participaba activamente de los debates que se dieron en los años de 1960 vinculados con la aceptación o no de aportes de organismos internacionales para el financiamiento de la investigación científica en el país.[23] Desde su postura nacionalista tomó la decisión de dejar sin efecto los convenios firmados entre la Facultad de Agronomía y Veterinaria con la Fundación Ford para formar especialistas en economía agrícola. El interventor señalaba que los acuerdos distorsionaban los "fundamentos mismos de la enseñanza y formación" que se impartían en la universidad, creando especialistas y docentes que justificaban "el accionar del conglomerado multinacional".[24] Puiggrós dispuso también la incompatibilidad para los docentes de la UBA, con algún cargo de asesor de empresas extranjeras o de conglomerados multinacionales.

Durante su gestión se hicieron "juicios académicos". Por ejemplo, en la Facultad de Ciencias Económicas el delegado Jorge Sbarra Mitre anunció el juicio al ex decano doctor Federico Frischknecht. Se lo acusaba de haber firmado una resolución el 28 de junio de 1966, en cuyo punto 9 disponía "solicitar a la jefatura de policía la preparación de un plan de seguridad para todo el año 1966" que tenía por objetivo "la prevención de todo acto político y/o desorden dentro del ámbito de la Facultad".[25] A otros profesores de esa Facultad se los enjuició porque conocían la existencia de "un teléfono directo entre el decanato y la Policía Federal" y la colocación de micrófonos ocultos en las aulas.[26] Por otra parte, se

---

[23] Estas polémicas se habían acentuado luego de conocerse la denuncia del *Proyecto Camelot* que consistió en un plan de investigación "científica" financiado por el gobierno de Estados Unidos y destinado a la contrainsurgencia en América Latina. Ver, entre otros, Gil, G., *Las sombras...*.

[24] La Fundación Ford comenzó a otorgar subvenciones en América Latina a partir de 1960, teniendo a la Argentina como uno de sus principales destinatarios. Ver Gil, G., *Las sombras...*.

[25] *Clarín,* 10 junio 1973, p. 21.

[26] *Clarín,* 10 julio 1973, p. 13.

presentaban como pruebas las sanciones realizadas al estudiantado, las denuncias policiales, las medidas de represión y la discriminación ideológica que se impusieron en esos años. Otros acusados a los que se intentó realizar juicio académico fueron el ex decano Raúl Zardini y distintos profesores de la Facultades de Ciencias Exactas y Naturales, Ingeniería y Odontología. Algunos de ellos interpusieron recursos jerárquicos para evitar el juicio, con resultados dispares.

A un grupo de profesores se les pidió la renuncia por ser representantes del "continuismo" con la dictadura, mientras que estos acusaban a los rectores y decanos de promover un "estado de subversión" y de alentar a los "elementos marxistas". El responsable máximo de la Facultad de Derecho y Ciencias Sociales, Mario Jaime Kestelboim, ordenó además suprimir cientos de cargos docentes.[27]

En agosto, Puiggrós dio a conocer la resolución que implementaba el ingreso irrestricto para todas las Facultades de la UBA. Se disponía, según explicaba, la realización de "un curso introductorio único, no limitativo, válido para todas las Facultades y para cuyo cumplimiento solo habrá de requerirse la asistencia al 75 por ciento de las clases y reuniones, a realizarse durante los meses de enero a marzo de 1974". En los fundamentos se puntualizaba que "los cursos y pruebas de ingreso impuestos por las distintas Facultades, constituyeron siempre un mecanismo limitativo para la incorporación de vastos sectores de la población a los estudios superiores y que simultáneamente con esa limitación institucional, los condicionamientos socio- económicos coadyudaron a la marginación de esos sectores populares de la universidad".[28] Por su parte, el licenciado Leonardo Rabinovich a cargo de la Secretaría General de la UBA dijo que en lo sucesivo el ingreso al Colegio Nacional Buenos Aires y a la Escuela Superior de Comercio "Carlos Pellegrini" iba a ser sin restricciones. Además se eliminó el sexto año del ciclo de estudio porque "el espíritu restrictivo y de privilegio del examen y las pruebas

---

[27] Kestelboim apoyaba la publicación de la Facultad de Derecho llamada *Liberación y derecho*, cuyo primer número salió a principios de 1974 y escribían, entre otros, Hipólito Solari Yrigoyen, Ortega Peña y Duhalde. La revista está disponible en http://www.ruinasdigitales.com/

[28] *Clarín*, 18 agosto 1973, p. 9.

de preselección tradicionales tendientes a establecer un criterio evaluativo *a priori*, no responden a exigencias de la escuela primaria de la que provenían".[29]

Las "tomas" entre mayo y julio de 1973

Entre mayo y julio de 1973 se produjeron "tomas" u ocupaciones generalizadas en instituciones públicas y privadas: radioemisoras, hospitales, comercios, industrias, oficinas, hoteles, escuelas primarias y secundarias.[30] En las universidades las tomas se hacían para pedir la designación de algún rector en particular, o la renuncia de los rectores y decanos que quedaban del período anterior y así evitar el "continuismo" con la dictadura, o bien para apoyar a las nuevas autoridades. En general, fueron encabezadas por los estudiantes de la JUP y/o gremios de no docentes afines, y en ocasiones puntuales estuvieron lideradas por los dirigentes del FEN- OUP.[31]

Por ejemplo, en una de las universidades se hacía la toma para "acompañar al compañero interventor y su futura gestión" con el objetivo de "lograr la transformación de las universidades nacionales en un claro sentido antioligárquico y por ende revolucionario".[32] En la UN de Cuyo los estudiantes reclamaban el nombramiento de Roberto Carretero que había sido el último rector del gobierno peronista.[33] En la UN

---

[29] *Clarín*, 25 octubre 1973, p. 20. La medida recibió las críticas de un grupo de padres y alumnos que le solicitó al secretario general de la presidencia, Vicente Solano Lima, que interviniese para suspender el sorteo que asignaría las vacantes en los dos Colegios. Pedían también que no se suprimiese el sexto año. *Clarín,* 20 noviembre 1973, p. 15.

[30] Ver Nievas, F., *Las tomas durante el gobierno de Cámpora,* Tesis de Maestría, UBA, 2000. Una reflexión sobre las tomas está en Tortti, M. C., "Protesta social y Nueva izquierda en la Argentina del GAN", en Pucciarelli, A. (comp.), *La primacía de la política. Lanusse, Perón y la Nueva Izquierda en tiempos del GAN,* Buenos Aires, Eudeba, pp. 205-234.

[31] Nievas, F., *Las tomas...,* pp. 84-5.

[32] *Clarín*, 7 junio 1973, p. 22. Para esa época algunos colegios secundarios se tomaron exigiendo la reforma del régimen de faltas, la libre vestimenta, incluyendo pelo y barba, disciplina formativa y no represiva y revisión de todos los programas.

[33] Carretero era ingeniero agrónomo, fue rector de la UN de Cuyo durante la segunda presidencia de Perón en los años de 1950 y quedó desafectado de la universidad en 1955. Antes de reasumir como rector en 1973, integró por un breve lapso el gabinete del gobernador

de Rosario los alumnos del FEN ocuparon el rectorado explicando que: "repudiamos a los 18 años de universidad antipopular, con conciencia de privilegio y vocación de islas, a veces revolucionarias, más tarde autocráticas y tecnocráticas, a través de las autoridades de la dictadura saliente y su política de corrupción y entrega".[34]

Hubo también tomas en universidades privadas, aunque los reclamos solían ser diferentes. Los dirigentes de la JUP de la Universidad Católica de Mar del Plata mantuvieron ocupadas las Facultades de Derecho y Humanidades. Denunciaban la ocultación del estado financiero, el nivel docente mediocre, el sistema de educación "caduco", la represión que se ejercía hacia los alumnos y la ausencia de órganos de representación. En Derecho además, paralizaron las actividades hasta que se reincorporase a un trabajador despedido.

Los alumnos de la Facultad de Psicología de la Universidad de Aconcagua, en la provincia de Mendoza, tomaron esa dependencia pidiendo un mayor nivel académico, la implantación de un profesorado y un grupo solicitó la estatización de la universidad.[35] En la misma provincia, alumnos de la Facultad de Arquitectura de la Universidad de Mendoza reclamaron la intervención de la Facultad y también su estatización, cuestión que fue rechazada por los profesores.

El 14 de junio de 1973 Juan Manuel Abal Medina, en nombre del Movimiento Nacional Justicialista, solicitó públicamente el levantamiento de las tomas, en tanto ofrecían "cobertura a la provocación que buscan el régimen y sus aliados, a través de la prensa oligárquica, para formar un clima de inquietud colectiva a cuyo amparo se mueve la reacción continuista".[36] Días después, la prensa afirmaba que el movimiento "ocupacionista" había decrecido significativamente luego del pedido de Abal Medina.[37] De todos modos, los conflictos continuaron. En julio se dio a conocer el decreto 144 que intervenía por 150 días las universidades de Aconcagua y Mendoza, en virtud de los "conflictos internos".

Alberto Martínez Baca. Sobre este y los otros gobernadores de la época ver Servetto, A., 73/76. *El gobierno peronista contra las provincias montoneras*, Buenos Aires, Siglo XXI Ed., 2010.

[34] *Clarín*, 4 junio 1973, p. 13.

[35] Nievas, F., *Las tomas...*, pp. 183-4.

[36] Cit. en Nievas, F., *Las tomas...*, p. 395.

[37] *Clarín*, 16 de junio 1973.

La ofensiva del Consejo Superior Justicialista, la movilización estudiantil y la violencia armada

Cuando todavía estaba Puiggrós al frente del rectorado, el ministro Taiana -siguiendo las órdenes del Consejo Superior Justicialista – hizo saber que los profesores de la UBA Eduardo Luis Duhalde y Rodolfo David Ortega Peña, identificados con la izquierda peronista y la revista *Militancia*, debían dejar sus cargos. Ortega Peña era además, diputado nacional. Estudiantes, docentes, interventores y el mismo Puiggrós expresaron su repudio por el alejamiento de estos dos profesores, quienes decidieron desconocer la resolución. En diciembre, el ministro hizo efectivo el alejamiento dejándolos cesantes. Cabe recordar que el 31 de julio de 1974 Ortega Peña sería asesinado por la Triple A.[38]

En octubre de 1973, Taiana le pidió la renuncia a Puiggrós. La JUP organizó una marcha en su apoyo y dispuso la ocupación de las Facultades, mientras que el FEN- OUP se manifestó conforme con su alejamiento. Taiana nombró en su reemplazo al interventor de la Facultad de Odontología, Alberto F. Banfi, quien renunció a los dos días porque los estudiantes se expresaron en desacuerdo.[39] Finalmente, asumió el secretario general Ernesto Villanueva quien dijo que mantendría la línea política de Puiggrós. Los militantes nucleados en la Coordinadora de Juventudes Políticas Universitarias - integrada por la JUP, la Juventud Radical, la Federación Juvenil Comunista y la Juventud del Partido Socialista Popular- manifestaron su satisfacción por las definiciones y suspendieron las medidas.

Mientras, en el medio de la campaña electoral para elegir a las autoridades de los centros estudiantiles en todo el país, se sucedían hechos de violencia armada en distintas ciudades. Por ejemplo, en la UN del Nordeste un grupo perteneciente al CdeO atacó con armas de fuego y

---

[38] Poco después sería asesinado el abogado de Ortega Peña, Silvio Frondizi.

[39] Los hechos ocurridos alrededor de la renuncia de Banfi están detallados en Bonavena P., "El rector que no fue: la lucha de los estudiantes de la UBA contra la designación del odontólogo Alberto Banfi en octubre de 1973", *Primeras Jornadas de Estudio y Reflexión sobre el Movimiento Estudiantil,* disponible en www.mov-estudiantil.com.ar/terceras/20063.doc

cachiporras a estudiantes que se manifestaban en solidaridad con Chile.[40] Bajo el rectorado de Rodolfo M. Agoglia, en la UN de La Plata se produjo en la madrugada un atentado con una bomba en el comedor universitario que lo destruyó casi por completo.[41] En la UBA, la JUP denunció agresiones de parte de la Juventud de la Revolución Libertadora.

En noviembre se efectuaron las elecciones que contaron con una gran concurrencia de alumnos. La JUP fue la ganadora y en la UBA particularmente, triunfó en casi todas las Facultades. Los resultados finales en todo el país habían dado para la JUP: 24 mil votos; Franja Morada (radicales alfonsinistas): 23 mil; Movimiento de Orientación Reformista (MOR-comunistas): 22.200; Alianza FAUDI y TUPAC (Guevaristas y Maoístas): 16.500 y Movimiento Nacional Reformista (MNR de tendencia izquierdista): 13.000 sufragios.[42]

Luego de conocerse estos resultados, el Consejo Superior del Justicialismo citó al ministro Taiana para pedirle explicaciones por la situación universitaria, pero el funcionario no asistió. El triunfo de la JUP en la mayoría de los centros de estudiantes de la UBA había provocado "alarma" en el Consejo, que se disponía a profundizar el cuestionamiento a Taiana. Además, los consejeros –representantes de la CNU y FEN-OUP- se habían manifestado "sorprendidos" por la designación de Villanueva, ya que venían objetando la política universitaria en manos de Puiggrós.[43] En oposición a esta postura, Pablo Ventura de la JUP ratificó la decisión de sostener a Villanueva o en su defecto nombrar a algún otro candidato representativo de la política instaurada por Puiggrós. Simultáneamente, en la Facultad de Arquitectura de la UBA, un grupo de la CNU había efectuado disparos contra los alumnos.

---

[40] *Clarín*, 19 septiembre 1973, p. 19. Sobre los estudiantes de esa universidad antes de 1973, ver Millán, M., "La formación de alianzas en el campo popular: el caso del movimiento estudiantil de Corrientes y Chaco entre 1966 y 1969", en *Primeras Jornadas de reflexión y estudio sobre el Movimiento Estudiantil Argentino*, UBA, 3-5 noviembre, 2006.

[41] Agoglia era filósofo egresado de la UBA y había sido rector de la UN de La Plata entre 1953 y 1955.

[42] *Clarín*, 9 diciembre 1973, p. 13. En diciembre se hizo el XIII Congreso de la Federación Universitaria Argentina (FUA), controlada por Franja Morada- alfonsinismo- y el Movimiento Nacional Reformista (MNR), sin la presencia de la JUP.

[43] *Noticias*, 28 noviembre 1973, p. 12.

Para esa misma época, la revista *Alianza Libertadora Nacionalista* publicó una nota diciendo que Taiana era el "ministro de la contrarrevolución".[44] Aseguraba que Taiana estaba "pésimamente rodeado" y que era un "peligro", entre otras cosas porque había invitado al pedagogo brasileño Paulo Freire ligado al gobierno "marxista" de Allende en Chile. Pero lo más preocupante era que Taiana había "entregado" las universidades nacionales:

> "al manejo absoluto, discrecional y despótico de las más descalificadas pandillas marxistas de que haya memoria en el país. Porque es necesario decirlo [...] sin Taiana no hubiera habido Puiggrós, sin Taiana no habría Martínez, Kestelboim, [Alfredo] Ibarlucía [delegado Facultad de Arquitectura] ni [Miguel] Virasoro [delegado de la Facultad de Ciencias Exactas y Naturales]. Sin Taiana no estaría un sujeto como [Octavio] Gettino al frente del ente calificador de cinematografía. Sin Taiana no estaría un señor [Víctor] Benamo al frente de la Universidad de Bahía Blanca o un tortuoso personaje de la UNESCO como el señor Emilio F. Mignone al frente de la Universidad de Luján. Sin Taiana no se habría entregado la Universidad Tecnológica Nacional [se referían al interventor Iván Chambouleyron] - hasta hace poco baluarte del espíritu nacional y ejemplo magnífico de responsabilidad y orden- al saqueo de un equipo marxista que la está destrozando y comunizando aceleradamente".[45]

Por fuera de las elecciones estudiantiles se sucedían otros conflictos con las autoridades. En la UN de Río Cuarto se produjeron incidentes con grupos armados que pretendieron ocupar la universidad en apoyo al interventor Juan José Castelli, cuestionado por otros sectores estudiantiles, docentes y no docentes que pedían su inmediata destitución. Los estudiantes proponían reemplazarlo por Augusto A. Klappenbach Minotti para cubrir el cargo. El sector docente decidió iniciar una huelga activa por tiempo indeterminado hasta que se concretara el alejamiento

---

[44] *Alianza Libertadora Nacionalista*, N° 4, 29 noviembre 1973, p. 2. De acuerdo a Marina Franco, en esta misma dirección se pronunciaban otras revistas como *Las Bases*, dirigida por López Rega. Asimismo, la autora muestra que el Ministerio del Interior recibía en ese tiempo telegramas provenientes de todo el país que denunciaban a los "subversivos" de las universidades. Cit. en Franco, M., *Un enemigo...*, pp. 98-101.

[45] *Alianza Libertadora Nacionalista*, N° 4, 29 noviembre 1973, p. 2.

de Castelli. Al otro día las autoridades removieron al interventor y nombraron a Ubaldo Rifé, que terminó siendo desplazado por otra movilización estudiantil. Finalmente, en octubre el ministro Taiana nombró a Klappenbach.[46]

En la UN de Catamarca los estudiantes y docentes pidieron la renuncia del interventor, el profesor y licenciado en historia Armando R. Bazán, quienes denunciaron que había dejado cesantes – les rescindió el contrato- a decenas de auxiliares docentes. En respuesta, Bazán dijo que había "indicios de penetración marxista" y suspendió las clases. A fines de octubre se produjo un enfrentamiento entre estudiantes y efectivos policiales, quienes detuvieron a doce alumnos. Unos días después, el ministro designó a un nuevo interventor, doctor Edmundo F. Chara. En la Universidad Tecnológica, los profesores iniciaron una serie de protestas que se prolongaron varios meses, pidiendo por la vigencia de la resolución 11/73 que modificó el régimen laboral de los docentes.

El funcionamiento de nuevas universidades

A poco de asumir, Taiana dio a conocer el decreto 451, que suspendió la creación de nuevas universidades nacionales, provinciales y privadas. En el texto de la norma se explicaba que para responder al proyecto de "Reconstrucción y Liberación Nacional" era necesario que las universidades se vincularan al aparato productivo y se abrieran a las "aspiraciones populares". Para ello, el Ministerio se dedicaría a profundizar los estudios

---

[46] Klappenbach Minotti era filósofo y estaba vinculado a la Tendencia. Siguió en el cargo hasta octubre de 1974, cuando debió exiliarse a España. Según uno de los ex alumnos, Juan Muzzolón y autor del documental "La Universidad que no queremos", recordaba de su gestión: "Él llega al poder gracias al apoyo de todos los estamentos: docentes, no docentes y principalmente los estudiantes. Ahí se vio un gran compromiso del estudiantado, no sólo de quienes eran del peronismo de izquierda, sino también del PRT y todas las facciones de la ciudad [...] Algo que se refleja en el documental es cómo los estudiantes de Agronomía asesoraban a los colonos de General Soler, cerca de Vicuña Mackenna, o la vinculación en las fábricas, como con los obreros de Rumifer que tomaban clases de piano en la Universidad y los estudiantes los reemplazaban. También estuvo la alfabetización para adultos, de los chicos de la Juventud Peronista, con gente humilde que no sabía leer ni escribir". http://www.puntal.com.ar/notiPortal.php?id=136417 [visitado el 2 abril 2014]

referidos a la viabilidad de las universidades nacionales del Noroeste de la provincia de Buenos Aires, de la Patagonia, Santiago del Estero y Entre Ríos creadas por distintas leyes; suspendía los trámites y estudios para la creación de universidades nacionales en Formosa, Olavarría, el Delta y Jujuy, y se dejaban en suspenso todos los trámites de aprobación de establecimientos universitarios provinciales y privados.

En diciembre de 1973 comenzaron las "excepciones" al decreto. Se decidió la aprobación de las universidades nacionales de Entre Ríos, designándose "delegado organizador" a Miguel Ángel Marsiglia, y la de Jujuy a cargo de un religioso de la Iglesia Católica, el presbítero Juan Roberto Moreno. Al año siguiente se le dio curso a la creación de la UN de Santiago del Estero (creada por Decreto Ley 20.364/73) y el delegado organizador fue el ingeniero Carlos Raúl Ruiz (Decreto 1.750/74). A principios de mayo de 1974 se autorizó el funcionamiento de la UN de la Patagonia y se designó a Silvio Grattoni como rector.

Una vez alejado Taiana del Ministerio, entre agosto de 1974 y marzo de 1976 se dispusieron otras "excepciones" al decreto 451/73 que autorizaron las creaciones de universidades nacionales, privadas y provinciales: Centro, Marina Mercante, Mar del Plata, la provincial de La Rioja y la Sindical Bancaria. Con respecto a la UN del Centro de la Provincia de Buenos Aires, diremos que se creó en octubre de 1974 con fecha de inicio el 1 de enero de 1975, sobre la base de la universidad privada de Tandil, el Instituto Universitario de Olavarría y su adscripto de Azul. Se designó delegado normalizador a Raúl Ceferino Roque Cruz, quien estaba a cargo de la primera institución. En mayo de 1975, Cruz advertía que le resultaba difícil la gestión porque la universidad aún no había sido incluida en el presupuesto universitario de ese año.

En enero de 1975 se autorizó provisionalmente la creación y funcionamiento de la Universidad de la Marina Mercante (privada) con sede en la Capital Federal. En marzo del mismo año se otorgó validez nacional a los estudios que se cursaban en la Universidad Provincial de La Rioja y en junio se conformó la Universidad Nacional de Mar del Plata, sobre la base de la Universidad Provincial y luego de la Universidad Católica (ver siguiente capítulo). El 12 de marzo de 1976 se autorizó el funcionamiento de la Universidad Sindical Bancaria, de carácter privado, pero no llegó a abrir sus puertas.

La sanción de la Ley Universitaria

En diciembre de 1973 comenzó a tratarse el anteproyecto de Ley Universitaria en la Legislatura. El interventor de la UBA, Villanueva, dijo estar de acuerdo en líneas generales con el anteproyecto, pero no con ciertos puntos. Como todos los rectores, una vez que fue aprobada debió presentar su renuncia, que en este caso fue aceptada.

En marzo de 1974 se aprobó la Ley 20.654. En Diputados hubo 144 votos positivos y 15 legisladores votaron por la negativa, entre los que estaba Ortega Peña, quien se había opuesto sobre todo al artículo 5. El mencionado artículo establecía que quedaba "prohibido en el ámbito de la universidad el proselitismo político partidario o de ideas contrarias al sistema democrático que es propio de nuestra organización nacional". Otros artículos que generaron debates fueron los referidos a la elección de rectores y decanos.[47] Siguiendo la tradición peronista, se proponía que su nombramiento quedara en manos del Poder Ejecutivo y los decanos y vice decanos fuesen elegidos por el rector. Después de intensas negociaciones con el bloque de legisladores radicales, Perón aceptó modificar el texto.[48] En la versión final se dispuso que el rector, vicerrector, decano y vice fuesen designados por el modo previsto en los Estatutos y durasen cuatro años en sus funciones (art. 23 y art. 29), requiriéndose ser ciudadano argentino (art. 24). La Ley conservaba los órganos tradicionales del gobierno y el Consejo Superior estaría conformado por tres estamentos: docentes (60 por ciento), estudiantes (30 por ciento) y personal no docente (10 por ciento), que se incorporaba por primera vez

---

[47] El debate está disponible en Diario de Sesiones de la Cámara de Senadores, 66 reunión, 15 sesión extraordinaria de los días 7 y 8 de Marzo de 1974, fs. 3675-3825 y de la Cámara de Diputados, 64 y 65 Reunión, 3 sesión extraordinaria de los días 13 y 14 de marzo de 1974, fs. 6205-6369, disponible en estudioslegislativos.wordpress.com/debates-parlamentarios/ [visitado 31 enero 2014]

[48] Mignone, E. F., *Legislación universitaria: pasado y presente,* Bernal, Universidad Nacional de Quilmes, Documentos de Trabajo N° 5, 1998.

en la historia. Se objetó que no se contemplara la participación de los graduados, pero esta crítica no fue atendida.

Un grupo de legisladores también se manifestó contrario al artículo 51 que facultaba al Poder Ejecutivo a intervenir las universidades por decreto. Habían propuesto que la intervención se hiciera mediante una Ley del Congreso, pero esta iniciativa tampoco tuvo éxito. Otra cuestión que generó polémica fue que la norma disponía que el período de normalización se iniciase dentro del plazo de 12 meses, con posibilidad de prórroga por 180 días más (art. 57). Algunos diputados creían que la normalización debía comenzar inmediatamente.[49] Por otra parte, el artículo 36 sobre el "régimen de enseñanza" establecía que: "se podrán exigir estudios complementarios o cursos de capacitación, antes de aceptar la incorporación de alumnos a determinadas Facultades [...] o carreras". Este artículo, en la interpretación de los legisladores más críticos, podía restringir el ingreso, como efectivamente ocurrió al año siguiente (ver siguiente capítulo).

La aprobación de la Ley produjo una fractura al interior de la JUP. Su dirigente Pablo Ventura rechazó la norma, acusándola de ser "un producto de los sectores de la reacción infiltrados en el gobierno" y que su objetivo era "frenar el proceso iniciado el 25 de mayo de 1973 de profundas transformaciones que dio en llamarse de Reconstrucción Universitaria, impulsadas desde las intervenciones de Puiggrós y Villanueva, con el aval conjunto de la comunidad universitaria".[50] Otra facción de la JUP liderada por Roberto Ivanissevich y Hugo Corme decidió separarse, acatar la verticalidad partidaria y fundar la Juventud Universitaria Peronista Lealtad.[51]

De inmediato, el ministro Taiana comenzó a designar a los "rectores normalizadores" en todas las universidades nacionales (ver Anexo). En

---

[49] Sobre otros aspectos del debate, ver Buchbinder, P., *La universidad en los debates parlamentarios,* Los Polvorines, Universidad Nacional de General Sarmiento, 2014; y Friedemann, S., "Liberación o dependencia en el debate parlamentario de la Ley Taiana. Un acercamiento al enfoque etnográfico para el estudio de la cuestión universitaria en el pasado reciente", *Historia de la educación. Anuario,* vol. 12, N° 2, 2011.

[50] *Clarín,* 15 marzo 1974, p 13.

[51] Sobre la JP Lealtad, ver Pozzoni, M., "Leales" y "traidores": La experiencia de disidencia de la Juventud Peronista Lealtad (1973- 1974)", *Nuevo Mundo Mundos Nuevos. Questions du temps présent,* 2013, consultado 4 junio 2014, http://nuevomundo.revues.org/65393

un acto de asunción de los rectores, Taiana explicó que todos los cargos docentes estaban "en comisión" a partir de la Ley (art. 58). Con la idea de beneficiar a los profesores cuando se presentaran a los concursos, la norma introducía también el artículo 60, que establecía reconocer el grado académico a todos los docentes declarados cesantes entre septiembre de 1955 y el 25 de mayo de 1973 por razones políticas o gremiales. Además, se les computaría la antigüedad hasta el momento de la promulgación de la Ley, como si nunca hubiesen estado cesantes. En el mismo discurso, Taiana les advertía a los rectores que en un año o un año y medio debía realizarse la primera Asamblea Universitaria en cada una de las universidades, y designar a sus propias autoridades.[52]

Las distintas agrupaciones de estudiantes iniciaron una nueva serie de tomas de Facultades y rectorados en apoyo o repudio a las nuevas autoridades. En la UBA se nombró a Vicente Solano Lima, quien continuó ejerciendo su cargo de secretario general de la presidencia. La mesa ejecutiva de la Federación Universitaria de Liberación Nacional de Buenos Aires (FULNBA) ratificó su apoyo a la gestión de Villanueva y criticó la designación de Solano Lima. En la Facultad de Derecho y Ciencias Sociales de la misma universidad, las agrupaciones estudiantiles contrarias a Kestelboim tomaron las instalaciones para exigir su alejamiento. Estuvieron un breve tiempo y luego desistieron. El centro de estudiantes dijo que había sido "un minúsculo grupo de gorilas y reaccionarios".[53] En la Facultad de Filosofía y Letras fue elegida decana la hija de Rodolfo Puiggrós, Adriana. En el acto de asunción se produjeron incidentes entre un grupo de la CNU y la JUP. En la Facultad de Ciencias Exactas no pudo asumir como decano Manuel Sadosky, porque su nombramiento era cuestionado por la JUP y agrupaciones de izquierda. En julio, Solano Lima se tomó una licencia y quedó "a cargo de despacho" el decano de la Facultad Farmacia y Bioquímica, Raúl Laguzzi. El referente de la FULNBA, Miguel Talento, expresó su conformidad.

En las otras universidades se sucedieron conflictos de distinto tipo. En abril de 1974 en la Universidad de Lomas de Zamora se produjo el

---

[52] Ministerio de Cultura y Educación, *Espíritu y normas de aplicación de la Ley Universitaria*, Buenos Aires, CENDIE, 1974.
[53] *Clarín*, 20 marzo 1974, p. 16.

asesinato del estudiante Hugo Pedro Hansem. El hecho ocurrió cuando se sucedían protestas en "repudio a las nuevas autoridades" y adhesión "a los delegados interventores". Los alumnos habían tomado el rectorado en contra la designación del rector Osvaldo M. Bezzi y pedían la continuidad de Pedro E. Bustos. Al atardecer, unos hombres vestidos de civil se bajaron de un auto que estacionó frente a la universidad y asesinaron de ocho balazos a Hansem.[54] El ministro Taiana condenó el hecho y realizó "un llamado a todos los argentinos para desterrar cualquier tipo de violencia". Luego Taiana hizo renunciar a Bezzi y nombró a Julio César A. Raffo, con el acuerdo de los estudiantes.[55]

Igual que en otras casas de estudio, en la del Nordeste el rector solicitó refuerzos al personal de seguridad ante una posible toma por parte de estudiantes.[56] En la Universidad Tecnológica se tomaron casi todas las Facultades Regionales en apoyo al ingeniero Iván Chambouleyron y en contra de la designación del rector Rolando Jorge Weidenbach.[57] Los estudiantes lo acusaban de "continuista" porque había estado en la dictadura anterior (1966-1973) y había sido expulsado de su cargo en el Departamento de Matemática en mayo de 1973. A modo de respuesta, Weidenbah decretó cesantías a decenas de profesores. Por un tiempo se sucedieron enfrentamientos con la policía que terminaban en detenciones y denuncias de desapariciones de estudiantes. A principios de mayo, el ministro cedió a la presión, desplazó al interventor cuestionado y nombró en su lugar a Juan Alberto Donato Montes.

Los conflictos por el nombramiento de los rectores continuaron en las distintas universidades, al tiempo que el enfrentamiento entre las organizaciones de la Tendencia y Perón se recrudeció. El presidente murió

---

[54] *Clarín,* 2 abril 1974, p. 17.

[55] https://memoriasocialesunlz.wordpress.com/investigacion/ [visitado el 2 de enero de 2015].

[56] Gendarmería Nacional, abril 1974. Documentación consultada en la Dirección Nacional de Derechos Humanos del Ministerio de Seguridad. Agradezco el acceso a esta documentación a María Laura Guembe y Martín Mastoriakis.

[57] Chambouleyron se recibió de ingeniero electrónico en la UN de La Plata y continuó sus estudios en Europa. Dirigía la publicación *Tecnología y Liberación,* que había salido a fines de 1973. El lema era "De la Universidad de los estudiantes que trabajan hacia la Universidad de los trabajadores que estudian". En general, los artículos describían las acciones de ayuda social que venían realizando las distintas Facultades Regionales en zonas carenciadas, muchas de ellas en conjunto con la JP. La revista está disponible en http://www.ruinasdigitales.com/

el 1 de julio de 1974 y a partir de ese momento, con el alejamiento del ministro Taiana, comenzó otro ciclo mucho más violento.

CAPÍTULO 2

"Dios, Patria y Ciencia"

Introducción

Después del fallecimiento de Perón, la presidenta María Estela Martínez le pidió la renuncia al ministro Taiana, lo que generó una serie de movilizaciones a favor y en contra de estudiantes y profesores en la mayoría de las universidades. Asumió en su lugar Oscar Ivanissevich, médico cirujano egresado de la UBA y católico tradicionalista. Durante la primera y segunda presidencia de Perón fue embajador de Estados Unidos (1946-48) y ministro de educación (1948-50). El mandatario denominó su propia gestión como la "misión Ivanissevich".[1] En un acto oficial de asunción dijo: "nuestra línea de conducta no admite desviaciones. Estamos con Cristo y no estamos en contra de nadie [...] a esta verticalidad le hemos entregado nuestras vidas y no nos someteremos a nadie. Es la doctrina de la Iglesia y no cejaremos mientras Dios nos mantenga erguidos".[2] En otra oportunidad resaltó el rol cristiano de la universidad y señaló que debía ser una "comunidad de amor entre profesores y alumnos".[3] Le expresaron su apoyo públicamente: CNU, Alianza

---

[1] Sobre la "misión", ver, entre otros, Izaguirre, I., "La Universidad y el Estado terrorista. La Misión Ivanissevich", *Conflicto social,* Año 4, Nº 5, 2011, pp. 287-303; Bonavena, P., "El movimiento estudiantil universitario frente a la Misión Ivanissevich: el caso de la Universidad de Buenos Aires", *IV Jornadas de Trabajo sobre Historia reciente,* Rosario, 2008.

[2] *Clarín,* 19 noviembre 1974, p. 16.

[3] La expresión de la universidad como una comunidad de amor era la misma que utilizaba

Libertadora Nacionalista, FEN-OUP, JUP-Lealtad y Unión de Estudiantes Argentinos de la UN del Nordeste, entre otras agrupaciones estudiantiles.

A continuación, nos referiremos a la gestión del ministro Oscar Ivanissevich, los rectores que nombró, su propuesta de reincorporar el ingreso restricto con examen y cupo y los intentos de reforma a la Ley Universitaria. En el segundo apartado describiremos la situación en la UBA, las protestas en apoyo a Taiana, la llegada de Alberto E. Ottalagano al rectorado y la reestructuración que intentó realizar de las carreras de las carreras de Ciencias de la Educación, Psicología y Sociología. Seguidamente, mencionaremos los hechos de violencia armada, represión y cesantías que se sucedieron sobre todo en las universidades más grandes y antiguas, muchos de ellos denunciados por los dirigentes de la Confederación de Trabajadores de la Educación de la República Argentina (CTERA). En el cuarto apartado, plantearemos los graves conflictos que vivieron ciertas universidades privadas católicas en esos años, cuyos estudiantes y profesores fueron acusados de "subversivos" por reclamar ante las autoridades. Por último, nos ocuparemos del ministro Pedro J. Arrighi y la espiral de violencia creciente que envolvió a las universidades.

En base a lo expuesto, argumentaremos que los dirigentes de las agrupaciones estudiantiles del peronismo de derecha apoyaron públicamente a los ministros que le siguieron a Taiana y, por consiguiente, los "esfuerzos" que hicieron por aniquilar a la "subversión" en las universidades. En esta nueva etapa hicieron foco en denunciar a los rectores y decanos por no actuar contra los "marxistas". Con estas declaraciones, buscaban justificar y legitimar las acciones armadas que ellos y otras organizaciones afines -como la Triple A- estaban llevando a cabo, tanto en universidades públicas como privadas.[4] Estos hechos convivían con los operativos de los grupos de izquierda, aunque la mayoría de las víctimas

---

monseñor Octavio N. Derisi, el rector de la Universidad Católica Argentina, ver Rodríguez, L. G., "Los católicos en la universidad: monseñor Derisi y la UCA", *Estudios del ISHIR,* vol. 3, N° 7, 2013, pp. 79-93.

[4] Recordemos que la Justicia le imputó a la Triple A 680 hechos, aunque desconocemos exactamente cuáles ocurrieron en las universidades. De acuerdo a algunos investigadores, antes del 24 de marzo se contabilizaron 417 estudiantes desaparecidos universitarios y terciarios, de los cuales el 32 % pertenecía a las UN de Buenos Aires y la Plata. Cfr. Izaguirre, I., "La Universidad...", p. 302.

se dieron entre sus filas. Simultáneamente, con el estado de sitio se legalizó la presencia en las universidades de las Fuerzas Armadas, servicios de inteligencia y policías provinciales. Actuaron dentro de las casas de estudio pidiendo informes a los rectores, investigando a los estudiantes, profesores y autoridades, además de intervenir cada vez que consideraban que los alumnos estaban perturbando el "orden". Si bien hubo un momento en que el ministro Arrighi intentó "normalizar" las universidades y llegó a suspender las intervenciones en varias casas de estudio, a fines de octubre de 1975 se aprobó por Ley del Congreso otra nueva intervención general o de "prórroga del plazo de normalización". Por su parte, los rectores más afines interpretaron que las leyes los habilitaban y se dedicaron a suspender clases, suprimir materias, limitar servicios, anular o no renovar nombramientos, y dejar cesantes a cientos de profesores y trabajadores no docentes, al tiempo que expulsaban a otro tanto de alumnos.

La "misión Ivanissevich"

Como hemos visto, la Ley Universitaria le ponía un plazo a la normalización. Entre 1974 y 1975 se dictaron decretos prorrogando la intervención de las distintas universidades en virtud de las "causales previstas en el art. 51 de la Ley 20.654" e Ivanissevich fue nombrando a los interventores (ver Anexo). De este conjunto, destacaremos la designación de figuras como Remus Tetu, personaje de origen rumano y sospechado de haber colaborado con la ocupación nazi en su país durante la Segunda Guerra.[5] A lo largo de unos meses estuvo encargado de dos universidades: el 2 de enero de 1975 se lo designó en Comahue y el 26 de febrero se le encomendó el despacho de los asuntos de la UN del Sur.

---

[5] CTERA, *Universidad: la 'Misión' del caos y la destrucción*. Documento preparado y diagramado por las secretarías de la rama universitaria y de relaciones gremiales de la CTERA y su edición fue costeada con el aporte de los docentes. Buenos Aires, julio, 1975. El rector designado por Taiana en Comahue había sido Roberto N. Domecq, quien estaba trabajando en la UN del Sur en el innovador Departamento de Economía, al que luego volvió. Había participado también del proyecto de creación de la UN de la Patagonia.

En noviembre de 1974 se decretó el estado de sitio para todo el territorio nacional por tiempo indeterminado. Los decanos y rectores de las universidades estuvieron obligados a partir de ese momento a informar a las autoridades policiales o de las Fuerzas Armadas todas las actividades que se realizaban en las universidades. Si se efectuaban congresos, eventos o jornadas tenían que presentar las listas de participantes y organizadores con los números de documento. En ocasiones, era el rector junto con otras autoridades quienes iban personalmente a la Policía Federal a denunciar a los estudiantes "subversivos" o bien iban a declarar si recibían amenazas de distinto tipo. En algunas universidades, las autoridades debieron rellenar un formulario por cada docente, donde tenían que describir cuál era la orientación política y las ideas personales de ese profesor. En la UN del Nordeste, por ejemplo, la Gendarmería - que dependía del Ejército- le solicitó información sobre ciertos estudiantes al jefe del Departamento de Alumnos de una Facultad: nombres completos, materias que cursaban y qué notas sacaban.[6] El ministro también promovió el nombramiento de "celadores" y se calculaba que en la UBA fueron más de 1.600 personas las que desempeñaron funciones de vigilancia de marcado carácter represivo.[7] Al mismo tiempo, comenzaron a actuar dentro de las distintas Facultades, personal uniformado de la Policía Federal. Los efectivos solían elaborar informes detallados, a veces semana por semana, acerca de lo que ocurría en las distintas dependencias universitarias. La Gendarmería o la policía también investigaba a cada una de las autoridades que asumían – rectores y decanos-, intentando definir su "orientación ideológica". Por ejemplo, un informe del Comandante en Jefe -sección Corrientes- de la Gendarmería Nacional, reportaba que se había designado rector de la UN del Nordeste a Adolfo Torresagasti en septiembre de 1975. La policía de Chaco, según el comandante, decía que era Montonero, igual que la Policía Federal. El "124", sin embargo, informaba que era un "fuerte anticomunista". Por su lado, el comandante avisaba que el SIDE local mandó un mensaje a Buenos Aires señalando la "inconveniencia de nombrarlo hasta tanto se recopilen

---

[6] Documentación producida por la Gendarmería Nacional Argentina, consultada en la Dirección Nacional de Derechos Humanos del Ministerio de Seguridad.

[7] CTERA, *Universidad: la 'Misión'....*

mayores antecedentes, dado las dudas existentes sobre su ideología", ya que el nombrado había estado en "la línea revolucionaria peronista".[8] A pesar de estas informaciones cruzadas, Torresagasti asumió como rector.

En relación al ingreso, el ministro dijo que la Ley Universitaria no establecía el ingreso irrestricto. Invocando el artículo 36, recordaba que se podían exigir "cursos de capacitación o estudios complementarios" en algunas carreras. A principios de 1975 se realizó una reunión para tratar las pautas del ingreso universitario y se presentaron dos posiciones.[9] La primera estuvo representada por el rector de la UN de Luján, Emilio F. Mignone, quien propuso la implantación de cupos de admisión de acuerdo a la capacidad de cada universidad, exigencias específicas a los aspirantes extranjeros, implantación de materias comunes para todos los alumnos como Geografía, Historia e Idioma Castellano y el desaliento para estudiar ciertas carreras "superpobladas".[10] Proponía que cuando el número de aspirantes superase al número de vacantes, se diese prioridad a los alumnos con mayor calificación en el ciclo secundario. Mignone dijo que el plan no era "limitacionista", sino que apuntaba a una nueva redistribución del alumnado, induciendo su inscripción hacia las univer- sidades nuevas.

Otro grupo de rectores liderado por Julio César Raffo de Lomas de Zamora, hizo una crítica a dos de estas pautas: imponer cupos de admisión y considerar la calificación del secundario. Finalmente se votó entre los presentes y ganó por amplia mayoría el "proyecto Mignone". Es decir, la implementación de vacantes y la obligación de los alumnos que ingresaran a primer año de cursar "el tríptico nacional": Geografía, Historia e Idioma nacional.[11] Grupos estudiantiles como el Movimiento

---

[8] Documentación producida por la Gendarmería Nacional Argentina, consultada en la Dirección Nacional de Derechos Humanos del Ministerio de Seguridad. Torresagasti era médico y había sido funcionario del gobernador del Chaco Deolindo Bittel en los años de 1960.

[9] *Clarín,* 12 enero 1975, p. 17.

[10] Mignone había nacido en Luján, era abogado e integrante de la Acción Católica. Había sido funcionario del gobierno bonaerense entre 1946 y 1952, posteriormente trabajó en la OEA y en los años de la dictadura (1966-1973) se integró al gobierno en el área educativa.

[11] *Clarín,* 2 noviembre 1975 p. 14. En relación al ingreso al secundario, las nuevas normas disponían que no se iban a tomar pruebas de ingreso cuando el número de aspirantes fuese inferior al de las vacantes. En el caso de que los aspirantes superasen los bancos, los inscriptos debían rendir una prueba general.

Nacional Reformista se declararon en contra de los cupos. Raffo presentó su renuncia y fue aceptada.

Acto seguido, las universidades debieron publicar los cupos por Facultades y carreras. En general, el número de cupos era mayor que el de inscriptos, por lo que no tuvo mayores efectos en la práctica, a excepción de la UBA. Pasado el período de las inscripciones, varias universidades dieron a publicidad las vacantes que les quedaban disponibles. En La Plata estaban sin cubrir 6.038 vacantes, que representaban el 50 por ciento del cupo total establecido para esa casa de estudio; en Tucumán quedaban 1.404 bancos en 10 Facultades; Nordeste: 423 en 7 Facultades; Litoral: 2.081 en 10 Facultades; La Pampa: 90 en 2 Facultades; Entre Ríos 147 en 4 Facultades; Cuyo 147 en 4 Facultades; y en Jujuy quedaban 114 cupos en 3 Facultades.[12] En Santiago del Estero se informó que en la Facultad de Ingeniería quedaban aún disponibles 241 vacantes sobre un total previsto de 550.

En ciertas Facultades de la UBA se presentaron diferencias importantes entre el cupo y los aspirantes. En Ciencias Económicas el cupo era de 3.000 y los inscriptos 5.137; Farmacia: 800 y 1.768; Ciencias Veterinarias: 800 y 1.200; y Odontología: 450 y 859 respectivamente.[13] Ciencias Exactas no había abierto el ingreso.

A mediados de 1975, la Confederación General Universitaria (CGU) se reunió para tratar las reformas a la Ley Universitaria sancionada el año anterior. El presidente de la CGU era el nuevo interventor de la UN de Lomas de Zamora, Luis Alberto Vitar, quien expresó su voluntad de elaborar un anteproyecto como una "contribución al Partido Justicialista y al gobierno nacional".[14] Proponía que el rector fuese designado por el Poder Ejecutivo Nacional, los decanos por el rector y los vicedecanos por el Consejo Directivo de cada Facultad, integrado por 10 profesores, 7 titulares y 3 adjuntos. Los estudiantes estarían representados por un delegado elegido entre quienes cursaran el último año de estudios, quien tendría voz y voto en los Consejos Directivos, y sería elegido por votación secreta y obligatoria de los estudiantes que hubiesen aprobado por

---

[12] *Clarín,* 15 abril 1975.
[13] *Clarín,* 11 abril 1975.
[14] *Clarín,* 15 junio 1975, p. 13.

lo menos primer año. Para los no docentes, sugería que los rectores eligiesen uno para integrar el círculo de "colaboradores inmediatos". El gobierno de la universidad estaría integrado exclusivamente por el rector y los decanos. Acerca de los concursos docentes, Vitar explicaba que significaban un gasto "irracional" en el estado de "emergencia educativa" en el que se encontraban, por lo que le parecía mejor que cada decano elevara al rector una terna de profesores para cubrir las cátedras. Se proponía reimplantar el Consejo Nacional de Rectores presidido por el ministro.

El ministro nombró una comisión de redacción para reglamentar la Ley Universitaria. Estaba integrada por Emilio F. Mignone (Luján), Luis A. Vitar (Lomas de Zamora), Mario Víctor Menso (Córdoba), Carlos Rovere (Rosario), Ángel Tosetti (Nordeste) y Remus Tetu (Comahue y Sur). En esa reunión reiteraron que uno de los principales obstáculos para iniciar la normalización era que debía llamarse a concurso para cubrir casi 30.000 cargos docentes, hecho que las autoridades nacionales estimaron que demandaría "una inversión de casi cien mil millones de pesos viejos".[15] Al mismo tiempo, continuaban, había que convocar a elecciones en el claustro estudiantil, que de acuerdo a la Ley, participaba de la conducción de las universidades, lo que implicaba una necesaria flexibilización por parte de las autoridades de levantar la prohibición de participar en política.

La situación en la UBA

Desde la aceptación de la renuncia del ministro Taiana, las Facultades y el rectorado de la UBA estaban tomados por docentes y estudiantes, no se dictaban clases ni se realizaban tareas administrativas. El ministro Ivanissevich calificó a la universidad como "sublevada" y blanco de la "subversión marxista". El rector Héctor R. Laguzzi apoyó públicamente la toma y denunció que se estaba preparando "una nueva noche de los bastones largos" por las "fuerzas antiperonistas" que día a día adquirían

---

[15] *Clarín,* 29 julio 1975, p. 10.

mayor poder. Al poco tiempo, el rector Laguzzi fue blanco de un atentado contra su domicilio en el que falleció su hijo pequeño y decidió exiliarse junto a su esposa en México, al igual que otros profesores universitarios y personalidades de la cultura.

Con el pase a la clandestinidad de Montoneros, Miguel Talento, el jefe de la JUP, debió salir a aclarar que su organización continuaba funcionando como siempre. Para esos días renunciaba el decano Kestelboim en disidencia con la posición adoptada por la JUP.[16] El 17 de septiembre se dispuso la intervención de la UBA y asumió Alberto Eduardo Ottalagano, quien permaneció hasta diciembre. Ottalagano era autodeclarado fascista y en una ocasión dejó fotografiarse haciendo el saludo nazi.[17] Previsiblemente, la FULNBA y la JUP repudiaron su designación. Una de las primeras medidas que tomó fue dictar una resolución por la que se prohibían las asambleas estudiantiles. A partir de ese momento, cada vez que los alumnos intentaban reunirse, se cerraba la Facultad o intervenían efectivos policiales o personal de seguridad, señalando el "carácter subversivo" de los hechos.

El nuevo interventor nombró a los decanos, entre los que estaban el sacerdote Raúl Sánchez Abelenda (Filosofía y Letras) y el ex decano de la Facultad de Ciencias Exactas (1969-1973) Raúl Zardini.[18] Enseguida, Zardini denunció graves irregularidades de la gestión anterior y la existencia de estudiantes extranjeros que provenían de la Universidad "Patricio Lumumba" de Moscú. En otras declaraciones manifestó sus simpatías por el gobierno de Benito Mussolini en Italia.

Recién a mediados de octubre comenzaron a funcionar algunas Facultades, al tiempo que se daban a conocer en la prensa numerosas cesantías de profesores titulares, nuevas designaciones y confirmaciones. En noviembre Ottalagano dijo "desde que pusimos el pie en la UNBA, se normalizó".

---

[16] *Clarín*, 10 septiembre 1974, p. 11.

[17] Ver, entre otros, Besoky, J. L. "La revista…".

[18] Ni bien asumió Zardini, el Ministerio dio a conocer la resolución 57 mediante la cual revocaba la otra resolución de fecha 3 julio 1973, en la que se disponía la formación de un tribunal para el juicio académico. Los argumentos en contra de Zardini están desarrollados en CTERA, *Universidad…*

Ottagalano decidió reestructurar las carreras de Ciencias de la Educación, Psicología y Sociología y dijo que las separaría de la Facultad de Filosofía y Letras. En las consideraciones explicó que representaban el 70 por ciento de toda la población estudiantil de esa Facultad. Además, fundamentó que el problema era su "heterogeneidad epistémica y metodológica en relación con la naturaleza humanística de las carreras arquetípicas y tradicionales de esta Facultad". Por tanto, era menester "jerarquizar y reordenar los estudios psicosociales y humanísticos pues la heterogeneidad supramencionada (sic) existente entre las carreras humanísticas y psicosociales" impedía "cimentar y ejercitar con los métodos apropiados y los medios necesarios su desarrollo académico".[19] En enero de 1975 anunció que Psicología se dictaría en Medicina y Sociología en Derecho. Pese al anuncio, la carrera de Educación logró quedarse en la Facultad de Filosofía.

Durante el segundo cuatrimestre la Facultad permaneció cerrada, por lo que unos 37 mil alumnos perdieron la cursada. Además, Ottalagano reimplementó el sistema de evaluación individual y de calificación numérica para todas las carreras de la UBA, criticando los postulados de la "moderna pedagogía" que se aplicaron durante el último año en diversas Facultades, donde la evaluación se efectuaba sobre la base de aprobado y reprobado y la calificación grupal.

En noviembre, los estudiantes de la FULNBA y la FUA llamaron a una jornada de lucha en rechazo a la política universitaria. Ese día hubo arrestos, allanamientos y secuestros de estudiantes en la mayoría de las universidades y colegios de todo el país. Por ejemplo, en el Colegio Nacional Buenos Aires los padres de los alumnos denunciaron que aparecieron en la sede hombres armados que pronunciaron amenazas y estaban liderados por el rector Mario Garda y el subsecretario de educación Carlos Frattini.

En diciembre Ottalagano fue desplazado, al parecer por un enfrentamiento con Frattini. En enero asumió el nuevo interventor de la UBA, Julio Lyonnet. La FULNBA criticó la gestión de Ottalagano considerándola "destructora de la universidad y contraria al proyecto de universidad popular". En abril de 1975 detuvieron al ex secretario general de la UBA

---

[19] *Clarín,* 28 noviembre 1975, p. 19.

Ernesto Villanueva. Para esa época se denunciaba que había 150 presos estudiantiles. En mayo se sucedían incidentes en las distintas Facultades. En Filosofía y Letras detuvieron a dos alumnas mientras repartían volantes, en Farmacia y Derecho fueron golpeados y detenidos 14 estudiantes. Agrupaciones de docentes peronistas de derecha y la Coordinadora de Estudiantes Universitarios Peronistas- integrada por la CNU, Alianza Libertadora Nacionalista, Movimiento Universitario Nacional, Comando Evita y Comando Nacional 8 de Octubre- emitieron un comunicado en el que señalaban que la presencia del decano Mantecón (Derecho) era una "amenaza constante para los objetivos de nacionalización, jerarquización y normalización de las casas de estudio". Poco después de las 19 hs estallaron explosivos en tres baños de la Facultad.[20]

Violencia armada, represión y cesantías

Desde la revista *Alianza Libertadora Nacionalista* se denunciaba "el copamiento marxista y guerrillero" en la UN de Rosario y se acusaba al rector Carlos Rovere (que había sido designado por Taiana) de negarse a "liquidar todos los focos del marxismo".[21] Finalizaba afirmando que "Rosario espera que llegue la misión Ivanissevich. Sabemos que no es el único problema que tiene que afrontar el ministro. La herencia de Cámpora y Taiana es pesada y siniestra". De la UBA decían que "Hay sabotaje en la universidad" y que había que desterrar "hasta el último residuo de marxismo". Según su razonamiento – compartido por *El Caudillo*- el punto "máximo de la Traición" fue en mayo de 1973 cuando el "Dr. Cámpora" entregó la universidad "al marxismo" cuando declaró el ingreso irrestricto, "absurda medida de corte demagógico que sólo conduce a una caída impresionante del nivel estudiantil y académico en general". Luego se inició, "felizmente", la misión Ivanissevich cimentada en "tres pilares básicos Dios, Patria y Ciencia" y la de Ottalagano con la consigna: "argentinizar, perfeccionar y jerarquizar la universidad".[22]

---

[20] *Clarín,* 21 mayo 1975.
[21] *ALN*, N° 8, 13 noviembre 1974, p. 4.
[22] *ALN*, N° 8, 13 noviembre 1974, p. 4.

Fogoneados por esta prédica, desde la asunción del ministro Ivanissevich se incrementaron los hechos de violencia armada en las universie
dades públicas. En julio y agosto, un comando vinculado a la JP de la
ciudad de La Plata asesinó a dos referentes de la CNU, Félix Navazo y
Martín Salas.[23] El 8 de octubre integrantes de la CNU asesinaron en la
universidad a Rodolfo F. Achem, dirigente del gremio de no docentes
(ATULP) y a Carlos A. Miguel, referente de la Juventud Peronista y
director del Departamento Central de Planificación de la Universidad.[24]
Luego de producirse estos dos últimos hechos, el funcionario del Ministerio de Cultura y Educación, Julio Lyonnet, cerró la universidad acom-
pañado por la Policía Federal, mientras que el cuerpo de infantería moto-
rizada de la policía provincial custodiaba las adyacencias.[25] Presentaron
sus renuncias el rector Francisco P. Camperchioli Masciotra y los funcionarios que lo acompañaban. Posteriormente, se denunció un intento de
secuestro en plena calle del ex decano de la Facultad de Medicina. La
universidad volvió a abrir a mediados de noviembre con el nuevo rector,
Pedro J. Arrighi, el ex funcionario de la Universidad Provincial de Mar
del Plata (ver más adelante).

A fines de octubre, en la UN de Tucumán renunciaron todas las autoridades en forma indeclinable, con el rector Pedro A. Heredia a la cabeza,
denunciando que habían sido amenazados de muerte por la Triple A.[26]
Además, esa organización había colocado bombas en la casa de uno de
los decanos y en el comedor universitario. Las nuevas autoridades ordenaron la intervención y detuvieron a Heredia. Un caso similar ocurrió

---

[23] Martín Salas era de la CNU e integraba la Juventud Peronista de la República Argentina
(JPRA), ver http://www.ruinasdigitales.com/causa-peronista/martinsalasnoeraperonista26/
[consultado 12 diciembre 2013] Sobre los asesinatos de Navazo, Salas, Achem y Miguel
ver Carnagui, J. L., "¿Entre la derecha peronista y grupos paraestatales? La ofensiva de la
Concentración Nacional Universitaria en la Universidad Nacional de La Plata (1973-1975)",
en Bohoslavsky, Ernesto y Echeverría, Olga (eds.) *Las derechas en el cono sur, siglo XX. Actas del
sexto taller de discusión,* Los Polvorines, 2015, pp. 66-83.

[24] Sobre el caso, ver http://sur.infonews.com/notas/los-asesinatos-de-achem-y-miguel-
siguen-impunes [consultado 12 diciembre 2013]

[25] *Clarín,* 10 octubre 1974, p. 9.

[26] Heredia era bioquímico, había sido rector de la UN de Tucumán entre 1954 y 1955 y
durante su gestión había simpatizado con la Tendencia. Ver Pucci, R., "Pasado y presente de la
Universidad tucumana", disponible en http://historiapolitica.com/datos/biblioteca/pucci.pdf,
2012 [visitado el 1 de abril de 2013]

en Salta, donde fue arrestado el rector Holver Martínez Borelli por la supuesta responsabilidad en delitos "subversivos" y luego intervinieron la universidad.[27]

En mayo de 1975 se produjo un tiroteo frente a la UN de Lomas de Zamora. Según los estudiantes, un grupo que estaba en la vereda repartiendo volantes fue agredido a balazos por la custodia armada del interventor Vitar. De acuerdo al rector, unos desconocidos abrieron fuego desde un automóvil contra miembros del personal de la universidad. La Asociación de Docentes e Investigadores en Ciencias Económicas y Sociales de esa casa de estudio, coincidieron con la versión estudiantil y denunciaron la detención de una alumna y el allanamiento de los domicilios particulares de profesores.

Avanzado el año 1975, la prensa publicaba prácticamente todos los días detenciones, expulsiones, suspensiones y arrestos de alumnos en la mayoría de las universidades. Las justificaciones de las autoridades eran que los estudiantes sancionados estaban repartiendo volantes, habían participado de alguna asamblea, paro o manifestación, o bien incitaban a otros a que se ausentaran de las clases de las materias que integraban el "tríptico", entre otros.

En la UN de Comahue, el interventor Remus Tetu inició su gestión disponiendo la limitación de servicios de todo el personal docente, no docente y administrativo.[28] En la UN del Sur, Tetu dispuso el comienzo de clases recién a fines de abril porque había denunciado la existencia de un "plan subversivo" para cuando se iniciase el ciclo lectivo. El Concejo Deliberante de Bahía Blanca condenó enérgicamente su actuación como interventor y expresó su profunda "preocupación ante el clima de extrema violencia física y espiritual" que estaba viviendo la UN del Sur. En julio el interventor suprimió la materia Economía Política por considerar que se aplicaban "pautas marxistas en su dictado". Además dio a conocer la

---

[27] Martínez Borelli era poeta y abogado egresado de la UN de Tucumán. Católico militante, se acercó al peronismo por medio del Partido Popular Cristiano. Se vinculó al gobernador de la Tendencia, Miguel Ragone y a la teología de la liberación. Ver Marinaro, S., "Holver Martínez Borelli y la radicalización de la intelectualidad salteña", *Jornada: Recuperando trayectorias intelectuales en el Estado"*, Universidad Nacional de General Sarmiento, 11 septiembre 2013.

[28] Sobre las gestiones de los rectores en esos años, ver Bandieri, Susana (coord.), *Universidad Nacional del Comahue, 1972-1997. Una historia de 25 años,* Neuquén, Educo.

expulsión de 23 alumnos y la cesantía de varios agentes del área de la Secretaría de Extensión Universitaria porque estaban implicados en la posesión de "material de tipo subversivo".

Para esa época, la Confederación de Trabajadores de la Educación (CTERA) dio publicidad a un documento sobre la "misión Ivanissevich" llamado *Universidad: la 'Misión' del caos y la destrucción* adonde denunciaban, entre otras cuestiones, al rector Remus Tetu.[29] Tetu reaccionó de inmediato y acusó al diputado Juan Carlos Comínguez (del Partido Comunista) y a Alfredo Bravo (dirigente de CTERA) de ser los autores del documento y de haberlo calumniado. Dijo que los dos eran "comunistas" y que cada vez que tenían que decidir una huelga, "iban primero a Moscú". Tetu fue respaldado por interventores de otras universidades nacionales, quienes "resolvieron un absoluto repudio a las afirmaciones antojadizas e injuriosas, de clara intención subversiva, contenidas en ese impreso y acordaron que, tanto las universidades y funcionarios involucrados, inicien acciones judiciales, civiles y criminales pertinentes, a fin de salvaguardar su dignidad y lograr la correspondiente sanción de los responsables de tales demandas".[30]

Acerca de la acción de Remus Tetu en la UN de Comahue, el documento *Universidad…* denunciaba que había limitado los servicios de 75 docentes y funcionarios al 31 de enero de 1975, todos ellos nombrados a partir del 25 de mayo de 1973. Dejó cesantes a todos los profesores de origen chileno y uruguayo y al resto del personal docente le limitó sus servicios al 31 de marzo de 1975 y luego de esa fecha, dispuso que

---

[29] En el documento decían que Tetu había nacido en Bucarest, Rumania y que si bien él afirmaba que tenía varios títulos de grado y dos doctorados en ese país (Licenciado en Filosofía y Letras, Licenciado en Derecho, Doctor en Filosofía, Doctor en Derecho), no había presentado ninguna certificación en Argentina. Los autores de *Universidad…* denunciaban que en realidad Tetu no tenía ningún título. En el país, decían, el único antecedente que se le conocía era el de ser un escritor asiduo en el diario *La Nueva Provincia*. En 1973, 400 integrantes de la UN del Sur con el rector Benamo a la cabeza, le realizó un juicio académico por "falta de idoneidad, como también su intencionada y comprometida actuación a favor de los enemigos de nuestra independencia económica, científica, tecnológica y cultural". CTERA (1975) *Universidad: la Misión…*. Otros datos de la biografía de Remus Tetu están en Orbe, P., "El "proceso de reorganización" de los claustros: el impacto de la última dictadura en la Universidad Nacional del Sur", en Rodríguez, L. G. (coord.), "Dossier Universidad y dictadura", *PolHis. Revista del Programa Interuniversitario de Historia Política*, N° 14, 2015.

[30] *Clarín,* 30 julio 1975, p. 21.

los cargos se cubrieran por cuatrimestre.[31] En la UN del Sur, Tetu dejó cesantes a 35 docentes del Departamento de Enseñanza Media, por resolución 136 a otros 65 docentes de distintos Departamentos, a los que había que sumar 60 alumnos- ayudantes que perdieron sus cargos por la eliminación de la categoría. Limitó los servicios al 28 de febrero de 1975 a 200 docentes de los Departamentos de Educación, Geografía y Humanidades.[32] El 3 de abril de 1975, un custodio de Tetu asesinó en la puerta de la universidad a David "Watu" Cilleruelo, estudiante de Ingeniería y secretario de la Federación Universitaria de Bahía Blanca (FUBB).[33]

En el mismo texto se afirmaba que en las demás universidades habían sucedido hechos similares: en la UBA, las Facultades y Departamentos más afectados por la política de cesantías fueron: la Facultad de Ciencias Exactas y Naturales, el Departamento de Química Inorgánica, el Departamento de Física y la Facultad de Derecho y Ciencias Sociales.[34] Las cesantías perjudicaron a las actividades científicas directamente: entre los apartados había 39 directores de 94 programas de investigación de la Facultad de Ciencias Exactas; en el Departamento de Física, de 13 líneas de investigación existentes, sólo quedaban tres. En general, se fue produciendo un "progresivo desmantelamiento científico" también en organismos como el INTI, INTA, el Instituto de Astrofísica de San Miguel, y la Comisión Nacional de Energía Atómica.

En la UN de Córdoba se produjeron cesantías de docentes en el mes de marzo de 1975, que involucraban a profesores de la Facultad de Arquitectura; 70 docentes de la Escuela de Servicios Sociales; 66 de Ciencias de la Información; 11 docentes auxiliares y 7 titulares en la Facultad de Odontología; 60 de la Facultad de Filosofía y Letras, a los que se debían agregar docentes cuyos contratos vencieron el 31 de marzo de 1975. En el mes de abril, continuaba el documento de CTERA, los

---

[31] CTERA, *Universidad: la Misión...*, p. 15.

[32] CTERA, *Universidad: la Misión...*, p. 15.

[33] Acerca de lo ocurrido en esos años en la UN del Sur, ver Orbe, P., "El "proceso de reorganización"...".

[34] En la Facultad de Derecho los cargos fueron cubiertos con ex miembros de la Cámara Federal o la "Cámara del Terror" creada por el gobierno de la "Revolución Argentina" y disuelta por el peronismo el 11 de marzo de 1973. La integraban e ingresaron a dar clases abogados de las "familias más tradicionales de la actividad agropecuaria y asesores legales de las empresas multinacionales". CTERA, *Universidad: la 'Misión'...*, p. 14.

despidos siguieron: 100 en Filosofía y Letras, 20 en Arquitectura, 30 en Ciencias de la Información, 7 en Odontología, 50 en la Escuela de Servicios Sociales, 12 en el Instituto de Matemática, Astronomía y Física y el 75 % de los profesores de Arte, al vencer sus contratos al 30 de abril de 1975. Unos meses después la JUP de Córdoba llamó a una movilización para exigir la renuncia del rector Víctor Menso.[35]

En la UN del Litoral fueron afectados convenios y dejados cesantes un total de 200 profesores que se desempeñaban en la Facultad de Ciencias de la Administración, en la Escuela del Profesorado, en la Escuela de Sanidad y en la Escuela Industrial Superior.[36] En la UN de La Plata, con el rector Pedro J. Arrighi, los separados representaban el 60 % de los profesores, unos 3.700. Lo peor, continuaban los dirigentes gremiales, era que los afectados no eran notificados y se enteraban cuando se les impedía su ingreso a la universidad o dejaban de percibir sus haberes. A esta situación se agregaron 300 prescindibilidades que afectaron al personal administrativo.[37]

El rector de la Universidad Tecnológica, Tomás Julián Persichini, dejó cesantes a todos los docentes interinos, auxiliares y profesores que no habían logrado sus puestos por concurso, anunciando que sólo serían reincorporados aquellos que demostrasen su "argentinidad, honestidad y seriedad". La CTERA denunció que el rector promovió cesantías masivas, dejó a más de 90 no docentes separados por la Ley de Prescindiblidad, introdujo policías y "matones a sueldo para funciones de vigilancia y represión".[38] Asimismo, afirmaba que a partir de esa gestión, distintos grupos sindicales reclamaron una ingerencia más directa en la conducción de las distintas Regionales de la Universidad Tecnológica. Más concretamente, el diputado Rodolfo Ponce de la CGT- Bahía Blanca – que apoyaba los métodos violentos de Remus Tetu en la UN del Sur- pedía que la Universidad Tecnológica "volviese a la CGT".[39]

---

[35] Esta noticia fue publicada también en el diario *Clarín*, 23 abril 1975, p. 23.

[36] CTERA, *Universidad: la 'Misión'...*, pp. 14-17.

[37] CTERA, *Universidad: la 'Misión'...*

[38] CTERA, *Universidad: la Misión...*

[39] Marcilese, J. B. y Tedesco, M., *Universidad Tecnológica Nacional. Facultad Regional Bahía Blanca. 1954-2004. Medio siglo de proyección regional*, Bahía Blanca, UTN, 2004, p. 52. Sobre Rodolfo Ponce en la UN del Sur, ver Orbe, P., El "proceso de reorganización"...".

Según explicaba la CTERA a través de la prensa nacional, muchas de las cesantías que se habían producido a principios de 1975, eran producto de una malintencionada interpretación del artículo 58 de la Ley 20.654, que mencionaba que los cargos docentes eran declarados "en comisión" y serían abiertos a concursos. El problema era que no se había realizado ninguna convocatoria a concursos docentes hasta esa fecha. Los rectores e interventores consideraban que esos cargos en comisión se podían limitar arbitrariamente, sin sumario o juicio previo. Este criterio dio lugar a "numerosas cesantías, donde además del factor ideológico intervinieron motivaciones personales, influencias e intereses sectoriales".[40] A mediados de 1975, la CTERA calculaba que se habían producido 15.000 cesantías entre docentes universitarios y profesores de enseñanza media de colegios dependientes de las universidades.[41]

En casi todas las universidades también se suspendieron los convenios que se habían suscripto durante la gestión de Taiana con distintas empresas estatales y privadas. Por ejemplo, en la UN de La Plata se anularon acuerdos con YPF, el Hospital de Niños, el Ministerio de Obras Públicas y Ministerio de Asuntos Agrarios, entre otros.

Dentro de este panorama, la UN de Luján resultaba una excepción. En ese tiempo, el rector Mignone destacaba públicamente la armonía y el clima de convivencia que había caracterizado a esa casa de estudios, en la que en un año y medio no se había perdido "un solo día de clase".[42] Reconocía que la única situación "anómala" se produjo en febrero de 1975, cuando un grupo de empleados fue declarado prescindible y reaccionó solicitando la intervención de la universidad y el alejamiento del rector, aunque aquello "no pasó a mayores", según expresó. La otra universidad que tenía el mismo rector desde 1973 era la de San Luis, con Mauricio A. López al frente, a quien los militares del PRN hicieron desaparecer en 1977.[43]

---

[40] *Clarín,* 5 marzo 1976, p. 13.

[41] CTERA, *Universidad: la 'Misión'...*

[42] *Clarín,* 21 abril 1975, p. 12.

[43] Mauricio A. López era profesor de filosofía egresado de la UN de Cuyo, de religión protestante, pertenecía a la Iglesia de "hermanos libres" muy cercana al Movimiento de Sacerdotes del Tercer Mundo. En 1973 facilitó la llegada de chilenos exiliados después del golpe de Pinochet. Ver Concatti, R., *Retrato de un hombre solidario. A 25 años de la desaparición de Mauricio López,* http://ecumenica.org.ar/docs/MAURICIORetrato.pdf [visitado 4 febrero

Conflictos en las Universidades Católicas

Hemos mencionado en el capítulo anterior la manera en que las universidades privadas participaron de las "tomas" de 1973. En esta oportunidad, describiremos los otros resonantes conflictos que se dieron al interior de las universidades católicas entre 1973 y 1975, que derivaron en intervenciones, represión, detenciones y asesinatos. A continuación, desarrollaremos los casos de las Universidades Católicas de Mar del Plata, "San Juan Bosco", Salta, La Plata y la Universidad del Salvador.[44]

Todas vivieron jornadas de protestas estudiantiles por distintas razones, que fueron tildadas de "marxistas" por las autoridades religiosas. En algunas se podía distinguir el accionar de las agrupaciones peronistas como la CNU o la OUP- Guardia de Hierro, y otras acapararon la atención de los militantes de *El Caudillo* o *Alianza Libertadora Nacionalista.*

Recordemos que la Universidad Católica de Mar del Plata había estado involucrada en las tomas de 1973. Esos hechos derivaron en otros pedidos encabezados por el obispo monseñor Eduardo Pironio, quien junto con estudiantes y profesores, venían promoviendo la progresiva eliminación de los aranceles. A inicios de 1974 el pedido fue considerado y pasó a ser completamente dependiente de los aportes de la provincia de Buenos Aires. El inconveniente era que los subsidios llegaban en forma irregular o tarde, lo que hacía muy difícil su funcionamiento. Una de las propuestas era que la Católica se fusionara con la Universidad Provincial. A principios de 1975 las negociaciones quedaron a cargo del rector Pedro J. Arrighi, de la Provincial. Dado que Arrighi generó más problemas que

---

2013]; Klappenbach, H. *et. al., Crónicas de la Vida universitaria en San Luis,* San Luis, Universidad Nacional de San Luis, 1995.

[44] Las universidades privadas fueron habilitadas para funcionar por primera vez en 1958, gracias a la ley 14557 ("Domingorena") que incluía el texto definitivo del artículo 28 del decreto-ley 6403 de 1955. Hacia 1978 se contabilizaban 23 universidades privadas en todo el país, de las cuales 10 eran católicas. La proporción de la matrícula de éstas en relación a las públicas había sido del 6,8 % en 1965; 11,9 % en 1968; 14,2 % en 1971; 10,2 % en 1974 y 11,9 % en 1977. Ese año, las privadas tenían alrededor de 57.334 alumnos frente a los 483.454 de las públicas. Dentro del conjunto de las privadas, la UCA tenía en 1977 la matrícula más alta, 8.076 alumnos. Cfr. Consejo de Rectores de las Universidades Privadas [en adelante CRUP], *20 años de universidades privadas en la República Argentina,* Buenos Aires, Ed. Belgrano, 1978, pp. 285 y 283-43.

soluciones, el ministro Alberto Baldrich y el gobernador Victorio Calabró lo dejaron cesante, al tiempo que anunciaban que las dos universidades pasarían a jurisdicción nacional. En abril de 1975 se nacionalizó la Universidad Provincial (decreto 967), *ad referéndum* del Congreso de la Nación, designándose delegado organizador a José Catuogno. Mientras, estudiantes de ambas casas de estudio denunciaron amenazas de la Triple A, la CNU y el Comando de Organización, cuyos militantes, portando armas de fuego, irrumpieron las dos sedes golpeando a los alumnos.[45] El 20 de marzo había sido asesinado el líder de la CNU Ernesto Piantoni y al otro día aparecieron muertos cinco militantes de la JUP en venganza. Un tiempo después se produjo el secuestro por parte de la CNU de la decana de la Facultad de Humanidades de la Universidad Católica, María del Carmen Maggi, quien apareció asesinada en marzo de 1976.[46] En septiembre se aprobó por ley la creación de la UN de Mar del Plata (Ley 21.139), que sumó a la Católica, luego de la denuncia de los medios locales que se habían olvidado de incorporarla.

La Universidad "San Juan Bosco" fue fundada en 1961 en Comodoro Rivadavia (Chubut).[47] En noviembre de 1973 los estudiantes tomaron la Escuela de Humanidades en repudio al Consejo Superior. El conflicto se agravó porque las autoridades decidieron expulsar a un estudiante, se organizó una huelga general y un grupo de alumnos comenzó una huelga de hambre. A fines de diciembre de 1973, una asamblea estudiantil decidió ocupar el rectorado. El director del colegio salesiano, Pedro Dumrauff, solicitó a la Justicia la inmediata intervención policial, que terminó en una violenta represión con 15 estudiantes heridos de

---

[45] Ver, entre otros, Díaz, M. F., "La sal del odio. Una historia de bandidos y justicieros en Mar del Plata de los años 70", en Gil, G. J. (dir.) *Universidad y utopía. Ciencias sociales y militancia en la Argentina de los 60 y 70,* Mar del Plata, EUDEM, 2010; Gil, G. J. "Una experiencia universitaria 'frustrada'. Persecución y represión antes del golpe en la Universidad de Mar del Plata", *Sociohistórica. Cuadernos del CISH,* 20/21, 2008, pp. 91-119; Ladieux, J. I., "La mazorca de Perón: prácticas ideológicas de la derecha peronista. Una aproximación a partir de un estudio de caso. Mar del plata 1970-1976", ponencia presentada en las *X Jornadas Interescuelas- Departamentos de Historia.* Rosario, 2005.

[46] La CNU ya había asesinado en 1971 a la estudiante Silvia Filler. Gil, G. J., "Nacionalización y represión en la Universidad de Mar del Plata. El cierre de carreras de ciencias sociales (1974-1977)", *Jornadas Interescuelas- Departamentos de Historia,* Catamarca, 2011.

[47] Baeza, N. B., *La Universidad Nacional de la Patagonia San Juan Bosco como agente de desarrollo (1973-2002),* UNPSJB, 2002.

gravedad. El hecho causó el repudio de todos los sectores de Comodoro Rivadavia, lo que obligó al ministro Taiana a intervenir la universidad "para regularizar la situación y ante la falta de respuesta de las autoridades de la casa a las sugerencias formuladas para superar el conflicto". A su vez, el obispo monseñor Eugenio Peyrou, en carácter de Gran Canciller de la Universidad, denunció como "ilegítima" e "irregular" la medida, ya que a esa casa "sólo la podían gobernar las autoridades de la Iglesia" y dispuso su clausura. De acuerdo a su interpretación, el conflicto se había iniciado "por un grupo de alumnos motorizados por ideologías extremistas".[48] Taiana designó interventor a Roberto Paine, quien por un tiempo no pudo gestionar debido al cierre que había dispuesto el obispo local. Finalmente, en junio de 1974 el ministro dio por finalizada la intervención, pero antes había inaugurado la UN de la Patagonia en la misma ciudad, lo que perjudicó directamente a esta casa de estudio privada, que vio disminuir abruptamente la matrícula. En los años del PRN, el ministro Llerena Amadeo fusionó la "San Juan Bosco" con la Nacional, beneficiando a la privada con el nombramiento de un sacerdote como rector (ver capítulo quinto).

En la Universidad Católica de Salta, a las dificultades presupuestarias se le sumaron serios conflictos con alumnos y docentes en 1974. La universidad dependía de la Compañía de Jesús, cuya máxima autoridad, el padre Jorge Mario Bergoglio, había decidido desprenderse de las universidades que tenía a su cargo por los elevados costos de mantenimiento. A fines de ese año decidió entregar la universidad al Arzobispado de Salta, quien nombró rector al Presbítero Normando Joaquín Requena Pérez (1974-1980). Conocido como "el cura gaucho" por sus vínculos con la Agrupación Tradicionalista "Gauchos de Güemes", cumplía funciones de capellán castrense del Ejército y de asesor del Movimiento de Cursillo de la Cristiandad. Según las autoridades, las protestas de estudiantes y profesores que se dieron en 1974 eran parte de "una estrategia de infiltración y mentalización en todas las universidades, convirtiéndolas en centros de reclutamiento para la praxis revolucionaria, con efectos negativos en el nivel académico", que nada tenían que ver con el "ser cristiano y argentino". Todo ello obligó a la universidad a "una vigorosa y paciente

---

[48] CRUP, *20 años de universidades privadas…*, p. 243.

tarea de saneamiento ideológico, despolitización y trabajos de reorganización académica".[49] Legisladores del peronismo afines al rector Requena
Pérez, elaboraron un proyecto de Ley por el que se acordaba otorgarle
una contribución económica a la Universidad Católica "de carácter
permanente", equivalente al 10 por ciento del presupuesto anual que se
fijara para la Universidad Nacional de Salta. Esta medida iba en contra
de la legislación vigente, que prohibía al Estado nacional financiar a las
universidades privadas.[50] Durante la última dictadura, el rector consiguió
la aprobación del subsidio tan buscado, aunque limitado a un tiempo
determinado (ver capítulo 5).

El otro conflicto que trascendió a la prensa fue el que se dio en la
Universidad Católica de La Plata (UCALP), duró alrededor de tres meses
(abril- junio 1974) y se originó a causa de la grave situación financiera
y la asunción del rector Nicolás H. Argentato y los nuevos decanos.[51]
La protesta unió a estudiantes de distinto signo, que pedían participar
de la elección de autoridades y en consecuencia, exigían la renuncia de
los recién llegados. El rector y monseñor Plaza – Gran Canciller de la
UCALP- afirmaban que éstos buscaban "desintegrar" la universidad,
avalados por la "pasividad" del ministro de cultura y educación de nación
Jorge Taiana, quien pensaba "poner fin a las universidades no estatales".
En La Plata, aseguraban, existían los "centros juveniles del país más alen-
tados por la agitación, tanto por las autoridades específicas de la Nación,
como por las autoridades políticas locales".[52] A modo de respuesta a
los reclamos estudiantiles, monseñor Plaza y el rector fueron suspen-
diendo por tiempo indeterminado las actividades en todas las Facultades
– excepto Arquitectura- hasta su "normalización". En una entrevista,
Plaza admitió que la universidad era deficitaria y defendió al rector, los
decanos e integrantes de la Fundación de la Universidad – que también
eran cuestionados. En esos meses hubo disparos de armas, estudiantes

---

[49] CRUP, *20 años...*, p.110.
[50] Sobre el financiamiento de las universidades privadas, ver Rodríguez, L. G., "Los
católicos...".
[51] *El Día*, 25 abril 1974, p. 5. El conflicto completo fue reconstruido en Rodríguez, L. G., "La
Universidad Católica de La Plata. Iglesia, peronismo y sectas", *Revista Páginas,* vol. 6, N° 10,
pp. 102-127, http://web.rosario-conicet.gov.ar/ojs/index.php/RevPaginas/index
[52] CRUP, *20 años...*, p. 68.

presos y represión policial. Los dirigentes estudiantiles pedían que el gobierno nacional interviniese la universidad y un grupo de alumnos solicitó el pase a la universidad estatal. Desde la revista *El Caudillo* se decía que Argentato y Plaza eran "personajes siniestros" y que el primero quería cerrar la Universidad,

> "cuya lógica consecuencia sería el pase a la universidad estatal y dejar en manos de la JUP, Franja Morada y MOR a un grupo de compañeros de probada lealtad, que además obedecen a una lucha legítima, que es la de garantizar por sobre todas las cosas, una *inteligencia* y un proyecto que obedece fundamentalmente, a la ortodoxia y la verticalidad respecto a lo que es la planificación universitaria peronista".[53]

El último caso se sucedió en la Universidad del Salvador, que vivió un largo conflicto entre mayo y noviembre de 1975. Igual que en Salta, la Compañía de Jesús había dejado la administración, que pasó a manos de una Asociación Civil que distintas fuentes asocian con la organización Guardia de Hierro.[54] Luego de unas breves gestiones de los profesores Juan Manuel Suetta y Carlos Manuel Grecco, en mayo la asociación nombró rector a otro laico egresado de esa misma casa de estudio y decano de la Facultad de Medicina, Cristóbal Miguel Papendieck. El problema comenzó con la designación de Jorge I. Orlander como decano interventor de la Facultad de Ciencias Sociales y la intervención de la Facultad de Psicología y el Departamento de Teología. El presidente del Centro de estudiantes, Juan José Fernández Ansola, calificó de inconsulta dicha designación y acusó al rector de inaugurar una política autoritaria, vertical y unipersonal. Además, estudiantes y profesores acusaban a Orlander de pretender organizar los estudios siguiendo los modelos de las universidades norteamericanas, que llevaban a "desconectarse de la realidad nacional". Al no obtener ninguna respuesta, los estudiantes estuvieron casi dos semanas en huelga de hambre. Si bien los alumnos habían aclarado que no tenían ningún problema con el rector Papendieck, la Asociación Civil decidió desplazarlo y nombró como rector al

---

[53] "Señor Ministro", *El Caudillo de la Tercera Posición,* 21 junio 1974, N° 32, año II, p. 16.
[54] Varios actores de la ex OUTG fueron autoridades y docentes del Salvador. Cucchetti, H., *Combatientes...,* pp. 223-241.

militante de la Organización Universitaria Peronista (OUP) vinculada a Guardia de Hierro, Francisco Piñón, quien le pidió la renuncia a Orlander y con eso se dio por terminado el conflicto.[55] En la revista *Alianza Libertadora Nacionalista* se preguntaban "¿en qué andan ahora los jesuitas de la Universidad del Salvador de cuyas aulas salieron tantos militantes socialistoides y guerrilleros?"[56]

La universidad "es un problema de la policía"

El ex interventor de la Universidad Provincial de Mar del Plata y de la UN de La Plata, Pedro J. Arrighi, fue elegido ministro de educación en agosto de 1975. Arrighi era egresado de la Facultad de Ciencias Económicas de la UBA, donde había sido interventor durante los años del primer gobierno peronista. En su discurso inaugural se declaró amigo de Ivanissevich, se autodefinió como un hombre "profundamente católico" que esperaba imponer una política del "orden y despolitización". La FULNBA exigió la renuncia de Arrighi y convocó a los estudiantes a una manifestación frente al Parlamento. Lo acusaban de haber sido partícipe de la "misión Ivanissevich" y de haber ejercido la represión indiscriminada desde el rectorado en La Plata. En ese momento, participaban de la conducción de la FULNBA el Movimiento de Orientación Reformista (comunistas), la JUP (regionales) y la Juventud Radical Revolucionaria.

Arrighi inició su gestión con gestos "aperturistas": decretó la finalización de las intervenciones a las UN de Buenos Aires, La Plata, Cuyo, Lomas de Zamora, Río Cuarto, Salta y San Juan; comenzó a designar "rectores normalizadores" (ver Anexo) e intimó a las universidades para que enviaran el proyecto de Estatuto. Además, suprimió la aprobación del "tríptico" como requisito para ingresar a la universidad, es decir,

---

[55] Algunos miembros de la OUTG establecieron vínculos con militares y en particular con la Armada liderada por Emilio Massera. En 1977 el rector Piñón de la Universidad del Salvador le entregó el *doctor honoris causa* al almirante Massera. Este acontecimiento hizo visible los contactos entre redes peronistas, actores del mundo jesuita y la oficialidad de la Armada. Una reconstrucción de este hecho está en Cucchetti, H., *Combatientes...*, pp. 223-241.

[56] *ALN,* N° 14, 22 mayo 1975. Otra versión sobre estas relaciones está en Verbitsky, H., *El silencio. De Paulo VI a Bergoglio*, Buenos Aires, Sudamericana, 2005.

estableció que las asignaturas Historia, Geografía Argentina e Idioma Nacional fuesen consideradas en las carreras de todas las universidades nacionales como materias del primer año de los distintos planes de estudio.

La intención duró poco, ya que en octubre se aprobó la Ley 21.219 que volvió a prorrogar el plazo de la normalización de todas las universidades nacionales hasta el 31 de agosto de 1976. Se habían aprobado alrededor de siete Estatutos, que tampoco llegaron a implementarse.

En la UBA Arrighi nombró rector a Eduardo Luis Mangiante y confirmó a Sánchez Abelenda al frente de Filosofía y Letras. Mangiante elogió a Ottalagano, se declaró discípulo de Carlos Sacheri y admirador de su libro *La Iglesia Clandestina*.[57] En esa dependencia, unos días después hubo incidentes con funcionarios que exhibían emblemas de la Alianza Libertadora Nacionalista y habían efectuado varios disparos al aire. Se designó también a Rodolfo Tecera de Franco en la dirección de la Escuela de Sociología. En ese tiempo, salían notas en la prensa que analizaban las graves dificultades financieras por las que estaba pasando la editorial EUDEBA.

En septiembre Arrighi designó una "rectora normalizadora" que se convirtió en la única mujer al mando de una universidad pública entre 1973 y 1983, la licenciada en trabajo social Marta Irene Coronel de Sawaya, en la UN de Misiones.[58] En el acto de asunción, el ministro explicó que "con esta designación rendimos homenaje de respeto a todas las mujeres argentinas".

Ese mismo mes decidió desplazar a Remus Tetu de las dos universidades. Ni bien se conoció la noticia, en la UN del Sur, un grupo armado que apoyaba a Tetu ocupó las instalaciones, al tiempo que Tetu informaba que el nuevo rector sería Julio Reynoso y que llegaría en un avión especialmente fletado por la Armada.[59] Según se afirmaba en la prensa,

---

[57] Sacheri era un exponente de la extrema derecha católica argentina, muy vinculado al rector de la UCA. Ver, entre otros, Scirica, E., "Un combate integral e intransigente en la Argentina post conciliar. *Verbo* y el despliegue de Carlos Sacheri contra "La iglesia clandestina", *Actas del III Simposio Internacional sobre Religiosidad, Cultura y Poder*, Buenos Aires, GERE, 2010.

[58] Entre 1980 y 1985 hubo otra mujer rectora, pero en una universidad privada: María Mercedes Terrén en la Universidad del Salvador.

[59] Sobre la gestión y trayectoria de Reynoso, ver Orbe, P., "El "proceso de reorganización"...".

Tetu se resistió a ser desplazado, sosteniendo que sin él la universidad volvería a ser "presa del caos y la antipatria". En la UN del Comahue, el secretario de la CGT regional Neuquén le comunicó al ministro Arrighi la "plena satisfacción" con la gestión de Tetu, porque había "logrado la erradicación de la subversión y abrió por primera vez las puertas de esa casa de estudios a la CGT con la inauguración de la Escuela Sindical". El ministro Arrighi le aseguró la continuidad plena de la política inaugurada por Tetu. En noviembre asumió el nuevo rector de Comahue, Julio Alberto Dosko.

Los casos de violencia y cesantías se acentuaron en los últimos meses del año. Los decanos de las Facultades de Arquitectura y de Ciencias Exactas e Ingeniería de la UN de Rosario dieron a conocer un comunicado relacionado con la agresión perpetrada contra dos estudiantes hallados gravemente heridos de bala en la jurisdicción de Timbúes. En la UN de Córdoba fue clausurada la Escuela de Ciencias de la Información por todo el mes de octubre. Se aludió que "un grupo de activistas" impidió el normal desenvolvimiento de las clases, provocando "actos contrarios a las normas de convivencia universitaria". Luego se conoció que habían sido detenidos 150 estudiantes que habían participado de una marcha exigiendo la reapertura de la Escuela y la renuncia del rector y los decanos. El rector Mario Víctor Menso emitió un comunicado adonde declaró que la universidad era objeto de la "violencia apátrida" y que se había convertido "en un mitín guerrillero".

En agosto de 1975 el interventor Vitar de la UN de Lomas de Zamora fue a la sede de la Policía Federal junto con los secretarios administrativo, económico- financiero y académico, para denunciar que "el normal desenvolvimiento de las actividades de las tres Facultades" era "alterado por estudiantes y otras personas ajenas a la universidad" que realizaban pegatinas, volanteadas, inscripciones de agrupaciones "proscriptas" como Montoneros, Juventud Guevarista y Juventud Peronista, y amenazaban con armas a los estudiantes y de muerte a las autoridades. El rector Vitar y los secretarios le dieron al jefe de la Policía Federal los "datos filiatorios" de los "cabecillas" y "material alusivo". A partir de esa denuncia, uniformados de la Policía realizaron operativos en los domicilios de los acusados, a quienes detuvieron con elementos "comprometedores".[60]

En la UN de Rosario se produjeron varios hechos. El decano de la Facultad de Medicina anunció que renunciaba en razón de haber recibido amenazas de muerte, estudiantes denunciaron la desaparición de una alumna de Historia y un grupo de civiles armados desalojó por la fuerza a la directora y clausuró el Instituto Superior de Bellas Artes dependiente de la Escuela Superior de Arte. A fines de octubre renunció el rector Carlos Bottaro, a solo 37 días de su nombramiento. Las causas fueron la gravedad de los hechos que se vivían en la Facultad de Filosofía y Letras, donde habían sido amenazados 20 docentes por la Triple A. Además, el decano normalizador de Facultad de Arquitectura manifestó su enérgico repudio a las llamadas telefónicas anónimas. A fines de noviembre asumió el nuevo rector, Fernando Cortés, que produjo nuevas cesantías. En Rosario los comunicados y manifestaciones públicas de agrupaciones políticas, de la Federación Universitaria, de centros de estudiantes y colegios profesionales reclamando por el paradero o denunciando la desaparición o asesinato de estudiantes y docentes, "eran ilustrativos del alcance de la escalada represiva en el ámbito universitario".[61]

En la UN de Cuyo se dieron paros y protestas en la Facultad de Ciencias Agrarias que había sido clausurada por orden del rector Otto Burgos. De éste se decía que tenía vínculos con la CNU y que era un "facho nazi". En la UN de Cuyo hubo al menos tres estudiantes del FEN- Guardia de Hierro que estuvieron detenidos y cercanos a la desaparición, porque la CNU los consideraba "zurdos".[62] Los estudiantes pedían la restitución del servicio de transporte gratuito a la Facultad y la reincorporación de

---

[60] Documentación correspondiente a la Superintendencia de Personal de la Policía Federal Argentina, *Antecedentes relacionados con la Universidad Nacional de Lomas de Zamora*, Ministerio del Interior, Policía Federal, Dirección General de Movimientos, Causa N° 445, 8 septiembre de 1975. Documentación consultada en la Dirección Nacional de Derechos Humanos del Ministerio de Seguridad. Sobre el operativo, ver los testimonios en https://memoriasocialesunlz.wordpress.com/investigacion/ [visitado el 2 de enero de 2015].

[61] Sobre lo ocurrido en esos años del tercer gobierno peronista, ver Águila, G., "La Universidad Nacional de Rosario en dictadura (1976-1983): una mirada sobre las políticas de depuración, "normalización" y reestructuración institucional", en Rodríguez, L. G. (coord.) "Dossier..." y Aguila, G., *Dictadura, represión...*

[62] Ver testimonio en Cucchetti, H., *Combatientes...*, pp. 202-203 y p. 236.

docentes. A fines de octubre, la Embajada de Francia hizo un reclamo y los docentes de la Facultad de Filosofía y Letras dispusieron un paro ante la falta de garantías personales para los profesores venidos de Burdeos y por el secuestro de un académico francés que apareció unas horas después en un confuso episodio. Antes del golpe, se produjo el asesinato de Susana Bermejillo, egresada de la universidad y de Mario J. Susso, estudiante.[63]

Los docentes y alumnos de la Facultad de Psicología de la Universidad del Salvador (que había estado intervenida) denunciaron el secuestro de dos profesores. En noviembre continuaba cerrada la Facultad de Ciencias Económicas de la UN de Córdoba. Lo había dispuesto el decano normalizador argumentando que los estudiantes realizaban reuniones que estaban expresamente prohibidas por la Ley Universitaria.[64]

En septiembre hubo importantes manifestaciones en contra del rector Ángel Tosetti de la UN del Nordeste, quien había cerrado la universidad con presencia policial y Gendarmería. El gobernador del Chaco, Deolindo Felipe Bittel salió a apoyarlo públicamente pero Tosetti fue desplazado igual. El nuevo interventor de la UN del Nordeste, Adolfo Torresagasti, dijo que el comedor universitario – donde había habido manifestaciones estudiantiles- era "un verdadero cáncer para el presupuesto" y por refacciones estaría "inhabilitado por largo tiempo".[65] En la UN de Catamarca, la CGT y las 62 Organizaciones pidieron remover al rector Edmundo Chara, a quien declararon "enemigo del pueblo". La Asociación de Docentes de la Facultad de Ingeniería Química de la UN del Litoral denunció a la cesantía de 65 docentes. Responsabilizaban al nuevo delegado normalizador Julio García Martínez quien "no renovó los contratos respectivos por razones de austeridad".

---

[63] Se calcula que hubo en Mendoza 19 asesinados y desaparecidos antes del golpe. http://archivo.losandes.com.ar/notas/2006/11/5/politica-328433.asp [visitado 2 feberro 2013]

[64] A fines de 1975 el grupo paraestatal Comando Libertadores de América secuestró a estudiantes de la Universidad que aparecieron luego asesinados.

[65] El 25 de octubre de 1974 un militante de la UN del Nordeste dio un discurso en el comedor universitario, repudiando a las autoridades. Seguidamente, un grupo de estudiantes arrojó "proyectiles de todo tipo que extraían de sillas que rompieron, panes, bandejas, maderos, comida y hasta una paleta de ventilador que destruyeron con un palo". El estudiante fue detenido y se le abrió un sumario. *Documentación producida por la Gendarmería Nacional*, consultada en la Dirección Nacional de Derechos Humanos del Ministerio de Seguridad.

En este clima, el ministro Arrighi participó de la Segunda Conferencia Iberoamericana de ministros de educación y la Cuarta Reunión del Consejo Directivo de la OEI, donde declaró que la Argentina había tenido una participación destacada en ambos eventos y que en todo momento fue distinguida en las "distintas circunstancias en que fue posible".

A mediados de noviembre el ministro anunció el cierre de las universidades de la UBA, Córdoba y La Plata, para evitar que las organizaciones estudiantiles efectuasen elecciones para los centros, actividad que no estaba permitida. Finalmente, se realizaron comicios en 39 centros de varias universidades, que representaban el 25 por ciento del total. Esto reflejaba, de acuerdo al periodista, que la politización del alumnado se mantenía a pesar de las prohibiciones. Según interpretaba la prensa, los resultados mostraban un claro avance del "bloque reformista" compuesto por Franja Morada (radicales alfonsinistas) y el Movimiento de Orientación Reformista (comunistas), a los que se sumaba el Movimiento Nacional Reformista (socialistas), en detrimento de la JUP (Partido Auténtico).[66]

A poco de los comicios, el decano de Exactas de la UBA, Enrique Cantilo, explicó que el problema universitario era ante todo un "problema de la policía". Si no había policía, no podía haber trabajo docente ni de investigación. Se declaró católico militante y dijo que era necesario "contar con personal uniformado dentro del recinto de la Facultad".[67]

Los primeros meses de 1976 fueron noticia tres universidades nacionales: Litoral, Rosario y UBA.[68] En las dos primeras existía "intranquilidad docente y estudiantil" por las cesantías docentes y el cierre de Institutos. En la UN del Litoral, el gremio docente reclamaba que las cesantías ordenadas por el rector García Martínez habían alcanzado la cifra de 160, la mayoría eran jefes de trabajos prácticos y ayudantes. La CTERA denunció que se habían producido 565 cesantías en total, sólo en esa universidad.

---

[66] *Clarín,* 19 noviembre 1975, p 21.

[67] *Clarín*, 29 noviembre 1975, p. 20

[68] En enero de 1976 fue asesinado en La Plata el profesor del Departamento de Ciencias de la Educación Guillermo Savloff.

71

En Rosario se habían exonerado a nueve profesores de la Facultad de Medicina, acusándolos de haber firmado resoluciones donde hacían "apología del delito y la violencia", homenajes que no correspondían por ley, e "incitar a la violencia contra países miembros de la comunidad americana". Los médicos le contestaron que todas eran afirmaciones malintencionadas y que declarar el repudio al golpe de Estado ocurrido en Chile no tenía nada de subversivo.[69] Luego se dieron a conocer cesantías de docentes con más de 15 años de antigüedad, entre los que se encontraban importantes dirigentes políticos de la ciudad.

En la UBA se había desatado una polémica relacionada con los cupos de ingreso. Inicialmente, se había propuesto un cupo menor que en Córdoba y La Plata (10.000), que luego de protestas estudiantiles debió elevarse al doble. Además, los estudiantes los estudiantes creían injustos los criterios injustos los criterios que se habían impuesto para ingresar, donde se consideraba prioritario el ingreso de los aspirantes radicados en la Capital Federal, perjudicando a los residentes en la provincia de Buenos Aires. Por toda respuesta, el secretario académico de la UBA, Gustavo Cirigliano, explicó que "sería bueno que los estudiantes argentinos se acostumbraran a cursar sus estudios en otras universidades, pues aquí vienen de todo el país inclusive (…) del Litoral y hasta de Cuyo".[70] Fue el nuevo rector de la UBA, José Alocén, quien anunció la flexibilización de algunas pautas de ingreso, especialmente la calificación de 7, que la bajó a 4 para algunas Facultades. En la prensa se recordaba que en el año 1974, cuando se estableció el ingreso irrestricto, se habían inscripto en la UBA más 40.000 aspirantes.

En el medio de las protestas por las cesantías y el ingreso, llegó el sexto golpe de Estado. Si todas estas noticias reseñadas a lo largo de estos dos capítulos aparecían en los diarios en la sección "universidad", a partir de marzo de 1976 – en razón de la censura impuesta- comenzaron a publicarse en el apartado "policiales", y se limitaban a dar cuenta de los listados de "dados de baja", "enfrentamientos", detenciones y desapariciones de profesores, estudiantes y no docentes "subversivos".

---

[69] *Clarín,* 18 febrero 1976, p. 13.
[70] *Clarín,* 10 febrero 1976, p. 15.

CAPÍTULO 3

Los inicios del PRN: represión, cesantías y los primeros rectores

Introducción

El 24 de marzo de 1976 se produjo el golpe cívico-militar que inició el autodenominado "Proceso de Reorganización Nacional" (PRN). Importantes funcionarios del gobierno peronista como Arrighi fueron encarcelados por un tiempo. A excepción de Roque Cruz en la UN del Centro, ningún otro rector nombrado entre entre 1973 y 1976 asumió luego en los años del PRN (ver Anexo). Sí hubo rectores del PRN que habían ocupado importantes cargos en las universidades durante la dictadura anterior (1966-1973). Buscaremos mostrar que si bien los militares y civiles que asumieron el poder reconocían públicamente que los dos últimos ministros de educación del tercer gobierno peronista (Ivanissevich y Arrighi) habían intentado perseguir a los "marxistas" en la universidad, consideraban que estas acciones estaban lejos de ser satisfactorias y aún restaba mucho por hacer en esa materia.

En base al diagnóstico que "el problema de la subversión encontró en las universidades un campo propicio para su desenvolvimiento", el presidente de facto, teniente general Jorge R. Videla dispuso que las universidades quedaran bajo el control del Poder Ejecutivo Nacional y dictaminó la potestad del ministro primero, y del presidente después, para la designación de rectores y decanos. Del 24 al 29 de marzo estuvo al frente del Ministerio de forma interina un hombre vinculado a la Armada, el contraalmirante César Augusto Guzzetti.

A lo largo de estos seis apartados, observaremos en el primero, que en ese breve lapso de cinco días fueron publicadas varias resoluciones y leyes importantes que definieron el rumbo de la gestión del primer ministro civil, Ricardo Pedro Bruera. En el segundo apartado resumiremos los argumentos expuestos en el documento *Subversión en el ámbito educativo. Conozcamos a nuestro enemigo*, y su interpretación de lo ocurrido en los años del gobierno peronista de 1973, cuando volvió el "caos" a la universidad. Elogioso con las gestiones de Ivanissevich y Arrighi, sin embargo, los autores del documento reconocían que la Ley de 1974 contenía elementos "reformistas" y "marxistas" y por eso era necesaria una nueva norma. En la tercera sección mencionaremos los casos de cesantías, la sanción de nuevos reglamentos de disciplina y nos detendremos en lo ocurrido en la UN del Sur. A pesar que sus profesores y estudiantes venían sufriendo persecuciones de todo tipo durante los rectorados de Remus Tetu y Julio Reynoso, los militares de la zona consideraban que el "proceso de depuración" había sido insuficiente.

En el cuarto apartado haremos un repaso de quiénes fueron los primeros rectores civiles nombrados en las 26 universidades, destacándose el conjunto de los que se mantuvieron de 1976 a 1983, convirtiéndose en los únicos funcionarios del PRN que estuvieron todo el período en el mismo cargo. Seguidamente, nos referiremos a los cursos de que organizaron los militares desde la Escuela de Defensa Nacional (EDENA) en las distintas sedes de las universidades nacionales y privadas con el propósito de formar a las futuras elites dirigentes en los "problemas del país"; y describiremos cómo actuaban los servicios de inteligencia en una de las universidades, donde consiguieron "fichar" a la totalidad de los alumnos que cursaron en esos años. Al final, presentaremos las cifras aproximadas de los universitarios asesinados y desaparecidos víctimas de la represión estatal.

La nueva legislación: reordenamiento, regionalización y no duplicación de carreras

En el documento *Subversión en el ámbito educativo...* se aseguraba que la Ley Universitaria de 1974 contenía elementos "marxistas", ya que uno de los problemas de su aplicación era que "llevaría tarde o temprano a elecciones estudiantiles".[1] Afirmaban que además, seguía varios de los fundamentos de la Reforma de 1918: docentes que integraban los Consejos, Consejos que conformarían el Consejo Superior Universitario que elegiría al rector, concursos docentes públicos y la reinstalación del gobierno tripartito. En suma, la norma se asemejaba, según decían, al Decreto-Ley 6.403/55 que fue culpable del avance de la "izquierda" en la universidad.

En virtud de esta creencia, en marzo de 1976, el contraalmirante Guzzetti dio a conocer la Ley N° 21.276, "Normas para las Universidades Nacionales", firmada por Videla, Massera y Agosti. Allí se establecía que las autoridades universitarias debían tomar las medidas necesarias "para que las universidades nacionales cumplan efectivamente su finalidad de preservar, incrementar y transmitir la cultura" (art. 2). El gobierno y la administración serían ejercidos por el Ministerio de Cultura y Educación y los rectores o presidentes y decanos o directores, tendrían que ser designados por el ministro. El ministro iba a ejercer las atribuciones que las normas legales le otorgaban a las Asambleas Universitarias, dictaría las normas generales de la política universitaria en materia académica, procedería al "redimensionamiento, reordenamiento y no duplicación de carreras en el ámbito regional" y establecería las normas administrativas y presupuestarias generales. Los decanos o directores ejercerían atribuciones que correspondían a los consejos Directivos (art. 3). Los rectores o presidentes propondrían al Ministerio la designación de sus respectivos sustitutos en el caso de ausencias transitorias, y los decanos o directores harían lo mismo ante sus respectivos rectores o presidentes. Se requerirían idoneidad docente y científica, integridad moral y observancia de

---

[1] Ministerio de Cultura y Educación, *Subversión en el ámbito educativo. Conozcamos a nuestro enemigo.* Buenos Aires, 1978.

las leyes (art. 6). Quedaba prohibida toda actividad de adoctrinamiento, propaganda, proselitismo o agitación de carácter político o gremial, docente, estudiantil y no docente (art. 7). Los anteproyectos de presupuestos anuales debían ser elevados al Poder Ejecutivo Nacional con aprobación del Ministerio (art. 8). Se facultaba al Ministerio para disponer el cese del personal de conducción de las Universidades y Facultades en situación de revista al 24 de marzo de 1976, y que no hubiesen cesado por la aplicación de las normas vigentes (art. 10). Si bien se mantenía la vigencia de la Ley 20.654 de 1974, se derogaban varios artículos y se dejaban sin cambios los artículos 5 (prohibición del proselitismo), 36 (ingreso) y 58 (cargos en comisión).[2] Se sustituía el último párrafo del artículo 11: "es incompatible con el ejercicio de la docencia universitaria o funciones académicas que le sean correlativas, todas aquellas actividades que se aparten del propósito y los objetivos básicos fijados para el Proceso de Reorganización Nacional. Dentro de los ciento ochenta días de promulgación de la Ley, el Ministerio debía elevar al PEN el proyecto de régimen definitivo que regiría el sistema universitario nacional" (art. 14).

El 29 de marzo de 1976 se publicó una resolución que ordenaba el cese en sus funciones de los rectores, Consejos y demás cuerpos colegiados directivos. Se designaron "delegados militares" o "interventores" al frente de las 26 Universidades Nacionales siguiendo el mismo criterio de distribución tripartito entre las Fuerzas, que en términos generales se cumplió en todos los ámbitos de gobierno y era coherente con el control territorial que cada Fuerza poseía o se atribuía sobre el territorio nacional: 12 universidades fueron puestas bajo el mando del Ejército, 7 de la Armada y 7 de Fuerza Aérea. El Ejército nombró delegados en: Tucumán (coronel Eugenio Antonio Barroso); Jujuy (capitán Eduardo Nicolás Fernández); Catamarca (teniente primero Jorge Alberto Contreras); Salta (capitán Norberto Antonio Yommi y luego capitán Eduardo Alberto Casal); La Pampa (Coronel Julio César Ruiz); Luján (teniente coronel Jorge Alberto Marincola y luego mayor Héctor Pablo Tommasi); Rosario

---

[2] Los artículos derogados eran: 1, 2, 9, 10, 12 inciso a), 14, 17, 18 inciso d), 19, 20, 21, 23, 24, 26, 27, 28 incisos f), g) r) y s), 29, 30, 32, 33, 34 inciso k), 39, 40, 42, 43, 44, 51, 56, 57, 59, 60 y 61 de la Ley 20654/74 (art. 11).

(coronel Joaquín René Sánchez Matorras); Comahue (coronel Osvaldo Camilo Feijoo); Nordeste (mayor Aldo Ferrari); Misiones (coronel Walter César Ragalli); San Juan (capitán odontólogo Jorge Fernández Monjes); y Litoral (coronel José Hipólito Núñez).

La Armada controlaba las universidades de: Buenos Aires (capitán de navío Edmundo Said); La Plata (capitán de navío Eduardo Luis Saccone); Lomas de Zamora (capitán de navío Guillermo José Paraván y luego capitán de fragata Máximo Eduardo Rivero Kelly); Mar del Plata (capitán de navío Juan Sidotti); Santiago del Estero (capitán de navío Ramón González); Sur (capitán de navío Raúl J. González) y Patagonia (capitán de navío Edmundo Juan Schaer y capitán de fragata José Guillermo Saucedo). La Fuerza Aérea designó interventores en: Córdoba (comodoro Jorge Luis Pierrestegui); Entre Ríos (mayor Raúl Enrique Cagnani); Río Cuarto (vicecomodoro Eduardo Pedro Herreros); Centro de Buenos Aires (mayor Absalón Héctor Varas); Cuyo (comodoro Héctor Eduardo Ruiz); San Luis (vicecomodoro Rodolfo Reinaldo Fernández) y en la Tecnológica (comodoro Antenor Echenique).[3] Estos delegados tenían todas las atribuciones y competencias que legalmente correspondían a los titulares, podían nombrar interventores y veedores según consideraran conveniente. Como hiciera el gobierno peronista para el período de 1955 a 1973, los interventores dispusieron resoluciones para reincorporar a profesores que se habían alejado o habían sido desplazados de sus cargos después del 25 de mayo de 1973.[4]

---

[3] De este conjunto de delegados militares se desprende que, a diferencia del Ejército, la Armada y la Fuerza Aérea designaron a oficiales superiores y jefes. Estas dos últimas estuvieron más ligadas a las universidades y a la firma de convenios con las áreas tecnológicas.

[4] *La Nación*, 13 mayo 1976, p. 11. El rectorado de la Universidad de Buenos Aires dispuso, mediante sendas resoluciones, reincorporar a profesores concursados de las Facultades de Medicina, Derecho y Ciencias Sociales que se vieron "precisados" a alejarse de sus cátedras después del 25 de mayo de 1973. Eran los profesores titulares de la Facultad de Medicina, doctores Andrés A. Santas, ex rector de la UBA y Juan Carlos Casiraghi y el adjunto doctor Juan Carlos Christensen y los titulares de la Facultad de Derecho y Ciencias Sociales, doctores Enrique Ramos Mejía y Jorge Antonio Aja Espil y el asociado doctor Juan R. Aguirre Lanari. Los mencionados profesores se desempeñarían como *ad honorem* hasta que se asignaran las respectivas partidas presupuestarias. Luego se incorporaron profesores de las Facultades de Ingeniería, Ciencias Económicas y Farmacia. Por otra parte, había expulsado de la Facultad de Derecho de la Universidad de Buenos Aires a unos quince profesores. Entre ellos figuraba el ex secretario Técnico de la Presidencia de la viuda de Perón, Julio González y los doctores Leopoldo Schifrin, Juan Carlos Puig, Jesús Porto, Tulio Rosembuch, Osvaldo Pérez Pardo,

Ese mismo día asumió el nuevo ministro de educación, Ricardo Pedro Bruera, quien anunció que se sancionaría una nueva Ley Universitaria para octubre de ese año y se implementaría un ciclo básico para todas las carreras universitarias.[5] En mayo de 1976, Bruera resolvió que las Universidades Nacionales no podían crear nuevas carreras, ni Facultades o unidades académicas equivalentes sin la previa autorización del Ministerio, ya que se buscaba la no duplicación de carreras en el ámbito nacional (Res N° 118/76). Detallaba una serie de requisitos que debía cumplir el petitorio, entre ellas mostrar que respondían a prioridades regionales y planes de desarrollo y anexar un listado de las carreras iguales o similares que se dictaban en el país. Esta estricta normativa convivía con excepciones que hacían el ministro o las autoridades militares con ciertos delegados y universidades, como veremos más adelante.

También se conformó una "comisión" – similar a los "grupos de trabajo"- encargada de elaborar normas tendientes a compatibilizar los planes de estudio y títulos respectivos de las universidades en el ámbito nacional y regional. Estas formaban parte del programa de "Regionalización del Sistema Universitario Argentino" de la Dirección Nacional de Desarrollo Universitario (RM N° 117/76).

Al contrario de los rectores (a excepción de uno, como vimos) hubo funcionarios universitarios del período peronista que formaron parte del gobierno dictatorial. Por ejemplo, Carlos Weiss - ex decano de la carrera de Sociología de la UBA y ex secretario académico de la Facultad de Filosofía y Letras de la UBA durante el decanato del sacerdote Sánchez Abelenda- asumió funciones como subsecretario de Asuntos Universitarios del Ministerio.

Arturo Sampay, Carlos Márquez y Educardo Stadeu.
[5] Bruera era militante católico y profesor de la Facultad de Filosofía y Letras de la Universidad Nacional del Litoral. Entre 1970 y 1973 fue ministro de educación de Santa Fe y había sido secretario del comité ejecutivo del Consejo Federal de Educación desde su creación en junio de 1972 hasta el 25 de marzo de 1973.

Las bases ideológicas de la represión en la universidad

En el año 1977 el ministro Juan José Catalán dio a conocer la Resolución N° 538 que disponía la distribución en todos los establecimientos educativos del país del documento denominado *Subversión en el ámbito educativo....*[6] Allí sostenía que al Ministerio de Cultura y Educación le cabía una responsabilidad de "especial significación" para poder cumplir los objetivos expuestos en los Objetivos Básicos para el PRN que eran: "la vigencia de los valores de la moral cristiana, de la tradición nacional y de la dignidad del ser argentino y la conformación de un sistema educativo acorde con las necesidades del país". El documento desarrollaba los "conceptos generales" que debían conocer los docentes: comunismo, guerra, agresión marxista internacional y subversión.

En otra parte se afirmaba que el problema "más grave" de la educación argentina se encontraba en la universidad, ya que "por las características particulares de ese nivel, la edad del estudiantado y la trascendencia política de la actividad, la subversión accionó y acciona en él con sentido prioritario y con tácticas adaptadas al medio". Fue a partir de 1918 que la repercusión de la "revolución bolchevique en Rusia" dio origen al movimiento denominado "Reforma Universitaria" y el comunismo avanzó sobre el "activismo estudiantil". A los universitarios "subversivos" se los identificaba porque utilizaban variados argumentos para lograr adeptos, tales como: "Por una mayor capacidad estudiantil/ Que no haya limitación para el ingreso/ Que todos puedan estudiar/ Que exista autonomía universitaria/ Que tal o cual profesor eliminó en un examen al 50 % del curso/ Que no hay libertad de expresión ni diálogo/ Que no se atienden las necesidades estudiantiles/ Suspensión examen de ingreso/ Aumento de presupuesto universitario/ Gobierno tripartito", entre otros. La acción llevada a cabo por "docentes marxistas" protegidos por la "libertad académica", y la implementación de "un sistema de apuntes manejados por

---

[6] Todas las citas a continuación corresponden a este documento. Ministerio de Cultura y Educación. *Subversión en el ámbito....*

organizaciones estudiantiles", constituían "el vehículo prioritario para la difusión de la ideología marxista".

En el "Anexo 2" se realizaba una "sinopsis histórica del movimiento estudiantil en las universidades". Hablaba de la creación en 1918 de la Federación Universitaria Argentina (FUA) y de la Reforma, que "tuvo características de laicismo antirreligioso". Hacia los años treinta, la FUA estuvo "altamente infiltrada" por los comunistas. En el período peronista (1946-1955) los gobiernos lucharon "contra el comunismo, depurando las universidades", pero el derrocamiento de Perón fue aprovechado por la izquierda. Entre septiembre y diciembre de 1955 los elementos comunistas de la FUA "coparon" las ocho universidades del país, controlando el movimiento estudiantil, el gobierno de la universidad y el claustro docente. En ese momento se adoptaron tres medidas que fueron el "origen mediato de la situación existente al 24 de marzo de 1976": se permitió el "copamiento de las universidades" por parte de la FUA; se nombraron interventores "de izquierda" propuestos por FUA; y se crearon instrumentos legales (Decreto/Ley 6403/55) que tuvieron por objeto la total reorganización de las universidades a través de concursos manejados por "la izquierda" que lograron instaurar el objetivo principal de la reforma de 1918: el gobierno tripartito. Luego de que "la izquierda" lograra mantener el poder en la mayoría de las universidades, en 1966 el gobierno de la "Revolución Argentina" (1966-1973) logró el fin del cogobierno, depurar a "los marxistas" de las universidades y sancionar la Ley Universitaria 17.245. El problema fue que "la izquierda" logró unificarse alrededor del "Cordobazo", logrando "perjudicar" a Onganía.

En 1973, continuaba el documento, con la llegada del peronismo al poder y el ministro Taiana, "la izquierda", a través de la Juventud Universitaria Peronista, logró "dominar" las universidades nacionales. Existía en esos años "gran desorden, anarquía y arbitrariedad". En el escrito se mencionaban las luchas entre la FUA y la JUP. A fines de 1973 se comenzó a actuar contra "la izquierda infiltrada" y el esquema de la JUP comenzó a "tambalear". Según se explicaba, en 1974 llegó la "misión Ivanissevich" y fueron intervenidas casi todas las universidades nacionales y a principios de 1975 su gestión "comenzó a dar sus frutos", a pesar de las duras críticas. El "orden y la tranquilidad" posibilitaron el desarrollo de actividades académicas, la "masa estudiantil" valoró este hecho y comenzó a restarle apoyo a los intentos de "agitación" de los dirigentes. Tras la asunción del ministro Arrighi se inició una política "aperturista" y algunas agrupaciones estudiantiles apoyaron su intento de aplicar la Ley Universitaria 20.654, que estaba inspirada por Taiana y, de acuerdo a esta interpretación, tenía "varios fundamentos de la Reforma, tal como los contenía el Decreto-Ley 6403/55". Concluía diciendo que se puso en evidencia que la mencionada Ley, al menos parcialmente, "favorecía los intereses marxistas".

Los nacionalistas católicos de *Cabildo* elogiaron el contenido de *Subversión...* que calificaron como el "mejor documento oficial jamás redactado por el Estado Argentino y relativo a la subversión marxista".[7] Sin embargo, su distribución, decían, había sido insuficiente, ya que el ministro había "hecho un sub uso del documento", la distribución en los institutos de enseñanza resultó "harto deficiente" y lo "más grave" fue que a "ninguna universidad nacional o privada se le había hecho llegar un solo ejemplar de este folleto". En línea con estos razonamientos, un representante de la jerarquía eclesiástica, el Arzobispo de La Plata monseñor Antonio J. Plaza advertía que los "enemigos" de la Patria desplegaban sus "satánicos planes" y su "accionar apátrida" en la Universidad Nacional de La Plata, "cuna y foco de la guerrilla organizada".

Cesantías, reglamentos disciplinarios y represión

En el mes de mayo de 1976, la prensa nacional publicaba que se habían producido nuevas cesantías de profesores, personal administrativo y de servicio en la universidades de Tucumán (357 personas);

---

[7] Sobre los católicos de derecha y sus opiniones acerca de la universidad, ver Rodríguez, L. G. "Los nacionalistas católicos de *Cabildo* y la educación durante la última dictadura en Argentina", en *Anuario de Estudios Americanos*, Vol. 68, 1, enero-junio, Sevilla, 2011, pp. 253-277, http://estudiosamericanos.revistas.csic.es, [en línea]; Rodríguez, L. G. "El "marxismo" y la universidad en la revista *Mikael* (1973-1984)", en *Ciencia, docencia y tecnología*. N° 45, año XXIII, 2012, pp. 147-162. en línea, http://www.revistacdyt.uner.edu.ar/; Rodríguez, L. G., "La subversión científica en las universidades de Argentina e Hispanoamérica", en *Mundos Nuevos- Nuevos Mundos,* 2015.

Córdoba (247); Cuyo (35); Misiones (19); Río Cuarto (15) y Luján (4). De la UBA se calculaba que eran hasta el momento unos 40 los cesanteados: 30 eran docentes de las Facultades de Ciencias Económicas y Odontología y el resto era personal no docente contratado.[8] En Córdoba hubo 105 expulsiones de estudiantes, cesantías a 300 profesores, docentes y no docentes; y en la UN del Litoral, más de 100 cesantías al personal docente y administrativo.[9] En San Juan fueron alrededor de 60 los docentes, investigadores y administrativos separados.[10] En la UN del Sur se ordenaron 256 bajas: 145 docentes y 111 no docentes.[11] En la UN de Mar del Plata el interventor militar informó la baja, sin precisar las razones, de 14 trabajadores del personal universitario y de 26 docentes.[12] Es preciso señalar que se dieron distintas situaciones vinculadas a estas cesantías y las sucedidas durante el tercer gobierno peronista, que fueron variando según cada carrera, Facultad y universidad. Es decir, en algunas se consideró que la "depuración" realizada entre 1974 y 1975 había sido suficiente y con la llegada del PRN los nuevos docentes continuaron sus trayectorias sin mayores problemas. En otras sucedió que se inició una segunda "depuración" de los profesores que habían ingresado en los años peronistas. Similares experiencias vivieron los trabajadores no docentes.

Además de las cesantías, en varias universidades se ordenaron retirar cientos de libros de las Bibliotecas por considerarlos "subversivos". Por ejemplo, en la UN de Cuyo el interventor militar dispuso hacer un inventario de "todos los libros de tendencia izquierdista", "sacarlos de las estanterías, apartarlos y anularlos de las fichas e índices", confeccionar una planilla con el nombre del autor, título, cantidad y tomos y darlos de baja de dichas bibliotecas. Los responsables de la tarea eran los directores o jefes de las bibliotecas, que debían ejecutar la orden en 20 días. El

---

[8] *Clarín*, 15 mayo 1976, p. 11 y *Perspectiva universitaria* [en adelante *PU*], N° 2, abril 1977, p. 62.

[9] *Clarín*, 25 mayo 1976, p. 9; *PU*, N° 2, abril 1977, p. 62.

[10] Algañaraz Soria, V. H., "Reestructuración universitaria en clave autoritaria: política y accionar de los rectores de la Universidad Nacional de San Juan durante la última dictadura", en Rodríguez, L. G. (coord.), "Dossier…".

[11] Allí también se ordenó una "limpieza" bibliográfica y la eliminación de 181 libros de las bibliotecas. Orbe, P. "El "proceso de reorganización…".

[12] Díaz, M. F. y Gil, G. J., "Continuidades, "orden" y "despolitización". La Universidad Nacional de Mar del Plata en los años de dictadura (1976-1983)", en Rodríguez, L. G. "Dossier".

rectorado era el encargado de enviar al personal para retirarlos y posteriormente el interventor realizaba la inspección correspondiente.[13]

La Ley 21.274/76 autorizaba a "dar de baja" por razones de servicio a personal de diversos organismos del Estado. Entre junio y agosto salieron publicados en el *Boletín Oficial* largos listados con decenas de nombres de personas "dadas de baja" de las universidades de Rosario y Tucumán.[14] Vale aclarar que no todos los universitarios que fueron separados de sus cargos resultaron asesinados o desaparecidos. Si bien fueron casos aislados, en el último capítulo veremos que algunos docentes llevaron su caso a la Justicia y se dictaron fallos favorables que ordenaron la inmediata reincorporación del cesanteado y a veces, hasta su indemnización. De forma similar, desde el Ministerio de Cultura y Educación se "rehabilitó" a ciertos profesores.

Con el propósito de cubrir los cargos que iban quedando vacantes por las numerosas cesantías, en febrero de 1977 se aprobó la Ley 21.536 que confirmaba a profesores que hubiesen "obtenido su categoría académica mediante concurso" (recordemos que no hubo concursos entre 1973 y 1976). Además, la norma buscaba "corregir los problemas emergentes de una rígida automaticidad en el cese de actividad docente por razones de edad", es decir, de los profesores mayores de 65 años. En la UN de La Plata fueron confirmados alrededor de 250 profesores.[15]

Por su parte, el rectorado de la UBA dio a conocer un nuevo régimen disciplinario al cual estarían sometidos todos los alumnos de esa casa de estudio, del Colegio Nacional de Buenos Aires y de la Escuela Superior de Comercio Carlos Pellegrini.[16] La prensa lo publicó completo y, entre otras cosas, establecía que el alumno procesado, condenado por delito doloso o puesto a disposición del Poder Ejecutivo Nacional quedaba automáticamente "suspendido preventivamente hasta que recaiga resolución definitiva o en su caso, hasta el cumplimiento de la condena, sin

---

[13]   Cit. en Vélez, R., *La represión…*, p. 192.

[14]   La Ley preveía el pago de indemnizaciones pero quedaban exceptuados quienes se encontraran sometidos a sumarios administrativos y/o a proceso criminal (art. 7).

[15]   Cit. en Paso, M., "La formación de docentes universitarios durante la última dictadura cívico-militar. Estrategias, enfoques y prácticas en la UNLP (1976-1983)", en *VII Jornadas de Trabajo sobre Historia Reciente,* Universidad Nacional de La Plata, 6 al 8 agosto, 2014.

[16]   *La Nación,* 25 mayo 1976, p. 5.

perjuicio de las sanciones disciplinarias que pudieran corresponderle" (art. 16). Los expulsados podían solicitar su reincorporación luego de 5 años. Eran susceptibles de recibir la sanción de apercibimiento los alumnos que concurrieran "en los siguientes actos de indisciplina": a) desobediencia ante la orden impartida por un profesor, docente, auxiliar o autoridad universitaria, dirigida a mantener el orden o evitar actos de indisciplina cuando no implique una falta mayor; b) falta de respeto a profesores, docentes, auxiliares o autoridad universitaria; c) participar en dos órdenes desórdenes en el ámbito universitario; d) actitudes o expresiones contrarios al decoro o a las buenas costumbres; e) inconducta en locales de la universidad o en sus inmediaciones.[17]

En la UBA los alumnos suspendidos debían entregar, dentro de los cinco días de notificados, la libreta universitaria, que quedaría depositada en la Facultad respectiva. El reglamento de disciplina afectaba incluso a los alumnos inscriptos en cursos de ingreso o que debían rendir examen de ingreso. Por la misma medida se prohibía el ingreso en la universidad a toda persona que se encontraba comprendida en los causales de los artículos. Finalmente, se establecía que las sanciones de expulsión debían ser puestas en conocimiento de la Subsecretaría de Asuntos Universitarios del Ministerio de Cultura y Educación y en todas las universidades nacionales, para evitar que ese estudiante sancionado se inscribiera en otra casa de estudio.

El resto de las universidades fue diseñando reglamentos similares. La UN de Cuyo dictó una serie de normas disciplinarias relativas al "aseo personal", "exceso de maquillaje" y prohibición del uso de barba y estableció un sistema inédito: los alumnos expulsados serían puestos a disposición de los Consejos de Guerra. Asimismo, el interventor les pidió a todos los delegados de las Facultades y escuelas la confección de una lista - por orden alfabético y por curso-, de los alumnos que cursaban. En la planilla debían completar: los nombres y apellidos completos; número de documentos de identidad y domicilio actualizado. La documentación debía elevarse al rectorado en 10 días. En otro comunicado se disponía que los libros junto con sus fichas, debían ser entregados a la Biblioteca Central donde pasarían a formar parte de "un fondo especial de consulta

---

[17] *La Nación,* 25 mayo 1976, p. 5.

reservada".[18] La UN de Córdoba fue la tercera del país que reglamentó un régimen disciplinario caracterizado por severas penalidades al comportamiento del alumnado.[19] En junio, Bruera instó al resto de los delegados militares a que dictaran en el término de diez días sus reglamentos internos, adecuados para "preservar la disciplina general de los alumnos" y les recordó que debían presentar los listados de profesores y empleados de cada una de las universidades, operación que se dio en llamar "censo" universitario. De la misma manera, desde la Dirección Nacional de Universidades Privadas y Provinciales – ex Dirección Nacional de Altos Estudios- les pedía a los rectores de universidades privadas y provinciales que remitieran en el plazo de 30 días la nómina completa de las personas integrantes de los órganos de gobierno y de todo el personal, con indicación de su documento personal, títulos, cargos, antecedentes y dedicación (RM N° 143/76 y N° 152/76).

A principios de agosto de 1976, se dio a conocer un informe sobre el "desbaratamiento de un plan de infiltración izquierdista" en la UN del Sur, al que se consideraba "piloto" para su posterior aplicación en todas las casas de estudio del país (a pesar de que en el pasado había estado al frente de esa universidad un rector como Remus Tetu, que seguía dando clases). Si bien hubo operativos similares en otras universidades, este caso fue uno de los más impactantes y tuvo una amplia cobertura por parte de la prensa nacional. El comandante de la Subzona Militar 51 y Segundo Comandante del V Cuerpo de Ejército con asiento en Bahía Blanca -general de brigada Acdel Edgardo Vilas-, el jefe y el subjefe de la delegación local de la Policía Federal -comisario Carlos María Baldovinos- y el subcomisario Félix Alejandro Alais, informaron que como resultado de la investigación, fueron detenidas 17 personas entre profesores y "activistas", a la vez que se probó la "complicidad en la maniobra descubierta

---

[18] Cit. en Vélez, R., *La represión...*, pp. 193-94.

[19] *PU*, N° 2, abril 1977, p. 64. Para esos días el ministro de educación de la provincia de Mendoza, el coronel Juan Esteban Echazú, reveló que la Escuela Superior de Servicio Social que dependía de su cartera, había sido convertida en un "centro de adoctrinamiento marxista a partir de la reforma educativa impuesta en ese instituto a partir de junio de 1973" cuyo cabecilla era el "ideólogo marxista" Ezequiel Ander Egg, quien estaba "prófugo". El ministro señaló que todos los profesores que participaron de la reforma educativa de 1973 fueron separados de sus cargos y reemplazados con "personal comprometido", aunque no contaran con título habilitante.

de otras 31", contándose entre éstas a Gustavo Malek, ex rector de la UN del Sur y ex ministro de Cultura y Educación de la Nación del presidente de facto teniente general Alejandro A. Lanusse. Esta detención generó un intercambio de declaraciones cruzadas entre Malek y las autoridades del Proceso.[20]

Entre el grupo de "activistas" estaban Roberto N. Domecq (ex rector de la Universidad del Comahue), Oscar Braun, José Luis Coraggio y José Carlos Chiaramonte.[21] Los responsables del operativo exhibieron al periodismo material bibliográfico secuestrado en los domicilios de los detenidos. Decían haber encontrado ejemplares de la revista "Pekín Informa", la "ley de enseñanza de la República Socialista de Rumania" y otras publicaciones directamente dependientes de la "IV Internacional con sede en París", que eran distribuidas en la zona por uno de ellos. Vilas destacó la colaboración inestimable del interventor en la Universidad, capitán de navío Raúl González y el juez federal Guillermo Federico Madueño. Posteriormente se cerraron varias carreras (ver siguiente capítulo).[22]

---

[20] El mismo Malek envió un telegrama al presidente Videla que expresaba su asombro por las imputaciones que le estaban haciendo desde Bahía Blanca. El ex presidente de facto Lanusse, en otra carta que fue publicada simultáneamente, defendía al doctor Malek. Decía que fue designado rector en septiembre de 1970 y ministro el 28 de mayo de 1971 y que actualmente residía en Montevideo, Uruguay, en su carácter de jefe de misión de la UNESCO a cargo de la dirección de la Oficina Regional de Ciencia y Tecnología para América Latina y el Caribe. Se preguntaba cuáles podían ser las pruebas existentes contra el doctor Malek.

[21] *El Día*, 6 agosto 1976, p. 1. Vilas vinculó a este grupo con el secuestro y asesinato del director del diario *El Día* de La Plata y el ataque al regimiento 19 de infantería Aerotransportada de Catamarca. Sobre el operativo, ver también Orbe, P., "El "proceso…", y Montero, M. L., "Prensa y dictadura: La Nueva Provincia frente a la persecución ideológica en la Universidad Nacional Del Sur", en *IX Jornadas Nacionales- VI Latinoamericanas "El pensar y el hacer en nuestra América, a doscientos años de las guerras de la independencia"*, Bahía Blanca, 2010.

[22] Para esa época hubo atentados en las Facultades de Derecho y Ciencias Sociales y de Ingeniería de la UBA y en el Colegio de Ingenieros. Aparentemente, apuntaban al rector Constantini (ver más adelante).

Los primeros rectores civiles

A mediados del año 1976 comenzó el reemplazo de los delegados militares por los rectores civiles, con algunas excepciones, como veremos a continuación. En general, los elegidos eran profesores de esas casas de estudio, habían sido decanos y/o secretarios y con frecuencia sus nombramientos fueron recibidos con "beneplácito" por la "comunidad local".[23] Los rectores que asumieron responsabilidades en esos años, debieron contestar reiterados "pedidos de informes ideológicos" de parte de las Fuerzas y las policías que operaban en esa provincia o distrito. Después de finalizada la dictadura, algunos de ellos conservaron el reconocimiento y fueron homenajeados de distintas maneras en tiempos democráticos.[24]

La Ley 21.533 de 1977 modificó el régimen de designación y remoción de rectores o presidentes y decanos o directores por parte del ministro (establecido en el art. 3 de la Ley 21.276) y se pasó esa potestad al Poder Ejecutivo Nacional. En febrero de 1979 se dispuso que el tiempo de duración en el cargo para los rectores, decanos o directores fuera de 3 años renovables y retroactivos desde 1976 (decreto 350/79). Por ese motivo los años 1979 y 1982 fueron los dos momentos claves en que se decidía si cambiaban o no los rectores que estaban. Los decanos o jefes de departamentos eran designados por decreto a propuesta de los rectores. En el caso que los rectores titulares tomaran licencia o estuvieran de viaje, se nombraban a los "rectores sustitutos". Si los titulares renunciaban o no se les renovaba el cargo, se designaba por decreto a alguno de los decanos bajo la figura "a cargo de despacho".

Los rectores seleccionados -igual que el resto de los funcionarios- debían adscribir a la religión católica y mantenerse en sintonía con la

---

[23] Por ejemplo, cuando asumió el primer rector civil de la UN de Mar del Plata, Alfredo M. Navarro, el diario felicitaba la elección afirmando que era "hijo de una caracterizada familia local", entre otros elogios. Cit. en Díaz, M. F. y Gil, G. J., "Continuidades…".

[24] Por ejemplo, la biblioteca de la Universidad Tecnológica Nacional lleva el nombre del primer rector militar, Jorge Conca; en San Juan también le pusieron el nombre del rector Emiliano Aparicio a la biblioteca; el Concejo Deliberante de la ciudad de Tandil le puso de nombre a una calle "Rector Dr. Raúl Ceferino Roque Cruz"; las autoridades de la Facultad del Nordeste le hicieron un homenaje público al rector Jorge Atlántico Rodríguez; lo mismo que al rector -sacerdote de Jujuy, Germán Mallagray.

jerarquía eclesiástica argentina que mantuvo muy buenas relaciones con la cúpula militar, avaló la represión e incluso colaboró con los secuestros y torturas.[25] Hay testimonios que dan cuenta que cuando asumían sus funciones los rectores y/o decanos, se celebraban misas y se invocaba la protección de algún santo o virgen. Por ejemplo, en la UN de Córdoba el rector aceptó la donación de un crucifijo que fue colocado en el Salón de Grados, al tiempo que se realizaban misas los días de la Fiesta de la Inmaculada Concepción, patrona de la universidad.[26] Así también, era común que los rectores de esa época fuesen además, profesores de las universidades católicas de sus provincias. Ciertos rectores y decanos participaban activamente en eventos y publicaciones de los nacionalistas católicos, ubicados del lado de la extrema derecha.[27]

Con relación al nombramiento de rectores, destacaremos que entre agosto y septiembre de 1976 se designaron a cuatro rectores civiles que permanecieron en el cargo desde el principio (1976) hasta el fin del Proceso (1983), trascendiendo en el tiempo a los presidentes de facto, ministros y demás autoridades: Guillermo Gallo de la UN de La Plata[28]; Jorge Douglas Maldonado de la UN del Litoral[29]; Humberto A. Riccomi

---

[25] Mignone, E., *Iglesia y dictadura*, Buenos Aires, Ediciones del Pensamiento Nacional, 1986; Verbitsky, H., *El Silencio*, Buenos Aires, Sudamericana, 2005.

[26] Citado en Philp, M. *et. al.* "La UNC en el golpe del 76. Una isla autoritaria", en *UNC. 400 años. Historia y futuro*, 2012. Una resolución posterior disponía el pago a la Compañía de Jesús por la misa que se ofició el 8 de diciembre, día de la Patrona de la UNC. Res. N° 1503/1979.

[27] Rodríguez, L. G. "Los nacionalistas católicos…"; Rodríguez, L. G., "El "marxismo" y la universidad…"; Rodríguez, L. G. "La subversión científica…".

[28] En la UN de La Plata los rectores son "presidentes". Para simplificar la lectura utilizaremos el término rector a lo largo de este libro. Gallo era graduado en la Facultad de Ciencias Veterinarias de la UNLP en 1949 y al momento de su designación contaba con 52 años de edad. Se había desempeñado como profesor adjunto en la cátedra de Patología Médica de esa Facultad desde 1954 hasta 1961, siendo profesor *full time* en la cátedra de Clínica Médica y Quirúrgica de Grandes Animales desde 1961 hasta 1965. Fue electo democráticamente por sus pares como consejero académico (1962-1964), consejero superior (1965-1966) y, seguidamente, decano de la Facultad de Ciencias Veterinarias. Recibió becas de Francia y Estados Unidos, y participó de jornadas y conferencias en el país y en el exterior. Era teniente primero del Ejército Argentino, grado que obtuvo incorporándose a la carrera militar como profesional médico veterinario. Sobre la gestión de Gallo en la UNLP, ver Rodríguez L. G. y Soprano, G., "Las políticas de acceso a la Universidad durante el Proceso de Reorganización Nacional, 1976-1983. El caso de la Universidad Nacional de La Plata", en *Question*, N° 24, 2009, http://www.perio.unlp.edu.ar/question/2009.

[29] Douglas Maldonado era en ese momento decano de la Facultad Ciencias Jurídicas y Sociales y profesor del Instituto de Derecho de la Navegación de la UN del Litoral y de la

de Rosario[30]; y Ariel Alvarez Valdez de Santiago del Estero[31]. Los dos rectores que se mantuvieron por casi seis años fueron Raúl Ceferino Roque Cruz de la Universidad del Centro de la Provincia de Buenos Aires y Genaro Neme de la UN de San Luis.[32]

De este grupo sobresalió el rector Gallo, quien resultó el defensor más constante de toda la política universitaria que se estaba llevando a cabo, incluso en los últimos años, cuando ya la crisis era evidente y el fin del gobierno dictatorial, inevitable. Gallo fue además el presidente del Consejo Nacional de Rectores (CRUN) durante el período 1976-1983, creado por decreto en 1976 siguiendo lo dispuesto por el artículo 52 de la Ley 20.654. El organismo era un "órgano asesor del Ministerio de Cultura y Educación" (art. 6) en temas como la investigación, el sistema de admisión de alumnos, régimen académico, estatuto y escalafón; del personal y en materia administrativa; la creación, reestructuración o supresión de carreras, Facultades o departamentos que propongan cada universidad; y en la evaluación del cumplimiento de la política universitaria (decreto 391/77).[33]

En abierto contraste con lo ocurrido en estas casas de estudio, la UBA fue una de las universidades que tuvo más rectores en el período. Ellos fueron: Alberto Constantini (agosto- septiembre 1976), Sol Rabasa (septiembre 1976-febrero 1977), Luis Carlos Cabral (marzo 1977 a agosto

---

Universidad Católica de Santa Fe.

[30] Humberto Riccomi era doctor en Bioquímica y Farmacia, entre 1970 y 1973 había sido decano de la Facultad de Ciencias Bioquímicas de Rosario. Águila, G. Águila, G., *Dictadura, represión…*.

[31] Ariel Álvarez Valdés era contador público nacional, doctor en Ciencias Económicas por la Universidad de Buenos Aires y profesor de la UN de Santiago del Estero. Formó parte del grupo de fundadores de la Universidad Católica de Santiago del Estero (1960), de la que fue profesor (1960-1976), vicerrector (1960-1962) y decano de la Facultad de Ciencias Económicas (1963-1976).

[32] Cruz había sido rector de la Universidad de Tandil. Como ya vimos, fue delegado organizador de la Universidad Nacional y docente de la Facultad de Ciencias Económicas. Anteriormente, fue vocal del Consejo Nacional de Educación en 1966, subsecretario de Educación de la nación en 1967 y asesor de la Secretaría General de la presidencia de la nación entre 1969 y 1970. Genaro Neme era de San Luis, egresado de la Universidad Nacional de Cuyo y doctor en química. Había sido decano de la Facultad de Ciencias Físico- Químico- Matemáticas de la UN Cuyo durante la dictadura anterior o "Revolución Argentina".

[33] Originalmente, el CRUN había sido fundado durante la presidencia de Onganía el 21 de abril de 1967 por Ley 17.245 y dejó prácticamente de funcionar en 1973.

1978), Alberto V. Donnes (agosto 1978 a noviembre 1978), Lucas Lennon (noviembre 1978 a noviembre 1981), Alberto V. Donnes (noviembre a diciembre 1981), Alberto Rodríguez Varela (diciembre 1981 a diciembre 1982) y Carlos Segovia Fernández (diciembre 1982 a diciembre 1983). Los dos primeros rectores titulares, Constantini y Cabral, se manifestaron en desacuerdo con la política del Ministerio y debieron renunciar, como veremos más adelante. Los siguientes titulares resultaron colaboradores activos y fueron además, ministros de Justicia del Proceso: Rodríguez Varela (entre noviembre 1978 y marzo 1981) y Lennon (de diciembre 1981 a diciembre 1983). Dictaban clases en la Universidad Católica Argentina y fueron nombrados, igual que el ministro Llerena Amadeo, profesores eméritos de esa universidad en los años posteriores.

En los comentarios de la prensa nacional se afirmaba que la UBA era diferente a las demás universidades, ya que jugaba "un papel protagónico" en la vida del país, tanto "por su cantidad de alumnos como por su prestigio".[34] Con el golpe, continuaban, era la primera vez en la historia de esa casa de estudio, que tanto su rectorado como sus Facultades se encontraban bajo la dirección de miembros de las Fuerzas Armadas, quienes hasta hacía poco tiempo "se hallaban totalmente ajenos a la actividad universitaria". Si bien ahora se extremaba la vigilancia y hasta se tomaban medidas que, si bien producían "momentáneas incomodidades", según el periodista "no eran resistidas por los alumnos" porque la gran mayoría parecía "haber entendido que cuanta mayor tranquilidad exista en las aulas más seguridad tendrán para desarrollar normalmente sus estudios". Esta era la "última oportunidad" que tenía la casa de altos estudios para encontrar el prestigio que había perdido en los últimos años. Nadie dudaba, seguía el columnista, que la formación que se le había dado recientemente a los alumnos sólo había servido para "producir frustraciones y engrosar el número de profesionales desocupados", que actualmente llegaba a "cifras alarmantes". Comerciantes y empresarios se sorprendieron últimamente por la "gran cantidad de postulantes a cargos administrativos" que poseían títulos universitarios, casi todos emitidos por la universidad estatal y que no encontraban ocupación en la actividad para la que habían estudiado. De manera que, "como lo señaló

---

[34] *La Nación,* 10 mayo 1976, p. 5.

hacía pocos días un profesor", casi no era necesario apelar a la responsabilidad de los estudiantes: "Estos se han dado cuenta de que, en definitiva, el desorden no los beneficia".[35]

Siguiendo con las demás universidades, mencionaremos que en la UN de Jujuy fue nombrado un miembro de la Iglesia Católica, monseñor Germán Miguel Mallagray, quien falleció en octubre de 1977, siendo reemplazado por un laico. Según se recordaba en un acto en su homenaje, cuando fue designado rector sus pares del CRUN le confirieron el honor de nombrarlo vicepresidente y Mallagray los convenció que iniciaran las reuniones invocando el auxilio de Dios para que los iluminara y los protegiera.[36] En Córdoba se dio la particularidad que el interventor de la Fuerza Aérea, comodoro Jorge Luis Pierrestegui permaneció como rector hasta marzo de 1977, cuando se nombró al primer rector civil, el abogado Jorge Andrés Clariá Olmedo. De manera similar, la universidad de la Patagonia continuó con militares hasta marzo de 1977: capitán de fragata Camilo A. Nabias y capitán de fragata Raúl E. Gómez Roca. En marzo de 1977 se inició una sucesión de civiles: Raúl Alfredo Marino, José María Anaya, Bernardo Franchino y por último estuvo a cargo del rectorado el decano de la Facultad de Ciencias Exactas, ingeniero Gianfranco Tronfi.

Los otros rectores fueron: Catamarca: Agustín González del Pino[37]; Comahue: Guillermo Santiago Ferrari; Cuyo: Pedro Santos Martínez (hasta 1981)[38]; Entre Ríos: Esteban Homet (hasta que renuncia en 1979)[39];

---

[35] *La Nación,* 10 mayo 1976, p. 5.

[36] http://www.pregon.com.ar/vernoticia.asp?id=87105 [visitado el 22 noviembre de 2012]

[37] El doctor Agustín C. González del Pino era médico cirujano. Oriundo de Córdoba, acreditaba una extensa trayectoria dedicada al estudio de distintas especialidades médicas. Se había dedicado a la actividad docente en las Universidades Católica y Nacional de Córdoba.

[38] Santos Martínez era profesor de Historia y Geografía, doctorado en España, ex decano de la Facultad de Filosofía y Letras e investigador del CONICET. En 1981 dejó el rectorado para ser el encargado del Colegio Mayor en Madrid, España. Sobre las trayectorias de este y otros profesores de Cuyo antes de 1976, ver Fares, M. C., "Tradición y reacción en el Sesquicentenario. La escuela sevillana mendocina", *Prismas,* N° 15, 2011, pp. 87-104; Fares, M. C., "Universidad y nacionalismos en la Mendoza postperonista. Itinerarios intelectuales y posiciones historiográficas en los orígenes de la Facultad de Ciencias Políticas y Sociales", *Anuario IEHS,* N° 26, 2011a, pp. 215-238.

[39] Esteban Homet fue por unos meses de 1972 vicerrector de la UN del Litoral y daba clases en la carrera de educación de la UN de Entre Ríos.

La Pampa: Vicente M. Marquina; Lomas de Zamora: Abel Calvo[40]; Luján: Gerardo Amado (hasta 1979 que se cierra); Mar del Plata: Alfredo M. Navarro (hasta 1980); Misiones: Francisco Solano Flores (hasta 1977); Nordeste: Jorge Atlántico Rodríguez (hasta su renuncia a fines de 1980)[41]; San Juan: Emiliano Pedro Aparicio (renunció en 1979)[42]; Salta: Hugo Roberto Ibarra[43]; Río Cuarto: Alberto E. Luccini hasta que renunció en 1976 y le siguió Eduardo José Pesoa[44]; Sur: Julio César Lucero[45]; Tecnológica: comodoro ingeniero Jorge Omar Conca; Tucumán: doctor Carlos Alberto Cornejo (hasta 1977).

Militares y civiles en la universidad: los cursos de Defensa Nacional

Desde 1952 los directivos de la Escuela de Defensa Nacional (EDENA) organizaban distintos cursos con el objetivo de "trabajar con los civiles". En 1967 comenzaron los "cursos regionales" para "difundir entre funcionarios dirigentes del interior del país, conocimientos fundamentales del tema". A los cursos asistían dirigentes políticos, funcionarios civiles del Estado nacional, provincial y municipal, profesores e investigadores de

---

[40] El profesor Abel Calvo fue nombrado en 1956 ministro de Gobierno, Justicia y Educación de la intervención federal en La Rioja, en 1966 se desempeñó por unos meses en el Ministerio de Educación de la provincia de Buenos Aires y desde 1976 hasta 1979 fue rector de la UN de Lomas de Zamora. Entre octubre de 1980 y abril 1981 resultó ministro de educación de la provincia de Buenos Aires. Sobre su actuación como ministro, ver Rodríguez, L. G., *Civiles y militares en la última dictadura...*".

[41] Jorge A. Rodríguez era ingeniero químico y había sido rector de esa Universidad entre 1964 y 1967.

[42] Aparicio era doctor en Ciencias Naturales de la UN de Córdoba, estuvo becado por el gobierno de Francia y daba Geología en la UN de San Juan. Según la prensa, había "beneplácito" en la comunidad por su nombramiento.

[43] Ibarra era contador público nacional.

[44] Pesoa era médico veterinario.

[45] Lucero era ingeniero agrónomo egresado de la Universidad Nacional de La Plata en 1953 y contaba con más de dos décadas de docencia en la universidad del Sur. En 1958, a poco de crearse la universidad, fue Director interino del entonces Departamento de Agronomía. Ver Tedesco, M. C., "La universidad...", p. 195.

universidades públicas y privadas, empresarios, profesionales y otros sectores de la sociedad civil.[46]

En 1976 los responsables de la EDENA inauguraron por primera vez un curso destinado a "educadores": profesores universitarios y secundarios. Hacía falta, decían, formar a los "futuros dirigentes del país" para concientizarlos en la lucha contra la "subversión". En septiembre se organizaron las "Jornadas de Defensa Nacional para educadores" y en el acto inaugural participaron autoridades del Ministro de Cultura y Educación, rectores y decanos universitarios, miembros del Consejo Consultivo de la EDENA y el presidente del centro de egresados. El director de la EDENA, el general de brigada José Teófilo Goyret sostuvo entonces que:

> "Por primera vez, con participantes del más calificado nivel intelectual (...) se realizará una suerte de introducción al amplio, profundo e inquietante tema de la Defensa Nacional (...) Interesa significar que estas Jornadas son valoradas como el inicio de la que debe ser una fecunda relación académica entre las universidades y este Instituto, y, además, como una contribución ponderable a un mayor conocimiento mutuo cívico-militar, que posee singular importancia en el Proceso de Reorganización Nacional en el que todos los argentinos estamos convocados para enfrentar el desafío del presente, buscando coincidencias y superando antinomias".[47]

En la clausura de estos cursos, el director de la EDENA recordó que "vivimos horas decisivas de una historia que se construye todos los días, no siendo por lo tanto un hecho predeterminado como pretenden quienes adoran al dios totalitario marxista".[48] Más adelante explicó que "tenemos enemigos internos y externos que debemos detectar y señalar, pues sólo así separaremos el buen fruto de la cizaña". La "subversión", continuaba, "es una emergente casi natural de un proceso de fondo que es el que nos debe preocupar. Porque lo que busca en definitiva es la alteración del orden social cristiano, que ha costado dos mil años instaurar". Explicaba que la EDENA quería "enseñar para que todos estén mejor

---

[46] Un análisis más completo de la revista y la Escuela, está en Rodríguez, L. G. y Soprano, G. "Nacionalismo y educación en la última dictadura argentina (1976-1983). Civiles y militares en el proyecto de la Escuela de Defensa Nacional", *Século XXI*, vol. 5, N° 1, 2015.

[47] *Revista de la Defensa Nacional,* N° 13, noviembre 1976, p. 126.

[48] *Revista de la Defensa Nacional,* N° 25, septiembre 1979, p. 122.

informados, para que todos sean más analíticos y más fuertes, a la vez para que todos los argentinos sean menos crédulos, menos confiados y, sobre todo, menos utilizados".[49]

Hubo también un "ciclo de conferencias en las universidades nacionales" en las que participaban los rectores, decanos, profesores, personal no docente y alumnos. En ocasiones se presentaban las autoridades religiosas, los gobernadores o intendentes y otros ministros. En uno de ellos, realizados en la UN de La Plata, el director afirmaba que:

> "La misión de la universidad es formar hombres sabios, hombres capaces para el progreso de la ciencia, para el ejercicio de las profesiones y de las artes. Pero esa es sólo una parte de tan trascendente misión. Con solamente formar hombres sabios y capaces no se puede dar por satisfecha. La universidad debe además hacer que esos hombres y mujeres sean verdaderos ciudadanos, henchidos del sentido de patria, comprometidos con su país y sus destinos. Hombres y mujeres que sepan analizar los problemas que tocan los intereses vitales del país, que sepan dar el juicio exacto y ponderado, que estén preparados para orientar a la juventud frente a las realidades del mundo actual. Esto ha sido sintetizado en los propósitos del trienio 1979-82 en el siguiente objetivo: 'formar al hombre total mediante una cultura amplia y completa'. Para lograr este objetivo se requiere la formación previa de los docentes. La Universidad Nacional de La Plata los tiene en cantidad y calidad adecuadas".[50]

La importancia de las conferencias estaba dada porque "en las universidades argentinas estudian hoy los dirigentes políticos del mañana, los hombres y mujeres que tomarán decisiones que harán a la grandeza o a la decadencia del país".[51]

A fines del PRN, el director de la EDENA hizo una suerte de balance, asegurando que se habían dado conferencias en universidades nacionales y privadas de la Capital Federal, La Plata, La Pampa, del Noreste, Misiones, Córdoba, Rosario, Cuyo, Sur, Tecnológica Nacional, de Morón, Comahue, Lomas de Zamora, Instituto del Servicio Exterior de la Nación

---

[49] *Revista de la Defensa Nacional,* N° 25… p. 122.
[50] *Revista de la Defensa Nacional,* N° 25… p. 133.
[51] *Revista de la Defensa Nacional,* N° 25 …p. 134.

y Comando de Institutos Militares, "alcanzando la concurrencia a 3.384 profesores y estudiantes de esas altas casas de estudios".

Los servicios de inteligencia: "hacer sentir a la población estudiantil el discreto control a que está sometida"

Simultáneamente, el coronel Agustín C. Valladares se encargaba de centralizar toda la información sobre alumnos, profesores y autoridades de las universidades nacionales.[52] Era el jefe del "Operativo Claridad" y desde 1978 estuvo a cargo de la Asesoría de Comunicación Social. Valladares se reunía periódicamente con todos los rectores de las universidades nacionales y los delegados militares para intercambiar información sobre el "activismo estudiantil" o los "profesores de izquierda" en cada una de las casas de estudio. En general, cada vez que los rectores tenían que designar o ascender al personal debían consultar al Servicio de Inteligencia del Estado (SIDE), una práctica que ya estaba instalada en algunas universidades desde el período anterior, como vimos.[53] En la Universidad Tecnológica Nacional, hay varios testimonios que aseguran que bajo la fachada del Departamento de Prensa y Relaciones Públicas funcionó el servicio de inteligencia del Ejército, que recibía informes de estudiantes y profesores de todas las Facultades Regionales.[54]

A modo de ejemplo, describiremos a continuación cómo procedía el Departamento de Inteligencia Interna de la Gendarmería Nacional en la UN del Nordeste. Según advertían los encargados del control operacional del área, era necesario realizar un estricto control "sobre la población estudiantil universitaria", creando "un sistema que permita ficharla

---

[52] Sobre el Operativo Claridad ver, entre otros, Invernizzi, H. y Gociol, J., *Un golpe a los libros. Represión a la cultura durante la última dictadura militar*, Buenos Aires, EUDEBA, 2002.

[53] En la UN de Córdoba, esto fue una orden establecida por medio de una resolución, Philp, M. *et. al.* "La UNC en el golpe del 76…".

[54] Duhalde, E. L., *El Estado terrorista argentino*, Buenos Aires, Argos Vergara, 1983; Vázquez, E., *La última. Origen, apogeo y caída de la dictadura militar*, Buenos Aires, Eudeba, 1985.

totalmente para facilitar las identificaciones por fotografías".[55] Con el objetivo de cumplir esta tarea, autoridades de Gendarmería se entrevistaron con el rector, solicitando "se exigiese a la totalidad de los estudiantes de todos los años y de todas las Facultades, un certificado de residencia extendido por Gendarmería Nacional, como condición imprescindible para la inscripción a primer año o reinscripción segundo año y posteriores". En el informe anunciaban que "El citado funcionario accedió a lo solicitado".[56]

Aclaraban que el certificado constituía "una mera argumentación para el objetivo principal: fichaje completo" de cada estudiante. En suma, este sistema le permitiría a la Gendarmería Nacional "lograr un fichero completo de la población universitaria, con erogación mínima para la subunidad, dado que los elementos a utilizar serán aportados por los mismos estudiantes, y con mínimo empleo de personal." Se debía "implementar lo expresado sobre la base de una mera exigencia administrativa de la universidad y no por una exigencia directa de las Fuerzas Armadas, lo que evita repercusiones desfavorables". Había que "hacer sentir a la población estudiantil el discreto control a que está sometida, lo que puede obrar como elemento disuasivo".[57]

A partir de ese momento, la totalidad del alumnado de la UN del Nordeste debió solicitar el certificado en las dependencias de Gendarmería, llenando "de puño y letra" la petición, cuestión que facilitaría, para esa Fuerza, "la realización de pericias caligráficas en caso de documentos secuestrados o que se secuestren de las OPM [Organizaciones Político- Militares], procedimiento que en 1976 permitió efectuar detenciones". El certificado debía tener escrito la siguiente leyenda: "Señor estudiante: Ud. constituye uno de los capitales más preciados del país. Su superación es la más firme garantía del progreso de la nación. Le deseamos éxitos en sus estudios".

---

[55] "Orden especial (para el fichaje y contralor de la población universitaria de la jurisdicción). Año 1978. Inteligencia interna, a cumplir la Gendarmería Nacional Corrientes. Conceptos generales. Antecedentes. Órdenes recepcionadas coinciden en la necesidad de mantener e incrementar el esfuerzo en la lucha contra subversiva como actividad prioritaria". Documentación producida por la Gendarmería Nacional, consultada en la Dirección Nacional de Derechos Humanos del Ministerio de Seguridad.

[56] "Orden especial..."

[57] "Orden especial..."

En otra sección del documento se decía que en base a las fichas se había detectado la inscripción de hermanos o familiares de delincuentes subversivos detenidos o muertos, y esto los llevó a acentuar "el control sobre quienes presumiblemente obren movidos por resentimientos". Se habían delimitado los barrios y pensiones en los que existía mayor grado de concentración del estudiantado universitario, lo que posibilitaba "una mejor planificación para el control poblacional". Producto directo de este fichaje, en 1984 la Gendarmería declaraba tener en su poder 23.838 fichas de estudiantes de la UN del Nordeste, correspondientes a todas las Facultades.[58]

Los universitarios asesinados y desaparecidos

La pregunta acerca de cuántas víctimas se cobró el terrorismo de Estado en la universidad resulta aún difícil de contestar, ya que como muchos estudiantes desaparecidos eran además trabajadores, es común que aparezcan en los listados ubicados en esa columna y no en la de "alumnos". De forma análoga, los profesores y egresados suelen estar del lado de los "profesionales desaparecidos" y los administrativos o no docentes, en el grupo de los "trabajadores desaparecidos".

Presentaremos a continuación las cifras que están publicadas en los sitios de las universidades y/o en estudios específicos. Se desprende de ellas que la mayoría de los desaparecidos era estudiante, le seguían los profesores, egresados y los no docentes. Los números muestran que hubo una concentración de víctimas en las universidades de Buenos Aires y La Plata.[59]

En la UBA los números son aún parciales y contabilizan: 636 desapariciones y asesinatos (114 personas vinculadas a la Facultad de

---

[58]   Documentación producida por la Gendarmería Nacional, consultada en la Dirección Nacional de Derechos Humanos del Ministerio de Seguridad.

[59]   Sumando los parciales presentados, la cifra total se aproxima a la de otras investigaciones como la de Inés Izaguirre, quien ha contado 2080 muertos y desaparecidos en la totalidad de las universidades nacionales, de los cuales el 73 % pertenecería a la UBA y La Plata. Cfr. Izaguirre, I., "La Universidad…", p. 302.

Arquitectura, 423 de la Facultad de Filosofía y Letras, 27 de la carrera de Psicología, 72 de la Facultad de Ciencias Económicas); La Plata: 750; Rosario y la Universidad Tecnológica suman alrededor de 200; Tucumán: 186; Córdoba: 133 (entre 1974-75) y 68 (a partir de 1976)[60]; Nordeste: 51 (41 alumnos, ocho egresados, dos no docentes y un decano); en Salta: 24 (16 docentes, 8 estudiantes); Cuyo: 23; Litoral: 22 estudiantes de la Facultad de Derecho; San Juan: 18 (13 estudiantes, 3 docentes y 2 no docentes); Comahue: 17 (10 estudiantes, 2 docentes y 5 no docentes); Universidad del Sur: 14 (11 estudiantes y 3 no docentes); Entre Ríos: 4 estudiantes; Luján: 3 profesores; Mar del Plata: 2 estudiantes asesinados en 1975; Lomas de Zamora: 3 (2 estudiantes de Ciencias Agrarias, 1 graduado de Ingeniería); Río Cuarto: 2 (1 profesor y 1 alumno). En San Luis se dio el único caso de secuestro y desaparición de un rector, Mauricio Amílcar López (1973-76). Cabe agregar que hay contabilizadas víctimas en las universidades privadas, como por ejemplo, 6 en la Universidad Católica de Santa Fe y 3 estudiantes de la Universidad del Salvador.[61]

---

[60] Cfr. San Nicolás, N., "Reflexiones sobre la Universidad y el terrorismo de Estado, 1974-1976", en Romano, S. (comp.), *Historias recientes de Córdoba: política y derechos humanos en la segunda mitad del siglo XX,* Córdoba, Universidad Nacional de Córdoba, 2013, pp. 128-140.

[61] "Homenaje a los militares asesinados y desaparecidos de la Universidad Católica de Santa Fe. Semblanzas". http://www.estanpresentes.com.ar/catolica/semblanzas.htm [visitado 1 marzo 2013]. Los desaparecidos de la Universidad del Salvador fueron Pablo Lepiscopo, Marta Vásquez y Mónica Mignone, la hija de Emilio F. Mignone [http://agenciapacourondo.com.ar/secciones/otras-noticias/10001-piden-desagravio-en-la-universidad-del-salvador-por-homenaje-al-almirante-massera.html, visitado 10 marzo 2014]

Capítulo 4

Cierres, ingreso y regionalización

Introducción

En este capítulo analizaremos las tres medidas de "reordenamiento" que diseñaron e intentaron implementar los ministros Bruera y Catalán entre 1976 y 1978: a) el cierre de carreras, b) la modificación del ingreso y c) el plan de regionalización. Mostraremos cómo los ministros y sus colaboradores más cercanos -entre los que se destacaba Gallo del CRUN- declaraban que estas políticas estaban destinadas a "frenar" el avance de la "subversión" y "solucionar" el "excesivo número" que existía de Universidades, Facultades, estudiantes, estudiantes extranjeros y egresados. Observaremos que en la práctica, políticas como el cierre de carreras fueron negociadas individualmente con cada rector y dieron resultados diferentes según la universidad.

A continuación plantearemos en el primer apartado, cuáles eran las "carreras menores" que ordenaron cerrar y qué decían de Antropología, Sociología y Psicología. En la segunda parte trataremos el tema del ingreso y veremos que los ministros disminuyeron los cupos para los estudiantes extranjeros porque le "sacaban" el trabajo a los argentinos y bajaron el número de vacantes año a año para los aspirantes argentinos con el argumento de que existía una "sobreabundancia de profesionales" y que la "masificación" promovía la subversión. A esto se le sumó un complicado sistema de ingreso con exámenes eliminatorios, evaluaciones y materias a rendir que eran decididas desde el Ministerio y que fueron cambiando todos los años. En el tercer apartado mencionaremos que a la llegada del ministro Catalán se anunció desde el Ministerio el plan de "regionalización" que proponía la supresión de Facultades y carreras que se superponían en cada "región". El rector de la UBA fue el primero en pronunciarse en contra de la disposición. Los cruces verbales entre el ministro y el rector fueron subiendo el nivel a tal punto que el presidente de facto Videla les pidió la renuncia a ambos, desautorizando luego la "regionalización" que antes había avalado.

El cierre de "carreras menores" y las "subversivas": Antropología, Sociología y Psicología

El secretario de educación de nación, el contraalmirante Carranza, ordenó cerrar la inscripción a primer año para el ciclo lectivo de 1977 de las llamadas "carreras menores": Servicio Social, Bibliotecología, Teatro, Cinematografía, Audiovisualismo, Ciencias de la Información, Conducción Sindical, Relaciones Públicas, Oceanografía, Arte y Folklore y Saneamiento Ambiental. Esta medida se adoptó porque, según explicaba, existía "una saturación de egresados" que no encontraba ocupación laboral. Sugería tomar la misma medida para Sociología, Psicología y Antropología.[1] Recordemos que en la UBA, las dos primeras habían sufrido el traslado desde la Facultad de Filosofía y Letras a Derecho y Medicina respectivamente, durante la gestión de Ottalagano en 1975 (ver capítulo segundo).

Estas tres carreras eran consideradas "subversivas" por militares y civiles. Los nacionalistas católicos de *Cabildo* – algunos de ellos tenían una importante inserción en el CONICET- opinaban que "era sabido" que en 1955 "el marxismo bien pensante de los [José Luis] Romero y los Risieri Frondizi" comenzó la tarea de "demoler las bases más firmes de nuestra auténtica nacionalidad" creando carreras que serían "las piezas

---

[1] *Clarín,* 27 noviembre 1976, p. 10.

clave de esa estrategia disolvente: Sociología, Psicología y Antropología".[2] A esta altura del "Proceso" se preguntaban, "¿quién podría ignorar que esas 'profesiones' aparecían sintomáticamente repetidas en el currículum de los guerrilleros?". De Antropología decían que la excusa del trabajo de campo y el estudio de las poblaciones marginadas resultaba un "campo propicio para reclutar e instruir a sus huestes subversivas y soliviantar a los pobladores de esos lugares". Asimismo, los antropólogos aprovechaban los viajes de investigación pagados por el Estado para "vender piezas arqueológicas" y "comprar armas".[3]

Con la normativa de Carranza en vigencia, los distintos rectores hicieron lo propio: ordenaron cierres definitivos y/o temporarios a esas y otras carreras no indicadas por el Ministerio; clausuraron carreras por el "bajo número de inscriptos"; evitaron realizar cambios o bien dispusieron la modificación de los planes de estudio y/o suspendieron los que estaban en marcha. Por ejemplo, el rector de la UN de La Plata clausuró la inscripción de las "carreras menores": Cinematografía, Canto, Violoncello, Piano, Violín, Guitarra y Pintura Mural y las inscripciones a Psicología y el ingreso a la orientación en Antropología Socio- Cultural de la Licenciatura en Antropología de la Facultad de Ciencias Naturales y Museo.[4] En tanto que las orientaciones en Arqueología y Antropología Biológica siguieron funcionando. En la UN de Rosario se cerraron las carreras de Bibliotecología, la Escuela de Servicios Sociales y Antropología y se suspendió la inscripción durante algunos años de Psicología y Periodismo. Igual que en la UBA, se intentó trasladar Psicología desde la Facultad de Filosofía a la de Medicina.[5] En la UN del Sur se eliminaron los Profesorados de Geografía, Matemática y Física, Letras e

---

[2] Cit. en Rodríguez, L. G., "Los nacionalistas…".

[3] Cit. en Rodríguez, L. G., "Los nacionalistas…".

[4] Lo mismo había ocurrido con la carrera de Antropología Social en la Universidad Nacional de Salta, cerrada en 1974.

[5] De acuerdo al estudio de Gabriela Águila, la Facultad de Filosofía fue rebautizada en 1979 como Facultad de Humanidades y Artes. La Escuela de Psicología, que dependía de la Facultad de Filosofía, fue amenazada con el traslado o la integración a Medicina, la suspensión de algunas especialidades o la eliminación de la carrera de grado. En mayo de 1982 el Rectorado propuso la unificación de las Facultades de Ciencia Política y Derecho y la reacción de los docentes y estudiantes de las dos Facultades obligó a retirar el proyecto. Águila, G. "La Universidad Nacional de Rosario…". Sobre los conflictos entre el rectorado y las autoridades de algunas Facultades, ver también Luciani, L. "La Universidad Nacional de Rosario durante

Historia, Química y Biología, así como las carreras de Auxiliar de Medicina Humana y Servicio Social.[6] En la UN de Mar del Plata se cerraron argumentando el bajo número de inscriptos las carreras de la Facultad de Humanidades: Antropología, Sociología, Ciencias Políticas, Psicología, Ciencias de la Educación y Filosofía, que ya venían desmantelándose desde el período anterior.[7] La carrera de Psicología también fue cerrada en la UN de Tucumán. En la UN de San Juan se cerró por dos años la inscripción a Sociología.[8]

Como en otros ámbitos, esta política de cierres estuvo lejos de ser coherente. En relación a las tres carreras "subversivas", los rectores de la UBA, La Plata y Misiones dispusieron que Antropología continuase abierta, incluso en esta última que tenía la orientación en Antropología Social. Sin embargo, esta situación fue denunciada por el redactor de *Cabildo,* quien le advertía que en las carreras de Antropología abiertas, permanecían "agazapados en cargos docentes, elementos altamente comprometidos con la subversión apátrida".[9] Esto daba cuenta de la existencia de cierto margen de negociación que tenían algunos rectores con los ministros u otras autoridades nacionales, que les permitió ignorar directivas y/ reclamos como este.

Por otra parte, se tomaron medidas que no tenían ninguna relación con las mencionadas. A principios de marzo de 1977 el gobierno de la provincia de Mendoza decidió cerrar la Facultad de Ciencias Aplicadas a la Industria que contaba con las carreras de Ingeniería en Industrias de la Alimentación e Ingeniería en Petroquímica y Mineralurgia, es decir, carreras que ni eran "menores" ni "subversivas". Se transfirieron los alumnos regulares a la UN de Cuyo para que pudiesen finalizar sus estudios y la provincia se comprometió a seguir abonando los sueldos a

---

la última dictadura militar argentina (1976-1983). Un acercamiento a los conflictos al interior de la gestión interventora", *RBBA. Revista Binacional Brasil-Argentina*, vol. 3, N° 1, 2014.

[6]   *PU,* N° 2, abril 1977, p. 68; Orbe, P., "El "proceso…".

[7]   En Mar del Plata se estimuló el crecimiento de la investigación en ciencias básicas y de las carreras vinculadas, en detrimento de las Humanidades. En 1980 se abrió una de las "carreras menores": Bibliotecología. Díaz, M. F. y Gil, G. J., "Continuidades, "orden"…".

[8]   Algañaraz Soria, V. H., "Desinstitucionalización…".

[9]   *Cabildo,* "Antropología y Subversión", N° 16, mayo- junio1978, pp. 30-1.

los docentes.[10] Los profesores pasaron un sinnúmero de penurias económicas porque el gobierno provincial se atrasaba sistemáticamente en el pago de los sueldos.[11]

Uno de los rectores que se manifestó contrario al "reordenamiento" fue el de la UBA, Alberto R. Constantini.[12] El conflicto se inició cuando Bruera dio a conocer el documento elaborado por el Departamento de Estado, llamado "Sistema Nacional de Enseñanza Superior", donde se fijaban las pautas para una futura Ley Universitaria. Allí se proponía la desaparición de las tres carreras (Sociología, Psicología y Antropología) para convertirlas en carreras de posgrado; la restricción de la autonomía universitaria y de la libertad de cátedra; la creación de institutos politécnicos y de carreras cortas; y el cierre de algunas universidades nacionales creadas entre 1971 y 1975.[13] Inmediatamente, el rector hizo pública su renuncia. En el texto de dimisión, Constantini expresaba que se alejaba del cargo porque consideraba que la autonomía académica y la libertad de cátedra eran "principios irrenunciables" y que el ministro "pretendía erigir un sistema de rígida centralización que convertía a las casas de altos estudios en simples unidades de ejecución". Y concluía que la totalidad de las atribuciones legalmente reconocidas a los órganos de gobierno de las universidades pasaría a manos de ese Ministerio, cuestión que él no compartía.[14] El caso de la polémica con Constantini fue seguido con

---

[10] http://www.fcai.uncu.edu.ar/paginas/index/historia-fines-y-objetivos [consultado el 7 abril de 2014]

[11] Un grupo de profesores le escribió en 1982 una carta al comandante en Jefe de la Fuerza Aérea, B. A. Ignacio Lami Dozo, para que solucionara el problema. "Carta enviada a Lami Dozo", 5 julio de 1982, San Rafael (Mendoza). Archivo Fuerza Aérea.

[12] Declarado antiperonista, fue ministro de obras y servicios públicos (1958-1961) del presidente Arturo Frondizi y decano de la Facultad de Ingeniería de la UBA (1958-62).

[13] *Clarín,* 28 agosto 1976, p. 7. Al comenzar el ciclo lectivo de 1977, Gallo anunció que serían transformadas en La Plata las carreras de post grado, la Licenciatura en Psicología -Facultad de Humanidades y Ciencias de la Educación-, la Licenciatura en Ciencias Jurídicas y Sociales —en la Facultad homónima-, la Licenciatura en Bacteriología -Facultad de Ciencias Exactas- y la orientación en Antropología Socio-Cultural de la Licenciatura en Antropología -Facultad de Ciencias Naturales y Museo.

[14] *El Día,* 14 septiembre 1976, p. 1. De acuerdo a la versión de la revista *Perspectiva Universitaria,* el recientemente nombrado rector de la universidad de Río Cuarto, el ingeniero Alberto Luccini, también se había pronunciado en contra del documento, sosteniendo que no iba a avalar el cierre de universidades nacionales, por lo que fue también derogada su designación. *PU,* N° 2, abril 1977, p. 70.

grandes titulares por la prensa nacional y, finalmente, fue reemplazado interinamente por el secretario de Ciencia y Tecnología, Sol Rabasa. En marzo de 1977 asumía el nuevo rector de la UBA, Luis Carlos Cabral.

Un ingreso "verdaderamente restringido"

Bruera anunció que el redimensionamiento de las universidades nacionales se haría en base a disminuir drásticamente la matrícula estudiantil. El ministro explicó que a partir del conocimiento de los cupos de admisión y del número de aspirantes a determinadas disciplinas, se podía definir la supresión de más carreras.

Respecto a la autonomía universitaria, la libertad de cátedra y el gobierno tripartito, Gallo, en su rol de presidente del CRUN, aseguró que podían ser el ideal, "pero no dejamos de reconocer que ese sistema llevó prácticamente al caos y a la paralización de la universidad argentina".[15] Gallo también explicó que se modificarían las condiciones de permanencia de los alumnos y que los exámenes no podían seguir siendo mensuales. Se consideraría como alumno regular de una unidad académica a aquel que hubiese aprobado durante el año 1976 una materia o bien cursado o aprobado trabajos prácticos; en tanto que los alumnos que no estaban en esas condiciones serían separados de los padrones estudiantiles.[16] Asimismo, propiciaba un sistema de correlatividad de materias que obligaba a los estudiantes a rendir con cierta periodicidad los exámenes finales de algunas asignaturas para quedar habilitados a cursar otras. Estas nuevas condiciones tuvieron resultados concretos: avanzado el PRN Gallo afirmaba orgulloso que 23.400 alumnos fueron separados sólo en la UN de La Plata, por "falta de rendición de exámenes". Por último, estableció que los alumnos que ingresaban a la universidad tenían que presentar un certificado de buena conducta extendido por la policía. Los uniformados aprovechaban esta instancia para realizar el "fichaje" correspondiente. Acerca de los estudiantes extranjeros, que en

---

[15] *El Día,* 11 diciembre 1976, p. 1.

[16] *El Día,* 24 agosto 1979. p. 4.

su mayoría provenían de países vecinos e hispanohablantes del Cono Sur, Gallo dijo que había un "exceso" y que muchos se radicaban en el país "restando fuentes de trabajo a los profesionales argentinos", por lo que también se recortaría el cupo para ellos.[17] De hecho, en la UN de San Juan se rechazó la matriculación de 100 alumnos chilenos "por saturación de estudiantes en las diversas Facultades" y en Rosario el rectorado hizo lo propio con estudiantes brasileños.[18]

A fin de año, Bruera explicó que sobre un total de 60.428 aspirantes extranjeros a ingresar a las universidades estatales se aceptarían 2.343 que debían ser seleccionados por sus propios países y no rendirían exámenes, por lo que ingresarían directamente. A los no residentes se les daría un título que aclarara que no podrían ejercer la profesión en la Argentina. De las 26 universidades, el cupo más alto para extranjeros lo tenían Buenos Aires (453), Córdoba (265), La Plata (157), Nordeste (163), Tecnológica – en todo el país- (308) y Tucumán (136).[19]

En septiembre de 1976, Bruera anunció un importante cambio en la implementación del examen de ingreso e imponía nuevos cupos de estudiantes por carrera, dos medidas que estaban vigentes en algunas universidades desde 1975, como hemos visto. Con el argumento que el "ingreso irrestricto universitario" había producido, además de una "deformación" de la enseñanza argentina, una "importante infiltración ideológica en las aulas", se esperaba organizar un ingreso "verdaderamente restringido".[20] Respecto a las nuevas pautas, el ministro explicaba que los alumnos aspirantes debían realizar las pruebas de evaluación en los establecimientos de enseñanza media en marzo del mismo año. Junto con los resultados se iba a tener en cuenta el promedio general obtenido en la escuela secundaria. De acuerdo a lo planificado, en octubre se realizarían acciones de orientación vocacional y se brindaría información sobre carreras universitarias no tradicionales. En noviembre se dictarían cursos de apoyo a los estudiantes en los colegios secundarios con profesores universitarios.[21]

---

[17] *El Día*, 30 octubre 1976, p.1.
[18] *PU*, N° 2, abril 1977, p. 63.
[19] *El Día*, 11 diciembre 1976, p. 1.
[20] *El Día*, 12 octubre 1976, p. 1.
[21] *El Día*, 14 septiembre 1976, p. 13.

En octubre se dieron a conocer más detalles del ingreso a las universidades. Los aspirantes debían rendir dos materias consideradas básicas dentro de la carrera elegida y someterse, además, a una prueba de "comprensión de un texto" que podría estar vinculada o no a las asignaturas que se rendían.[22] Los contenidos de todas estas materias eran elaborados por un equipo del Ministerio, en base a los programas vigentes para la enseñanza media. Las autoridades de las Facultades confeccionaban los cuestionarios y se hacían responsables de las correcciones finales.

A principios de diciembre de 1976, Bruera se refirió al atraso en la iniciación de los cursos de apoyo porque tenían muchos problemas para conseguir docentes. Para los exámenes de ingreso, continuaba, iba a regir un sistema de calificaciones con una escala de 0 a 100 puntos. Cada nota de las tres materias más el promedio de los dos últimos años del ciclo medio, daban un número de 0 a 400 puntos. El límite inferior de aptitud para el ingreso era de 180 puntos y no menos de cuarenta puntos en cada una de las materias rendidas. Una vez evaluadas las pruebas, de acuerdo con las normas, estaban en condiciones de ingresar en una Facultad aquellos estudiantes que, superando el puntaje mínimo establecido (180 puntos) y no adeudando materias del nivel medio, resultaban ubicados en el orden de mérito general dentro del número de vacantes correspondientes a la respectiva carrera, según el cupo establecido. Por último, se informaba que únicamente los alumnos que ingresaban debían presentar, al iniciarse el curso lectivo de 1977, el certificado de buena conducta.

En relación al cupo, a fines de octubre de 1976 el ministro anunció cuántas plazas tendría cada universidad, Facultad y carrera para el ingreso de 1977. Las autoridades habían propuesto otorgar más cupo a las carreras consideradas "prioritarias". La distribución debía ser la siguiente: para el área de Ciencias Básicas y Tecnología: 45,6 % total de vacantes, Ciencias Sociales –especialmente Derecho- (26,9 %), Humanidades (15,5 %) y Ciencias Médicas (11,4 %).[23] A pesar de estas directivas, en la UBA se otorgaron más cantidad de cupos para las Facultades y carreras tradicionales: Derecho y Ciencias Sociales (2.500) y Ciencias

---

[22] *El Día,* 19 octubre 1976, p. 1.
[23] *PU,* N° 2, abril 1977, p. 74.

Económicas (2.500).[24] Le seguían Ingeniería, Agrimensura y Tecnología (1.500); Medicina (1.500); Arquitectura (1.000); Ciencias de la Educación (1.000); Ciencias Exactas y Naturales (900); Ciencias Agrarias (500); Sociología (500); Psicología (500); Odontología (400); Ciencias Veterinarias (300). En La Plata tampoco le dieron mayor importancia a la normativa y se dieron más plazas para la carrera de Medicina (1.207); las Facultades de Derecho, Ciencias Políticas y Diplomáticas (1.308) e Ingeniería, Agrimensura y Tecnología (1.210).

En marzo de 1977 se conoció que había disminuido notablemente el número de inscriptos en todas las universidades –fenómeno que se repitió en los otros niveles del sistema-, por distintas razones. Sólo en la UBA el número de aspirantes (24.887) superó los cupos de vacantes fijados (13.845). En el resto de las universidades del interior, por el contrario, las inscripciones no habían alcanzado a cubrir las vacantes establecidas por Facultades. Se estimaba que habían influido la cantidad de jóvenes de 18 años que tenían que cumplir el servicio militar, el costo de los libros y los alquileres. El rector de la UN de La Plata, Gallo, dijo que absorberían los excedentes de alumnos de la UBA, a excepción de Medicina.

En diciembre de 1977, en una conferencia en el Rotary Club de la localidad de Verónica, Gallo dijo que "no podemos admitir que los padres que mandan sus hijos a estudiar, corran el riesgo de que les devuelvan guerrilleros o cadáveres".[25] En otro orden, el rector aludió a la necesidad de reestructurar las universidades. No era posible, sostenía, que un país con 25 millones de habitantes contara con más de 45 universidades, "una cantidad exagerada". Reiteraba que debían limitarse los ingresos a los estudiantes con "vocación y capacidad", desalentándose carreras tales como Derecho y Medicina y fomentando, en cambio, aquellas acordes con "las necesidades de la tecnología" que el país requería. Puso como ejemplo la ciudad de La Plata, donde había "7.500 abogados y 2.500 médicos", cuando en realidad se necesitaban 1.000 abogados y otro tanto de médicos. Esa sobre oferta, afirmaba, hacía que hubiese médicos trabajando de "guardabarreras". En referencia al comedor universitario – que

---

[24] *El Día,* 21 octubre 1976, p. 1.
[25] *El Día,* 14 diciembre 1977, p. 3.

no había podido reconstruirse desde el atentado de 1973 y estaba cerrado desde entonces- descartó toda posibilidad de su rehabilitación y detalló los planes de trasladar una Facultad a ese predio.

La llegada de Catalán: crisis económica y regionalización

En abril de 1977 Bruera renunció por conflictos con los integrantes de la Junta Militar, entre ellos, los vinculados con la insuficiencia del presupuesto para el área. Ciertamente, eran constantes las declaraciones acerca de la crisis económica que estaban viviendo las universidades, por lo menos desde 1975. Algunos rectores, para paliar la falta de fondos, elevaron los aranceles que se cobraban para la tramitación de variados documentos (certificados finales de estudio, libretas de estudiantes, diplomas y títulos, autenticación de firmas, legalización de fotocopias de diplomas, copias de certificados o documentos de estudios existentes en los archivos de la universidad, etc.). Otros rectores ordenaron a sus funcionarios "racionalizar" el uso del papel, restringir el uso de vehículos, reducir el "encendido de luces" y aprovechar la "luz natural", utilizar las fotocopiadoras "solo por razones justificadas" y limitar las llamadas telefónicas.[26] El ministro Bruera había sugerido arancelar los estudios o bien que el graduado co-ayudase "en el real costo de su propia formación amortizando, mediante una contribución presente o diferida, el préstamo que le otorgó el Estado para que pudiera cursar su carrera, obtener su título y con él una sobrerrenta a su favor".[27] En 1977, los rectores en conjunto solicitaron al ministro un incremento del presupuesto de entre el 80 y el 130 por ciento, cuestión que no fue atendida. Para 1978, el presupuesto universitario para construcciones fue reducido en un 50 por ciento. El tema de los fondos estuvo lejos de solucionarse y más bien se vio agravado con el transcurrir del PRN.

---

[26]   Vélez, R., *La represión en la UN de Cuyo...*, pp. 184-85.
[27]   *El Día,* 1 octubre 1976, p. 1.

A fines de mayo asumió como ministro de cultura y educación interino el ministro del interior, el general Harguindeguy. Después de casi dos meses de acefalía, a mediados junio de 1977 fue nombrado Juan José Catalán. Era oriundo de Tucumán, abogado, católico, había sido ministro de economía de su provincia entre 1967-1968. Era miembro de la Fundación para el "Avance de la Educación", institución creada en Buenos Aires en 1974 y de la cual dependía el Instituto de Investigaciones Educativas. Catalán estaba relacionado con el ex Ministro de Justicia Jaime Perriaux, conocido como uno de los ideólogos del régimen. El ministro designó secretario de Ciencia y Tecnología al doctor Arturo L. Otaño Sahores y subsecretario de Asuntos Universitarios al ingeniero Manuel E. Gómez Vara, ex rector de la UN del Sur (1967- 1970) y ex rector de la UN del Nordeste (1970-1973). A poco de estar en su cargo Catalán dio a conocer la Resolución N° 538 que resumimos en el capítulo anterior.[28]

En una de sus primeras declaraciones, Catalán manifestó, igual que su antecesor, que era "excesivo" el número de universidades y señaló que el país no tenía los recursos materiales, humanos y el nivel académico suficiente como para sostener tantas. Había que adecuar el sistema universitario a las "actuales posibilidades de enseñanza" y a las "verdaderas necesidades del país". A fines de ese año, Catalán decidió reducir un 24 por ciento el número de vacantes para el ingreso a las 26 universidades. En 1977 hubo cerca de 70 mil y en 1978 se dispuso la disponibilidad de 52.277 bancos. Un grupo de padres de la UBA solicitó tempranamente que se hicieran reformas en el sistema de ingreso y pedían la eliminación de la materia "Comprensión de Textos" y la cláusula referida al promedio; la publicación de las pautas de evaluación y revisión de los exámenes; la derogación del sistema de cupos; el aumento de las partidas presupuestarias; ediciones económicas de la bibliografía básica; y consulta a los distintos sectores vinculados al quehacer universitario.[29]

El 9 de agosto de 1978 el ministro anunció las nuevas normas de ingreso a las universidades para el ciclo lectivo de 1979.[30] Se buscaba,

---

[28] Manuel Eduardo Gómez Vara había nacido en Corrientes, era químico y se desempeñó como docente en la UN de La Plata y Nordeste.
[29] *PU,* N° 2, abril 1977, p. 83.
[30] *La Prensa,* 9 agosto 1978, p. 1.

decía, realizar los ajustes necesarios para lograr progresivamente un sistema de admisión basado en métodos que permitieran una "selección justa para los aspirantes, eficiente para la universidad e idónea para responder a los intereses en materia de recursos humanos del país".

Un columnista del diario *La Prensa* sugería que este sistema se había sido fijado hasta en los menores detalles: fechas, modo de promoción y los programas de las diferentes asignaturas.[31] En relación con las pautas previstas para 1977 y 1978, explicaba, la diferencia mayor estaba dada en la decisión del ministro de suprimir – sin dar mayores explicaciones- la asignatura "Comprensión de textos". Además, seguía, se había resuelto que los aspirantes "debían rendir dos materias determinadas por áreas y con programas uniformes en todo el país". Así, "los aspirantes a seguir Letras, Periodismo o Ciencias de la Comunicación, tenían que rendir Filosofía e Historia y no Literatura"; a los de Ciencias de la Educación se los examinaba "sobre Filosofía y Biología". En un mes y medio, se mencionaba en la nota, un aspirante a ingresar a la Facultad de Derecho debía estudiar "Historia Occidental y Filosofía"; y el que quería ser ingeniero, tenía que concentrarse en "Matemática y Física".[32] Continuaba afirmando que si bien en los discursos oficiales se seguía hablando contra el enciclopedismo y la enseñanza puramente informativa, al aspirante a ingresar en la universidad se le exigía "la repetición de conocimientos" y se premiaba a los que tenían "mejor memoria".

En referencia a su plan de regionalización, en marzo de 1978 Catalán anunció una reforma integral del sistema educativo que abarcaría todos los niveles, desde la educación primaria hasta la universidad. Admitió que estaba considerando reducir la educación primaria de siete años a seis y hacer un secundario de seis años dividido en dos ciclos de tres. Preveía fundar un nivel terciario no universitario que estaría dentro de la Universidad Tecnológica donde se desarrollarían carreras cortas para producir los técnicos del nivel superior, cuestión que era considerada

---

[31] *La Prensa,* 18 agosto, 1978, p. 6.

[32] La confusión siguió y se profundizó años después. Por ejemplo, en 1982 los aspirantes a entrar a la Facultad de Ciencias Naturales de la UN de La Plata expresaron su preocupación porque a pocos días de comenzar el curso de ingreso, desde el Ministerio se cambiaron las materias que debían rendirse. En vez de Biología y Química, los que ingresaban a Geología debían cursar para rendir Física y Matemática.

una de las más importantes de la reforma, ya que en el país faltaban "técnicos superiores y auxiliares de la empresa, de la industria, del agro, de la administración y de los servicios" y, contrariamente, sobraban "profesionales universitarios".

En el nivel universitario, Catalán anunció que se implementaría el plan de "reorganización, regionalización y redimensionamiento del sistema universitario". [33] Dicho plan preveía la creación de nueve regiones y en cada una funcionaría un Consejo Regional Universitario constituido por los rectores de las universidades nacionales y privadas de la región, presididos por el rector de la universidad nacional más antigua.[34] El ministro confiaba que la educación privada, en tanto cumplía una función "tan importante en el país", seguiría "colaborando responsablemente en esta tarea esencial". El Consejo Regional debía aconsejar al Ministerio de Cultura y Educación la apertura o el cierre de carreras, proceder al control y supervisión académica de los servicios universitarios y aprobar los proyectos de presupuesto de las universidades, destacando que los presupuestos de las universidades privadas no estarían sujetos a la supervisión de este Consejo. Los estudios iban a comprender un ingreso (sistema de admisión único) y cuatro ciclos: básico (común a varias carreras afines); superior (licenciaturas y carreras profesionales); de especialización; y académico (maestría y doctorado). Los dos primeros estarían en todas las universidades y los dos últimos constituirían un "nivel cuaternario" que sólo sería impartido en las cabeceras de cada región.

La reforma contemplaba el arancelamiento en las universidades nacionales, pues se consideraba que ese dinero era necesario para "obtener recursos para el desarrollo de la infraestructura y el equipamiento

---

[33] *La Nación,* 21 marzo 1978, p. 5.

[34] Las nueve regiones y sus sedes respectivas – o universidad nacional más antigua- serían las siguientes: 1) Noroeste: Jujuy, Salta, Tucumán, Santiago del Estero y Catamarca. Sede: Tucumán. 2) Cuyo: La Rioja, San Juan, Mendoza y San Luis. Sede: Mendoza. 3) Centro: Córdoba. Sede: Córdoba. 4) Nordeste: Formosa, Chaco, Corrientes y Misiones. Sede: Corrientes. 5) Litoral Norte: Norte de Santa Fe y Entre Ríos. Sede: Santa Fe. 6) Litoral Sur. Sur de Santa Fe y Norte de Buenos Aires incluyendo Luján. Sede: Rosario. 7) Metropolitana: Capital Federal. Sede: Buenos Aires. 8) Del Plata: Gran Buenos Aires, La Plata y Norte de Buenos Aires hasta el paralelo 36. Sede La Plata. 9) Sur: Sur de Buenos Aires, La Pampa, Río Negro, Neuquén, Chubut, Santa Cruz y Tierra del Fuego, Antártida e Islas del Atlántico Sur. Sede: Bahía Blanca.

universitario". Dejaba en claro que el establecimiento de aranceles sería una "medida popular", porque no podría establecerse antes de desarrollar los medios para otorgar masivamente becas y préstamos – financiados por un banco internacional- , de tal manera que ningún estudiante argentino quedara fuera de la universidad por razones económicas. [35]

En la prensa, la medida fue considerada un "intento acertado para solucionar algunos problemas hasta hoy no afrontados".[36] Luego de comentar varios de sus puntos, advertía que no estaba lograda "una solución equilibrada en todo lo referente al papel de las universidades privadas" – que también estaban comprendidas en el proceso de regionalización- y se hacía eco de la preocupación que habían manifestado los integrantes del Consejo de Rectores de Universidades Privadas (CRUP).

Después de la presentación, Catalán aclaró que el sector estudiantil no tendría participación en el gobierno universitario porque la universidad era "jerárquica y fija, por lo tanto, los roles entre directivos, profesores y alumnos eran inamovibles". [37]

En junio de 1978, la Subsecretaría de Asuntos Universitarios del Ministerio fijó las normas a las que debían ajustarse las universidades nacionales en el aspecto académico y administrativo. Serían aplicadas por resolución del ministro cuando el Poder Ejecutivo autorizara por decreto la regionalización universitaria.[38] Allí se establecía que las universidades públicas y privadas integradas por Facultades procederían a "fusionar las unidades académicas existentes por áreas de conocimientos sobre la base de un organigrama prefijado por el organismo centralizador".[39] Las universidades organizadas por departamentos, escuelas o carreras se agruparían en Facultades.[40] En ambos casos, cuando la complejidad de la

---

[35] *La Nación,* 21 marzo 1978, p. 5.

[36] *La Nación,* 25 marzo 1978, p. 6.

[37] *El Día,* 22 marzo 1978, p. 1.

[38] *La Prensa,* 9 junio 1978, p. 5.

[39] *La Prensa,* 18 de agosto 1978, p. 7.

[40] La estructura universitaria así definida quedaba integrada por Facultades que según su "unidad epistemológica" reuniesen las siguientes carreras: Facultad de Ciencias Exactas y Naturales: Licenciaturas y Profesorados de Matemática, Física, Química, Astronomía, Biología, Bioquímica, Farmacia, Geografía, Meteorología, Geología y Computación; Facultad de Ingeniería, Arquitectura y Urbanismo: Arquitectura e Ingeniería con sus especializaciones y carreras menores; Facultad de Ciencias Agropecuarias: Agronomía, Veterinaria, Zootecnia y carreras menores; Facultad de Ciencias Médicas: Medicina, Odontología y carreras menores;

investigación lo ameritara, se autorizarían institutos dependientes de un departamento o escuela. En el orden administrativo, las unidades académicas procederán a centralizar la administración contable, de manera que el manejo del presupuesto, liquidación de haberes y adquisiciones sean de responsabilidad directa de la respectiva universidad. Esto iba a evitar la "superposición de unidades" y la "duplicación de actividades".

El 9 de agosto Catalán dio a conocer la resolución Nº 1006 llamada "Pautas para la Organización Académica de las Universidades Nacionales" que disponía la mencionada regionalización. El 23 de agosto el rector de la UBA, Luis Carlos Cabral comunicó al ministro Catalán que esa casa de estudios se consideraba "eximida de la obligación de dar cumplimiento a la Resolución 1.006 de ese Departamento de Estado fechada el 9 de agosto".[41] La determinación de la UBA fue adoptada en una reunión presidida por el doctor Cabral y a la que asistieron todos los decanos y delegados de las Facultades y unidades académicas. En el acta – que fue publicada por los más importantes diarios nacionales- se aclaraba que la UBA era fruto de una experiencia acumulada desde 1821, "convirtiendo a sus diversas Facultades y unidades académicas en entidades merecedoras del respeto y de la consideración de sus similares en las principales universidades de América y de Europa".

Facultad de Derecho, Ciencias Sociales y Económicas: Abogacía, Contador Público, Economía, Administración, Sociología, Política, Diplomacia, Servicio social, otras carreras de Ciencias Sociales y carreras menores; Facultad de Humanidades y Artes: Filosofía, Historia, Psicología, Educación, Antropología, Letras, Idiomas, Artes y otras carreras menores. Aclaraciones: Facultad de Ciencias Naturales y Biológicas: cuando una universidad contase solamente con carreras menores en el área de ciencias de la salud, estas deberán agruparse con las carreras del área de las ciencias naturales; Facultad de Ciencias Exactas, Ingeniería, Arquitectura y Urbanismo, en el mismo caso anterior las carreras correspondientes a Ciencias Exactas se agruparán con las de Ingeniería, Arquitectura y Urbanismo; Facultad de Ciencias Jurídicas y Sociales, será organizada cuando existan razones que aconsejen la separación de las carreras correspondientes a esta unidad, de las pertenecientes a las carreras de Ciencias Económicas; Facultad de Ciencias Económicas, tendrán su origen en el caso anterior y agruparán a las carreras de Contador Público, Economía, Administración y otras carreras menores. Para la formación de una Facultad se disponía que existiese un mínimo de dos carreras básicas terminales y sólo podría haber Facultades con una carrera en el caso de aquellas que por su naturaleza no pudiesen agruparse con las que se dictasen en otras Facultades por la existencia de un elevado número de alumnos, la necesidad de contar con un medio geográfico adecuado por las características particulares de esa carrera o el alto desarrollo de la infraestructura física, equipamientos, servicios y capacidad académica. *La Prensa,* 18 de agosto 1978, p. 7.
[41] *La Prensa,* 23 de agosto 1978, p. 1.

Al otro día, Catalán le pidió la renuncia y el rector se negó aduciendo que esa era competencia del Poder Ejecutivo Nacional. El ministro entonces resolvió "limitar las funciones" del rector, lo que equivalía a dejarlo cesante. El texto de la resolución consideraba que el rector había vertido "consideraciones extrañas" que implicaban un "desconocimiento de la autoridad jerárquica del Ministerio", una "lesión y desconocimiento público" de una "autoridad subordinada" y un "levantamiento contra la legalidad universitaria vigente". Nombraba como rector sustituto al doctor Alberto Vicente Donnes, decano de la Facultad de Medicina.

En esos días el presidente de la CRUN y rector de la UN de La Plata, Guillermo Gallo, dio a conocer un comunicado en el cual se manifestaba su rechazo hacia Cabral y afirmaba que su actitud era "equivocada y poco meditada" y había generado "un episodio lamentable". Sostuvo además que las nuevas pautas para el ordenamiento universitario eran positivas. A modo de respuesta, Cabral sostenía que:

> "Esta universidad (…) no puede admitir pasivamente que (…) se le imponga el cumplimiento de normas que sólo podrían encontrar justificación si se tratara de una casa de estudios carente de la jerarquía científica y docente, de la tradición y del prestigio que la caracterizan y de cuyos claustros no en vano surgieron los tres premios Nobel con que cuenta la República (…) En los hechos, se pretende imponer una norma que actúa como una nueva Ley Universitaria".[42]

El presidente Videla se reunió con los dos funcionarios por separado y unos días después le pidió la renuncia a Catalán y, posteriormente, al rector Cabral. Por segunda vez volvió a asumir la cartera el ministro del interior Harguindeguy.

---

[42] *La Prensa*, 30 agosto 1978, p. 8.

CAPÍTULO 5

El "reordenamiento" universitario y la sanción de la Ley

Introducción

En noviembre de 1978 la Junta Militar nombró al nuevo ministro de educación, el abogado Juan Rafael Llerena Amadeo. Defensor de la educación privada, el Consejo Superior de Educación Católica (CONSUDEC) no ahorraba elogios hacia su figura. Ejercía como profesor en la Universidad Católica Argentina y la Universidad del Salvador (USAL). Durante la presidencia de facto del general Juan Carlos Onganía había sido subsecretario de educación de José Mariano Astigueta (1967-1969). En 1968 asumió un cargo en la Organización de Estados Americanos (OEA) en el área de educación y al año siguiente fue presidente interino de la Comisión Ejecutiva del Consejo Interamericano Cultural (CECIC). Colaboraba con notas periodísticas en el diario *La Nación* y figuraba como secretario de la Corporación de Abogados Católicos "San Alfonso María de Ligorio" que integraban varios funcionarios de la dictadura. De todos los ministros fue el que más tiempo duró– dos años y casi cuatro meses- y bajo su gestión concretó el cierre de la UN de Luján y la tan anunciada sanción de la Ley Universitaria. Muy vinculado a la jerarquía eclesiástica, según los nacionalistas católicos de *Cabildo* fueron los cardenales

Eduardo Pironio, Raúl Primatesta y Juan Carlos Aramburu quienes le sugirieron a Videla su nombre.[1]

En las páginas siguientes observaremos a lo largo de nueve apartados, a quiénes fue nombrando el ministro como rectores; de qué se trataba el sistema de créditos para los alumnos; qué entendía por "racionalización" de los servicios, y por qué consideraba que los "problemas más graves" estaban en las UN de la Patagonia, Entre Ríos y Luján, y en otras como Lomas de Zamora y la Católica de La Plata. En el sexto apartado plantearemos las opiniones que se vertieron alrededor del anteproyecto de Ley Universitaria, y en particular sobre los artículos que establecían la incompatibilidad de ejercer funciones en la universidad (rector, decano, director) y tener cargos directivos, político- partidarios o gremiales; los concursos docentes y la naturaleza de la participación de los alumnos. En los últimos tres apartados reconstruiremos los dichos por los rectores ante la Comisión de Asesoramiento Legislativo; las críticas que se hicieron en relación a la aprobación de la Ley y la disposición del arancelamiento para el ciclo lectivo de 1981.

Argumentaremos que, a diferencia de sus antecesores- Bruera y Catalán- fue Llerena Amadeo quien consiguió llevar a cabo medidas de "reordenamiento" que generaron un alto impacto (negativo). La singularidad de este proceso fue que afectó tanto a las universidades públicas como a las privadas católicas, porque entendía que formaban parte de un mismo sistema. En algunos casos, sus decisiones provocaron la renuncia de los rectores afectados. Poniendo atención a sus discursos, se puede inferir que varias de las medidas que tomó Llerena Amadeo tenían relación con problemas personales con los rectores o rencillas anteriores dentro del campo de las universidades católicas. Veremos que cuando debía explicar las razones de tales decisiones, se justificaba afirmando que los cierres eran por causa del "bajo nivel académico".

En referencia a las opiniones alrededor del anteproyecto y la versión final de la Ley, pretendemos mostrar que los puntos sobre los cuales hubo menos acuerdos fueron, por un lado, la instauración del arancel, el destino del dinero de las cuotas y la aplicación de un sistema de créditos para los estudiantes; y por el otro, el dictado de la incompatibilidad con

---

[1] *Cabildo*, N° 18, septiembre 1978, p. 7.

otros cargos. Además de eso, los rectores aliados al régimen pidieron anular cualquier tipo de participación estudiantil en el gobierno y el sistema de concursos públicos. Esto último finalmente no ocurrió, por lo que el rector de la UN de Rosario solicitó a los militares que interviniesen para controlar quiénes se presentaban, de lo contrario, advertía, volverían los "subversivos". Por su parte, los rectores de las privadas pidieron, entre otras cosas, que se eliminara la obligatoriedad de realizar tareas de investigación, cuestión que tampoco fue atendida.

Nombramiento de rectores

Luego de meses de especulaciones, el ministro puso en funciones al nuevo rector de la UBA, el doctor Lucas Jaime Lennon.[2] Declaró que no creía que fuera conveniente designar estudiantes delegados por curso o abrir el funcionamiento de los centros de estudiantes en las universidades. La designación de Lennon fue aprobada desde la prensa porque entendían que el Poder Ejecutivo había incurrido dos veces en el "error metodológico" de nombrar al rector de la UBA sin consultar al ministro. Esta vuelta, decía el periodista, "el presidente puso la firma al pie del decreto respectivo junto con la de Llerena Amadeo". Por primera vez desde marzo de 1976 entre el Ministerio y esa universidad había una comunicación "regular y cordial".[3]

En diciembre, Llerena Amadeo se reunió con los integrantes de las universidades privadas – CRUP- dado que el sector se hallaba "sensibilizado" por el plan de regionalización del ex ministro Catalán.[4] Llerena Amadeo les aclaró que la medida sería revisada, al mismo tiempo que les hacía "recomendaciones" puntuales a los rectores. Si bien el ministro estaba ligado a las universidades privadas – recordemos que daba clases en UCA y USAL-, era muy crítico con algunas de ellas. Las sugerencias que hizo giraron en torno a que hubiese regularidad en la "asistencia de los profesores a sus clases" y en la "debida conformación de las mesas

---

[2] *La Nación,* 24 noviembre 1978, p. 9.
[3] *La Nación,* 29 noviembre 1978, p. 8.
[4] *La Nación* 14 diciembre 1978, p. 10.

de examen en hora y fecha". Esto último sería "visto con esperanza por numerosos alumnos que han resultado afectados en más de una oportunidad por esas anomalías detectadas por el Ministerio".

En 1979 el ministro confirmó a once rectores universitarios que iniciarían un nuevo período de tres años según el decreto N° 159/79. Eran de las Universidades Nacionales de Cuyo, Centro de la Provincia de Buenos Aires, Nordeste, Mar del Plata, La Plata, Litoral, San Luis, San Juan, Santiago del Estero, Rosario y Tecnológica. En las universidades de Buenos Aires, Misiones (Carlos Alberto Roko y Víctor René Nicoletti) y Patagonia (el ingeniero Julio César Laurent[5]) los rectores continuaban en sus cargos por haber sido designados luego del primero de enero de 1978. En las universidades de Luján, Entre Ríos y la Patagonia, los funcionarios estaban "a cargo del despacho", porque desde hacía varias semanas el mandatario venía insistiendo con la necesidad de efectuar "reestructuraciones en esas casas" (ver más adelante).

Se producían cambios en diez universidades y los nuevos rectores eran: Lomas de Zamora: Carlos Storni[6]; Tucumán: Carlos Raúl Landa[7]; UN del Sur: Ricardo Enrique Bara[8]; Catamarca: José Luque[9]; Salta: el entonces rector de Catamarca, Agustín Carlos González del Pino; Río

---

[5] Jorge César Laurent era oriundo de Coronel Suárez e ingeniero industrial por la UN del Sur en 1936. Desde esa fecha se desempeñaba como docente en escuelas de enseñanza media y en la misma Universidad. Era autor de "Organización Departamental", trabajo que expuso ante el Seminario sobre Administración Universitaria efectuado por la OEA en Guadalajara, México, en 1973.

[6] Carlos Mario Storni había obtenido el título de abogado y ejercía como docente en colegios privados y en la UCA. Fue asesor de la Federación Diocesana de Uniones de Padres de Familia de Lomas de Zamora, decano de la Facultad de Ciencias Sociales de Lomas y Director contratado de Asuntos estudiantiles en la UBA entre 1963 y1969. Desde 1967 era asesor letrado de la Universidad Tecnológica Nacional.

[7] Carlos Raúl Landa nació en Pergamino, provincia de Buenos Aires, era médico y profesor con dedicación exclusiva en la Universidad de Tucumán, provincia en la que se hallaba radicado desde hacía más de 25 años. Fue ministro de salud del gobierno tucumano.

[8] Ricardo Enrique Bara era contador público y licenciado en Economía egresado de la UN del Sur, donde era profesor y a partir de 1976, director del Departamento de Ciencias Económicas.

[9] José Luque ejercía como profesor de inglés. En la UN de Catamarca se desempeñó como profesor titular con dedicación exclusiva y ocupó los cargos de secretario académico y de rector sustituto. Fue interventor en el Consejo General de Educación de la misma provincia y vicerrector del Colegio Nacional de Tres Arroyos de la provincia de Buenos Aires.

Cuarto: Milán Jorge Dimitri[10]; La Pampa: Marcelo Iván Aguilar (hasta 1981)[11]; Córdoba: Francisco Quintana Ferreyra[12]; Jujuy: Salvador Cosentini. El ingeniero Jorge César Laurent, en ese momento rector de la UN de la Patagonia, fue nombrado simultáneamente rector de la UN del Comahue "hasta tanto se practiquen las acciones necesarias para establecer el adecuado funcionamiento de servicios universitarios de la región patagónica" (decreto N° 726).

En 1980 cambiaron los rectores de Mar del Plata: José Ángel Álvarez; Nordeste: Héctor Enrique Tamburini; Tecnológica: Carlos Alberto Burundarena, quien en 1981 pasó a ser ministro de educación.[13] En 1981 el rector de la Universidad del Centro, Raúl C. Roque Cruz fue designado por el ministro Burundarena como subsecretario de Asuntos Universitarios. Estuvo hasta el fin de su gestión y en abril de 1982 volvió a asumir su cargo de rector. En 1981 asumieron en Cuyo el historiador nacionalista Enrique Zuleta Álvarez, quien permaneció hasta fines de 1983; en Misiones el sociólogo Carlos Alberto Roko (por segunda vez); y en la Tecnológica Roberto Guillán (en reemplazo de Burundarena). Según un comunicado del Ministerio, las razones de estos reemplazos iban "desde el deseo manifestado de no continuar en el cargo, al hecho de haber sido designados en otras instituciones o a la necesidad de contar con una persona de distintas características en la etapa que se inicia".

En abril de 1979 cesaron las comisiones de trabajo en el CRUN y se crearon nuevas: Comisión de Legislación compuesta por rectores de UN del Litoral, Centro de la provincia de Buenos Aires, La Pampa, Córdoba, Lomas de Zamora y Misiones; de Planes de Estudio: Rosario, Río Cuarto,

---

[10] Milán Jorge Dimitri se había recibido de ingeniero agrónomo y era un destacado botánico. Profesor de la Facultad de Agronomía de la UN de La Plata, en 1976 fue designado decano de esa casa de estudios hasta su asunción como rector en Río Cuarto.

[11] Marcelo Iván Aguilar se graduó de abogado en la UBA y ejerció como profesor en la UN de La Pampa, adonde fue miembro del gabinete ministerial, asesor del ministro de Educación y Justicia Miguel Angel Sussini y en 1967 se desempeñó como ministro de Gobierno y Obras Públicas de La Pampa.

[12] Francisco Quintana Ferreyra, nacido en Córdoba en 1913, era egresado de Abogacía y doctor en Derecho y Ciencias Sociales (1940). Tratadista de derecho comercial, era profesor titular de la materia desde 1961 y miembro de número de la Academia Nacional de Derecho y Ciencias Sociales de Córdoba.

[13] Sobre Burundarena hablaremos en el próximo capítulo. En 1980 y por un breve interregno se nombró rector de Catamarca al licenciado Hugo de Calz Moya (decreto 380/80).

Patagonia, Nordeste, Salta, Luján y Comahue; de Régimen Académico: Centro de la provincia de Buenos Aires, Cuyo, Buenos Aires, Tucumán, San Juan y Entre Ríos; y de Administración y Presupuesto: Mar del Plata, Jujuy, Santiago del Estero, Sur, Tecnológica y San Luis.

El crédito para los universitarios: frenar la "subversión"

En el documento *El terrorismo en Argentina* del año 1979, se explicaban las medidas que se habían tomado "para reconstruir la educación argentina".[14] Entre las cinco que se mencionaban destacaremos el "Refuerzo a la acción del Instituto Nacional de Crédito Educativo (INCE) para la Igualdad de Oportunidades". Según decían, el "argumento frecuente del marxismo ha sido siempre la imposibilidad de estudiar que tendrían las personas de bajos recursos económicos". Para "neutralizar este discurso", los militares y civiles en el gobierno habían decidido reforzar el accionar del INCE, al tiempo que anunciaban el arancelamiento de los estudios universitarios.

El Instituto había sido creado en 1968 por el presidente de facto, el general Onganía y el ministro del interior Guillermo Borda. Estos organismos fueron impulsados por la UNESCO para toda América Latina en los años de 1960.[15] En el país, el INCE nació descentralizado del Estado y asociado al Ministerio de Cultura y Educación, obtenía recursos del presupuesto nacional y apoyo financiero de bancos privados. Durante el PRN recibió un importante crédito del Banco Interamericano de Desarrollo (BID).

Conocida esta inyección de dinero, Llerena Amadeo se reunió con los rectores para comunicarles que la nueva Ley Universitaria iba a contemplar el pago de la matrícula.[16] Estuvo invitado el titular del INCE,

---

[14] Poder Ejecutivo Nacional, *El terrorismo en la Argentina,* 30 noviembre 1979, pp. 369-378.

[15] Betancur Mejía, G., "El crédito educativo y la educación como factor esencial en la integración latinoamericana", *Boletín de la Academia Nacional de Educación,* N°36, 1998, pp. 5-9.

[16] *La Nación,* 28 diciembre 1978, p. 9.

Guillermo Francos, quien les explicó cómo iba a funcionar el plan para otorgar créditos baratos a los estudiantes universitarios de grado. Acordaron designar una comisión conformada por los rectores de las universidades de Buenos Aires, Rosario, Mar del Plata, del Centro de la provincia de Buenos Aires, Tecnológica y de Cuyo, para que actuasen en calidad de asesores directos de los especialistas que estaban redactando la Ley. En la reunión también se habló del presupuesto universitario, el ministro los "instó a contener los gastos" y se efectuó la reelección de Gallo al frente de la CRUN.

La "racionalización" de los servicios

Llerena Amadeo fue implementando medidas que pretendían efectivizar el "reordenamiento universitario" tan anunciado desde 1976. El resultado fue la aplicación de políticas de "racionalización" que buscaban eliminar la "superposición" de carreras en áreas geográficas próximas. En la práctica, el ministro las llevó a cabo en dos sentidos: por un lado, promoviendo convenios entre las universidades públicas y las privadas católicas, que beneficiaban a las segundas. En segundo término, presionando a los rectores de las universidades públicas y privadas para que clausuraran subsedes o unificaran títulos.

En relación a lo primero, el ministro dijo que la política del Ministerio buscaba coordinar "sin prevalencias" la actividad privada con la estatal, ya que todo era "enseñanza pública". Ponía de ejemplo la "regionalización" o "racionalización" de los servicios que se había dado en Tucumán y Salta. En 1976, a instancias de las autoridades del Ministerio se rubricó un acuerdo entre la UN de Salta y la Universidad Católica de Salta por la que se estableció una "tarea de complementación": la primera se comprometía a no reabrir Filosofía ni Ciencias de la Comunicación y la segunda no dictaría la carrera de Letras. [17] En 1979 el rector de Tucumán, Carlos Landa, firmó un convenio con la Universidad del Norte "Santo Tomás de Aquino" de esa ciudad, cuyo rector, fray Aníbal Fosbery, se hizo del

---

[17] *Clarín,* 27 noviembre 1976, p. 10.

control de las carreras de Filosofía, Psicología, Teología y Derecho, lo que redundó en un aumento de la matrícula en detrimento de la universidad estatal.[18] El rector de la UN de Santiago del Estero, Ariel Álvarez Valdez, había sido uno de los fundadores de la Universidad Católica de esa ciudad y durante su rectorado también promovió acuerdos de este tipo.[19]

Es preciso añadir que, al tiempo que se recortaba sistemáticamente el presupuesto destinado a las universidades públicas, el Ministerio de Educación le otorgó por decreto a la Universidad Católica de Salta una contribución económica por el término de cinco años, a partir del 1 de enero de 1980, para el pago de los sueldos del personal docente (decreto N° 22078/79). Recordemos que el rector Requena Pérez había solicitado el subsidio en 1975 (ver capítulo segundo). Y lo mismo se hizo a favor de la Universidad del Norte "Santo Tomás de Aquino" de Tucumán en el año 1981 (decreto 7081/81). Estas dos medidas iban en contra de la legislación vigente que prohibía expresamente que el Estado financiara regularmente a las universidades privadas.[20]

Respecto a las medidas aplicadas en las universidades nacionales, el ministro elogió las decisiones tomadas por los rectores de Salta, Río Cuarto y San Luis, que "corrigieron" los errores. En la UN de Salta se "racionalizaron" las subsedes de Tartagal y Orán; en la UN de Río Cuarto se redujo a la mitad los títulos que se otorgaban en Humanidades; y en San Luis el rector reorganizó la subsede de Villa Mercedes porque "era evidente que se estaba trabajando con un nivel inadecuado", según el ministro.

Si uno de los fundamentos de la política ministerial era evitar la "super-posición" de carreras, éste se dejaba de lado cuando se trataba de atender

---

[18] Pucci, R., "Pasado y presente de la Universidad tucumana", disponible en http://historiapolitica.com/datos/biblioteca/pucci.pdf, 2012.

[19] CRUP, *20 años de universidades…*.

[20] De acuerdo a Baruch Bertocchi, el rector Aníbal E. Fosbery "confesó" ante sus alumnos que con el dinero que recibió del subsidio estatal hizo gestiones ante gobiernos extranjeros para comprar armas destinadas a los militares argentinos. El destino de las armas se desconoce, pero según el autor, Fosbery tuvo una participación activa durante la represión y en democracia defendió a Bussi y a Camps. Baruch Bertocchi, N., *Las universidades católicas,* Buenos Aires, Centro Editor de América Latina, 1987, pp. 73-74.

el pedido de algún rector aliado. Llerena Amadeo accedió a la solicitud del rector de la UN de Cuyo –el historiador Pedro Santos Martínez- de crear una carrera de Ingeniería Civil, a pesar de que ya existía en la UN de San Juan. En protesta, el rector de San Juan, Emiliano P. Aparicio, renunció en noviembre 1979, argumentando que esa decisión dejaría sin estudiantes a esa carrera. El rector sustituto, Roberto López Aragón fue recibido por Llerena Amadeo, quien le reiteró su malestar por la medida. En febrero de 1980 asumió el nuevo rector, el arquitecto Eduardo Caputo Videla y el ministro viajó a esa ciudad. En señal de descontento por su llegada, el comercio local mantuvo cerradas sus puertas durante media hora.[21] Defendiéndose de las críticas, Llerena Amadeo explicó luego que la creación de dicha carrera no había perjudicado en nada a San Juan, ya que el número de inscriptos a comienzos de 1980 había sido normal.

Los "problemas más graves": Patagonia, Entre Ríos y Luján

En febrero de 1980 Llerena Amadeo fue citado por la Comisión de Asesoramiento Legislativo [en adelante CAL], conformada por miembros de las distintas Fuerzas.[22] Allí explicó que se había dedicado en ese tiempo de su gestión a visitar y conocer las universidades. De esos viajes detectó que había tres universidades con problemas: Comodoro Rivadavia (UN de Patagonia), Entre Ríos y Luján, por lo que en marzo de 1979 decidió dejarlas sin sus rectores titulares y poner a funcionarios interinos. Veremos a continuación qué "soluciones" dispuso el ministro para cada universidad, haciendo foco en lo ocurrido en Luján.

En referencia al primer caso, en Comodoro Rivadavia existía desde los años de 1960 una sola universidad privada confesional, la Universidad "San Juan Bosco". Hemos visto que en 1973 se había dispuesto la creación de una universidad nacional, que quedó en suspenso por un decreto del ministro Jorge Taiana (451/73). Luego de los graves hechos ocurridos

---

21 *La Opinión*, 15 febrero 1980 p. 7.
22 *Actas de la Comisión de Asesoramiento Legislativo*, Plenario 13 febrero 1980.

en la universidad privada – relatados en el segundo capítulo- a mediados de 1974 Taiana autorizó el funcionamiento de la estatal. En 1979 Llerena Amadeo firmó un convenio con el obispo de Comodoro Rivadavia, monseñor Argimiro Daniel Moure, con el objetivo de unificar la Universidad Nacional de la Patagonia con la Universidad privada confesional de la "Patagonia San Juan Bosco" (decreto 2.318/79). En nombre de la "política de redimensionamiento para las Universidades Nacionales", en febrero de 1980 se aprobó la Ley 22.173 que unificaba las dos casas de estudio. En diciembre de 1982 se designó rector de la Universidad a un religioso salesiano, el reverendo Padre Licenciado Norberto Sorrentino (ex rector de la Universidad Católica de Mar del Plata en 1975). En síntesis, esta fusión benefició a la casa confesional porque evitó su desaparición y los católicos consiguieron nombrar a un clérigo como rector.

El segundo "problema" era la UN de Entre Ríos y en particular, el funcionamiento de dos Facultades – Ciencias Económicas e Ingeniería- que habían pertenecido a la Universidad Católica Argentina (UCA). El ministro explicó ante la CAL que ambas tenían "bajo nivel académico" y que había propuesto cerrarlas. Dado los vínculos que Llerena Amadeo tenía con la UCA, esta cuestión parecía estar más relacionada con los conflictos al interior de las universidades católicas y entre los profesores que allí ejercían, que con datos objetivos sobre el "nivel académico". Finalmente, decidió dejar en funcionamiento la Facultad de Ciencias Económicas y clausurar la Facultad de Ingeniería de la UN de Entre Ríos (decreto 47/80). Los estudiantes y docentes pasaron a depender de la Facultad Regional de Paraná de la Universidad Tecnológica Nacional y el personal administrativo quedó en la de Entre Ríos. Cuando se conoció a principios de 1979 la intención del ministro, el rector Esteban Homet dimitió, quedando a cargo del despacho el decano de Ciencias de la Administración, Enrique Agustín Garaycochea. Luego fue sustituido por el rector Luis Alberto Barnada, más afín con Llerena Amadeo. De este último, el rector de la UCA, monseñor Octavio N. Derisi, había dicho que fue su más "dilecto y brillante alumno" en los Cursos de Cultura Católica.[23]

---

[23] Derisi, O. N., *La Universidad Católica Argentina en el recuerdo: a los 25 años de su fundación*, Buenos Aires, Universidad Católica Argentina, 1983, p. 160.

De todas estas "reestructuraciones", la medida que provocó más resistencias fue el cierre de la UN de Luján y sus Centros Regionales de Chivilcoy, Nueve de Julio, Campana y José C. Paz, que fue criticada incluso por los aliados al régimen. Al hacerse público ese plan, el rector Gereardo Amado presentó su renuncia y quedó a cargo del despacho el coordinador de Relaciones Universitarias del Ministerio de nación y ex interventor de la Universidad de la "San Juan Bosco" (1974), Roberto Paine.[24] A su vez, el secretario de Asuntos Académicos, el doctor Oscar Gomez Poviña renunció ante Paine. La disposición del 20 de diciembre de 1979 ordenaba cerrarla por "falta de nivel académico y la inutilidad de algunas de sus carreras". Se aclaraba que ciertas carreras seguirían funcionando en la UBA. El ministro afirmó que con ello se buscaba poner en marcha un plan "destinado a revertir el proceso de expansión del sistema universitario iniciado alrededor de los años de 1970".[25]

La comunidad universitaria describió el proyecto como un "atropello" y un "agravio" y el ingeniero Gerardo Antonio Amado, último rector, dijo que los argumentos en que se fundamentaba el cierre "eran falaces".[26] Unos días antes del cierre definitivo, un conjunto de organizaciones de Luján hicieron llegar un documento que explicaba que Llerena Amadeo, para tomar esa medida, se había basado en cuatro cuestiones: la observación de la universidad por espacio de cinco horas durante su

---

[24] Roberto Paine era abogado y doctor en jurisprudencia de la UBA. Era autor de varios trabajos especializados sobre materias jurídicas. Entre otros cargos universitarios, había sido coordinador del despacho de la UN de Tucumán en 1973. Se desempeñó como profesor y como asesor *ad honorem* en el Departamento de Extensión Universitaria de la Facultad de Derecho y Ciencias Sociales de la UBA. Fue nombrado coordinador de la Dirección Nacional de Universidades Privadas y Provinciales a comienzos del PRN (RM N° 179/76).

[25] Años después, Mignone aseguró que el cierre "se trató de una orden secreta e inconsulta del Servicio de Informaciones del Ejército", Mignone, Emilio F. "Seminario Permanente de estudios sobre la problemática universitaria", Bernal, Universidad Nacional de Quilmes, 1998, p. 30. El músico León Gieco dio un concierto en solidaridad con los alumnos de Luján y tuvo problemas después con las fuerzas de seguridad que lo mandaron llamar. Ver Pujol, S., *Rock y dictadura*, Buenos Aires, Booket, 2007. En la revista *Perspectiva Universitaria* le dedicaron un número especial al cierre donde criticaban duramente a Llerena Amadeo. En una de las notas, el ex rector Emilio Mignone afirmaba que la universidad fue cerrada porque estaba cerca "del pueblo". Ver "La Universidad Nacional de Luján: El desarrollo de los hechos (cronología)", *PU*, N° 8, abril, 1980, I-IECSE; ver también Mignone, E., *Universidad Nacional de Luján. Origen y Evolución*, Luján, Ediciones de la Universidad Nacional de Luján, 1982.

[26] *La Nación*, 22 diciembre 1979, p. 8.

visita efectuada el 6 de noviembre; un comentario realizado por uno de los aspirantes a ingresar acerca de la existencia de ayudantes alumnos; la estadística de matriculación por carrera y por ubicación geográfica y la información aparecida en órganos de prensa.[27] Los autores del documento afirmaban que "las fuentes que el señor ministro desechó y debió haber utilizado porque estaban a su disposición", fueron: el informe elaborado por Roberto Paine; el estudio de factibilidad que dio origen a la universidad; el análisis de los antecedentes académicos de los integrantes del cuerpo docente; los planes y programas de las carreras que se cursaban; la organización y administración de los servicios; las entrevistas a miembros de la comunidad universitaria; las entrevistas a representantes de las fuerzas vivas; las propias estadísticas de la universidad sobre la actividad académica y los estudios referidos a la estructura de esa casa de estudios. El documento indicaba que del total de 52 profesores titulares, 16 poseían un título obtenido en el extranjero. Con respecto a que los alumnos iban a poder continuar las carreras en otras universidades o en la UBA, esto era "confuso" porque carreras como Tecnología de Alimentos, Educación de Adultos, Tecnología Educativa y Educación Permanente "no existían en otras universidades". Concluía el texto afirmando que el ministro trataba de "justificar tendenciosamente una decisión sin precedentes en países civilizados".

En la reunión de la CAL, los militares también criticaron la clausura porque era contradictoria con la política oficial, ya que sobredimensionaba otras universidades como Buenos Aires. Asimismo, le preguntaron con insistencia si no podía haberse hecho con Luján lo mismo que en San Luis, Salta y Río Cuarto, es decir, fusionar o cerrar los cuatro Centros Regionales pero dejar abierta la sede central de Luján.

Llerena Amadeo se defendió diciendo que los profesores exhibían un "bajo nivel académico". Además, que la mayoría tenía dedicación exclusiva o semi porque casi todos residían en Buenos Aires y el tiempo de viaje – hacia Luján y los Centros Regionales de Chivilcoy, Nueve de Julio, Campana y José C. Paz- se les incluía como parte de la dedicación docente, por lo que se gastaba demasiado presupuesto en esa sola

---

[27] *La Nación,* 13 febrero 1980. p. 11.

universidad. Asimismo, sostuvo que trasladar una parte de las carreras a la UBA era un "aseguro para el futuro":

> [...] el día de mañana quien quiera suprimir esta situación para volver a una Universidad de Luján tendrá el problema con la universidad de Buenos Aires [...] En cambio, si nosotros hubiéramos hecho la supresión lisa y llana de la universidad de Luján, no sólo hubiéramos cometido un error en muchos sentidos sino que también políticamente hubiéramos posibilitado en el día de mañana un resurgimiento de esa universidad, como una reivindicación. Por el contrario, si el día de mañana tiene que hacerse una Universidad Nacional en Luján, no se va a poder dejar de lado toda la actividad académica – de nivel espero que excelente- que pueda desarrollar la UBA en ese campo de 250 ha."[28]

Luego de argumentar esto, el ministro se refirió a la figura del ex rector Emilio F. Mignone, militante católico igual que él, con quien compartió su estancia en la OEA y a quien los militares hicieron desaparecer a su hija, estudiante de la Universidad del Salvador. Llerena Amadeo lo acusó de promover el avance "socialista" y la "subversión", aliado a organismos internacionales como OEA, CLACSO y FLACSO. Dijo que la UN de Luján fue una casa de estudio concebida para:

> "dar un ejemplo a Latinoamérica de cómo podría ser la universidad del futuro en una estructuración socialista. Yo estaba en la OEA en esa época como presidente del Comité Interamericano de Educación y pude saber que se pagaron contratos al doctor Emilio Mignone para presentar el esquema de universidad que debía generalizarse por Latinoamérica. Y ese contrato se hizo por parte del actual secretario ejecutivo para la Educación, Ciencia y Cultura de la OEA, señor González Reyes, que es un venezolano de izquierda, agitador estudiantil. Ese estudio se llevó a todas las organizaciones universitarias de Latinoamérica de izquierda [...] Pero en cambio en la universidad de Luján se hizo todo una concepción tendiente a tener presente esa universidad del futuro, y de un futuro estructurado de una manera socialista en toda América. [...] Mignone fue rector durante los años del loquero [1973-1976]. Fíjense que nosotros tenemos graves dificultades con la permanencia en Argentina de CLACSO, apéndice de

---

[28] *Actas de la Comisión de Asesoramiento Legislativo,* Plenario 13 febrero 1980.

FLACSO, que encauza los fondos internacionales a sectores muy allegados a todo lo que pueda ser la subversión [...] Los créditos que vienen de todos esos sectores para algunos proyectos internacionales se encauzan con gente que en general es de la Universidad de Luján [...] Mignone está en OEA en 1968 y consigue ir a CONADE manteniendo su cargo en la OEA, incluso no podía ser un experto argentino en la Argentina, podía ir al Uruguay, pero no en la Argentina, esas eran las normas de OEA. Permanece en CONADE, pasa a CONASE y luego es designado subsecretario. Tuvo intervención en todo eso y en la gestación prácticamente de la Universidad y se aprovecha la posibilidad que brindan los enunciados del Plan Nacional de Desarrollo 1971 para llevar a la práctica este tipo de universidad".[29]

Con relación a los organismos internacionales, completó su idea contando que hacía poco tiempo había estado con un funcionario de la UNESCO "de origen ruso [...] que nos vino a proponer que Argentina sea sede de un Congreso de Investigación en Ciencias Sociales en el mes de noviembre, organizado por CLACSO en Argentina. Le comunicamos que no queríamos ser sede de la institución: tomamos el congreso pero para manejarlo nosotros. Le dijimos bien claro que con CLACSO nada que ver".[30]

Esta exposición terminó convenciendo a los militares y el 21 de febrero de 1980 dio a conocer el decreto 22.167 adonde se derogaba la Ley N° 20.031 de 1972, que había creado a la UN de Luján. El ministro suprimió dicha casa de estudios, clausuró todas sus carreras, excepto la de Ingeniería en Alimentos, que continuó dictándose en el predio de Luján bajo la administración de la UBA. Se reubicaron a los alumnos en otras universidades, declarando prescindibles a varios docentes y dejando cesante al resto. Todos los bienes inmuebles y muebles, equipos y servicios se transfirieron a la UBA. Ese mismo día, el ministro defendió la medida diciendo que la universidad tenía una "superpoblación de servicios universitarios" contando a Luján y los cuatro Centros Regionales de Campana, Chivilcoy, Nueve de Julio y José C. Paz. Esta situación

---

[29] *Actas de la Comisión de Asesoramiento Legislativo...*.

[30] *Actas de la Comisión de Asesoramiento Legislativo,* Plenario 13 febrero 1980. Estas mismas opiniones sobre CLACSO, UNESCO y FLACSO fueron vertidas en revistas de la derecha católica como *Verbo.* Ver Rodríguez, L. G., "La subversión científica...".

generaba una "inadecuada utilización de recursos humanos y financieros" que no lograban "justificarse con los resultados obtenidos".[31]

Una vez sancionada la Ley, nuevas voces se hicieron escuchar en contra, como la del ex decano de la Facultad de Farmacia y Bioquímica de la UBA y principal ideólogo de la creación de esa Universidad, Alberto Taquini. Expresó que "hoy es un día gris para la universidad argentina". En sus declaraciones dijo que él había propuesto el término "redimensionamiento" en 1968 con el objetivo de dar un tamaño adecuado a la Universidad de Buenos Aires, que en ese entonces ya tenía 80 mil alumnos, cuando la dimensión ideal debía ser inferior a los 25 mil. Taquini mencionó que era "paradójico" que para redimensionar el sistema universitario se sobredimensionara a la UBA, que era lo que sucedería cuando se le sumaran las 200 hectáreas de Luján, el instrumental y los alumnos. Por su parte, el "Centro de Estudios de la Realidad Universitaria" declaró su más amplia solidaridad con la Comunidad Universitaria de Luján. En marzo de 1980, una docente de la carrera de Ingeniería en Alimentos, la doctora Ana Pacín, afirmaba que no se entendía la decisión del ministro, ya que se hablaba del exceso de profesionales egresados de carreras tradicionales y se cerraba precisamente una de las pocas universidades en las que no se dictaba ninguna de estas carreras.[32]

Hacia diciembre de 1980, un año después de iniciado el conflicto en Luján, la prensa continuaba con el tema, alegando que éste era el problema "más grave que haya debido enfrentar el ministro" y se esperaba que diera una explicación "más convincente", ya que los argumentos del pasado seguían siendo seriamente cuestionados.[33] La nota finalizaba con una dura crítica que denunciaba que la acción del Ministerio no se fundaba en "política universitaria alguna, ni en un plan orgánico, ni en estudios conocidos".

Los nacionalistas de *Cabildo* fueron prácticamente los únicos que felicitaron la iniciativa de cerrar Luján y se preguntaban por qué no se clausuraban "universidades como la de Lomas de Zamora o la de Catamarca

---

[31] *La Nación*, 21 febrero 1980. p. 4.
[32] *El Día*, 12 marzo 1980, p. 7.
[33] *La Nación*, 6 diciembre 1980, p. 8.

u otras más que, al fin y al cabo, eran tan lamentables o más que la de Luján".[34]

Los otros "problemas": Lomas de Zamora y la Católica de La Plata

En esa misma alocución ante la CAL, el ministro Llerena Amadeo contraponía la situación de Luján con la de la UN de Lomas de Zamora, que decidió mantener abierta. Aclaraba que no convenía cerrarla porque estaba situada en una zona de influencia de 4 millones de habitantes y que si bien tenía un "bajo nivel académico", podía convocar a profesores de La Plata y Buenos Aires sin mayores costos, otorgando dedicaciones simples. Su idea era que la UN de La Plata ejerciese una "especie de padrinazgo" para elevar el nivel de Lomas. El problema era que esa universidad no tenía "aún buena fama", porque "la subversión hizo pie" y "hubo muchas familias que en determinado momento perdieron a sus hijos porque fueron captados por la guerrilla por el solo hecho de ser alumnos de Lomas de Zamora".[35]

En 1980 se dio otro caso que tuvo grandes repercusiones en la prensa nacional y provincial por las derivaciones inesperadas que tomó. En su exposición ante los miembros de la CAL, el ministro explicó que la Universidad Católica de La Plata (UCALP) también tenía "muy bajo nivel".[36] Además, criticó la política del rector Nicolás Argentato – que en ese momento era el vicepresidente del CRUP-, quien estaba creando subsedes de la UCALP sin autorización del Ministerio.

Un tiempo después, Llerena Amadeo mandó cerrar tres subsedes de la UCALP ubicadas en Bernal, Quilmes y Capital por "falta de nivel académico" y por la necesidad de "regionalización". La decisión derivó en un intercambio de acusaciones con el Arzobispo de La Plata, Antonio J. Plaza, quien se quejó porque "la ley no era pareja". De acuerdo a su

---

[34] *Cabildo,* N° 41, marzo 1981, pp. 24-5.
[35] *Actas de la Comisión de Asesoramiento Legislativo,* Plenario 13 febrero 1980.
[36] *Actas de la Comisión de Asesoramiento Legislativo….*

planteo, otras universidades católicas como las de Tucumán y la de Buenos Aires (UCA) tenían subsedes en Capital Federal y en Pergamino, Mendoza y Rosario respectivamente. A los fines de presionarlo, Plaza le hizo llegar a Llerena Amadeo una nota que contenía una lista de docentes de la Facultad de Humanidades y Ciencias de la Educación de la UN de La Plata, que según él, eran "marxistas" y fueron quienes prepararon los cursos de ingreso, le estaban "panfleteando la universidad" y controlaban los exámenes.[37]

El decano de la Facultad, Exequiel César Ortega y los jefes de departamento de la Facultad respondieron a las acusaciones de monseñor Plaza.[38] Explicaron que enviaron al ministro una serie de informes "precisos y pormenorizados" sobre la situación planteada, donde mostraban que la denuncia realizada por Plaza no podía ser probada, por lo que le pedían que presentara más "elementos de juicio", indispensables para orientar la investigación. El rector Gallo manifestó su sorpresa porque explicó que en ningún momento le había dicho nada personalmente. Dijo: "Me gustaría conocer casos concretos de infiltración marxista (…) Lo que yo sé es que mucha gente que ha sido eliminada en esta universidad por cuestiones ideológicas se está desempeñando ahora en la Universidad Católica de La Plata".[39] Al día siguiente Plaza volvió a reiterar su denuncia, a lo que Gallo replicó: "son mentiras que nosotros tenemos profesores que ellos echaron por razones ideológicas y si los hay que me diga quiénes son, que nosotros también los echaremos". Plaza concluía, "si las cosas siguen así, volveremos a caer en la subversión".[40] Unos meses después, Gallo dijo que las acusaciones habían sido "un error de apreciación de monseñor Plaza".[41]

---

[37] *El Día,* 22 abril 1980, p. 1. Plaza dijo que todavía estaban actuando hombres del doctor Rodolfo Agoglia en el equipo de Gallo, quienes claramente eran "marxistas". Recordemos que Agoglia fue interventor de la UN de La Plata entre 1973 y 1974, nombrado por el ministro Taiana. *La Opinión,* 13 abril 1980. p. 9.

[38] *El Día,* 28 mayo 1980, p. 1. Respondieron el decano y los jefes de Departamentos de esa Facultad: profesores Emilio A. Estiú, Martín Pérez, Carolita Sierra de Rogati, Elder Daniel Evans, Atilio Gamerro, Celia Elba Paladino, Benito Díaz, Emilio Rogg y Emilio Ruiz y Blanco.

[39] *El Día,* 11 abril 1980, p. 1.

[40] *El Día,* 12 abril 1980, p. 1.

[41] *La Opinión,* 2 noviembre 1980, p. 10.

El conflicto de la UCALP se resolvió de manera más o menos equitativa y estos intercambios entre el monseñor, Llerena Amadeo y Gallo se fueron diluyendo. El religioso llevó el caso al Poder Judicial y la sala de la Cámara Federal resolvió "no innovar" para la sede en Capital, pero quedaron cerradas Bernal y Quilmes.

Las opiniones alrededor del anteproyecto de Ley Universitaria

A principios de 1979 Llerena Amadeo hizo circular un documento de base o anteproyecto de Ley Universitaria, que había sido elaborado por la Secretaría de Planeamiento de la Presidencia de la Nación e inició una etapa adonde les pidió opinión a diferentes especialistas. Desde ese momento, se publicaron en la prensa una serie de comentarios acerca de esta propuesta.[42] Representantes de universidades públicas y privadas se declararon a favor del anteproyecto, otros criticaron puntualmente ciertas partes, como la que definía la imposibilidad de ejercer un cargo jerárquico en la universidad y tener actividad político- partidaria (art. 4); o bien la que establecía algún tipo de participación de los alumnos. Un sector de los rectores de las universidades privadas se manifestó en contra de todo el anteproyecto.

Según apreciaciones de "calificados observadores", el anteproyecto era muy parecido a la Ley Universitaria N° 17.245 que dictó el gobierno del presidente Onganía, pero mejorado.[43] En él se incluía que los docentes no podían "adherir ni difundir concepciones totalitarias", cuestión que no estaba en la norma pasada. En junio de 1979 el rector Lennon de la UBA expresó "un juicio general favorable".[44] En la misma línea se pronunció la Asociación Argentina de Educación Superior. Organizó una mesa redonda conformada por los profesores Eugenio Pucciarelli; Federico Frischknecht; Félix Cernusch; Reynaldo Ocerín, Carlos

---

[42] *La Nación*, 22 abril 1980, p. 1. Otros importantes debates se hicieron escuchar, por ejemplo, a través de la revista *Perspectiva Universitaria*. Ver *PU*, N° 6, I-IECSE, Junio 1979.
[43] *La Nación,* 19 abril 1979, p. 9.
[44] *La Nación,* 16 junio 1979, p. 7.

Frontera, Francisco García Bazán y Oscar Gómez Poviña.[45] Allí dijeron que era necesaria la "actualización del sistema universitario nacional", ya que existía una "proliferación de universidades que no eran tales", un reparto de títulos que eran un fraude y un incremento del número de "seudo profesionales, frustrados, insatisfechos y proletarizados". Todo esto parecía conducir a colaborar con la "insurrección esperada por la izquierda revolucionaria, que, entre otros fines, se propuso en el continente debilitar a la clase media hasta la desesperación".

Respecto al artículo cuarto que establecía la "incompatibilidad" entre el ejercicio de cargos directivos y la actividad política partidaria, el ex ministro de Bienestar Social del gobierno de facto de Roberto Levingston, Amadeo Frúgoli, dijo que ese punto violaba las disposiciones contenidas en el artículo 14 de la Constitución Nacional y no armonizaba con el propósito de instaurar una democracia republicana, representativa y federal, como supuestamente pretendía el gobierno.[46] Del mismo modo, el ex ministro de Cultura y Educación de Onganía, Dardo Pérez Guilhou se manifestó contrario a la prohibición.

Sobre la participación de los alumnos en el gobierno, el rector de la UN de Cuyo, Pedro Santos Martínez consideraba que la comunidad universitaria no podía reducirse a tres elementos - profesores, alumnos y egresados- como en el pasado. El gobierno tripartito así propuesto, sostenía, no existía en ninguna universidad prestigiosa del mundo. En nuestro país, decía, "la experiencia vivida no aconsejaba repetir los mismos errores".[47] La universidad era un lugar de "reflexiva meditación para el descubrimiento de la verdad". El trasfondo de esta cuestión, afirmaba, estaba en las declaraciones del francés troskista y el teórico marxista Alan Touraine y Darcy Ribeiro, quienes señalaban que la llamada "democratización universitaria" se reducía a una "táctica de la lucha revolucionaria". Por esta razón, la participación de los estudiantes en el gobierno era "sumamente peligrosa".

---

[45] *La Nación,* 2 julio 1979, p. 5. Unos días después, Gómez Poviña intervino nuevamente en el debate porque al parecer, en el anteproyecto se eliminaba la "dedicación exclusiva" y se la reemplazaba por la "dedicación plena". Poviña salió en defensa de la primera.
[46] *El Día,* 9 julio 1979, p. 2.
[47] *La Nación,* 9 julio 1979, p. 6.

Igual que con otros temas, hubo discrepancias respecto a la Ley al interior del grupo de las universidades privadas. Una parte de los rectores nucleados en el Consejo de Rectores de Universidades Privadas (CRUP) elevó en mayo un comunicado al ministro adonde rechazaban el anteproyecto porque estaba en contra la libertad de cátedra. Tomás Auza, profesor fundador de la Universidad del Salvador, docente de la Universidad Católica Argentina e investigador del CONICET, se manifestó en desacuerdo total, porque la propuesta seguía "los lineamientos tradicionales de la organización de las casas de estudio".[48] El modelo que estaba implícito en el proyecto, explicaba, envolvía "tendencias peligrosas" en educación como lo eran la "uniformidad, el reglamentarismo, la polarización en las autoridades políticas de todos los conflictos internos de la comunidad académica y la ausencia de participación responsable de todos los cuadros intermedios". Había que dictar una Ley que dejara "libre cauce a la imaginación creadora y realista y que no impusiera moldes asfixiantes". Por su parte, se manifestaron contrarios a este comunicado del CRUP y a favor de la Ley, el padre Aníbal Fosbery, rector de la Universidad del Norte "Santo Tomás de Aquino", y José María López Olaciregui, rector de la Universidad Argentina de la Empresa (UADE).

Frente a estas críticas, el rector Lennon intervino una vez más afirmando que no compartía el juicio respecto a que el proyecto era algo "cerrado, inflexible, hecho con anteojeras y que no miraba al futuro del país".[49] Creía que el redimensionamiento previsto en la Ley era necesario en virtud del crecimiento descontrolado de los últimos años. No obstante, afirmaba que debería quedar excluida de tal régimen la universidad de la UBA, que por su larga trayectoria había dado "prueba cabal de su capacidad y eficacia".

---

[48] *La Nación,* 2 julio 1979, p. 5.
[49] *La Nación,* 7 julio 1979, p. 7.

Los rectores ante la CAL

En febrero de 1980, la Comisión de Asuntos Legislativos convocó a rectores aliados de las universidades nacionales y privadas para hablar del anteproyecto: Lucas Lennon de la UBA, Humberto Riccomi de Rosario, Pedro Santos Martínez de Cuyo, Carlos Storni de Lomas, Raúl R. Cruz del Centro y Alfredo N. Navarro de Mar del Plata. A los pocos días fueron consultados los rectores de las privadas: Nicolás Argentato de la Católica de La Plata; Francisco J. Piñón del Salvador y el almirante Leandro Maloberti del Instituto Tecnológico de Buenos Aires - ITBA.[50]

Los militares les preguntaron sus opiniones sobre distintos artículos y en las dos reuniones se habló especialmente del régimen de concurso para seleccionar a los profesores (artículos 23 y 25). Riccomi expresó su coincidencia con el artículo cuarto, para evitar que la universidad "sea politizada como ocurrió en épocas anteriores". Santos Martínez recordó otros episodios negativos de la "politización": cuando el presidente de Chile, Salvador Allende había sido derrocado, fueron a Mendoza asesores, profesores, alumnos y egresados chilenos que sostenían que "el golpe revolucionario que habían sufrido era una vergüenza y pedían minutos de silencio y homenajes a los caídos".

Respecto a los concursos, luego de contar cómo funcionaban supuestamente mejor en otros países (España, Francia, Bélgica, Inglaterra y Alemania), relataron sus propias experiencias como profesores concursados. No dudaban en calificarlas negativamente: "pésima" según Riccomi o "tremenda" de acuerdo a Navarro. Santos Martínez explicó que el concurso en Argentina era un "streap-tease académico", frente a un público constituido por el jurado, alumnos, colegas, ordenanzas e incluso por "gente que pasaba por la calle". Navarro dijo que era contrario al concurso, pero comprendía también que no existía otra forma: "Si adoptáramos otro sistema se generaría un conflicto muy serio".

El problema más grave con los concursos, decía Riccomi, era que se presentara a concursar un ideólogo "del cual estamos absolutamente seguros que es el causante teórico de la subversión" pero "estuvo en el

---

50 *Comisión de Asuntos Legislativos,* subcomición N° 3, reuniones de los días 22 febrero y 25 febrero de 1980.

extranjero mientras ustedes lo perseguían [las Fuerzas Armadas], capacitándose en Harvard, Lovaina, París o en la Universidad Católica de Estados Unidos, donde está en este momento el decano comunista que tuvimos en la Facultad de Medicina de Rosario". Entonces "¿quién le va a discutir que no tiene antecedentes para su materia y quién va a probar que ha desarrollado actividades subversivas si nunca lo detuvieron?". En esos casos, seguía, deberían actuar los militares del Proceso, "De lo contrario [...], por mejores intenciones que pongamos y por muy buenas leyes que tengamos, dentro de 10 años en la universidad tendremos lo mismo que se tuvo en 1973".

Navarro pensaba que había que "tolerar que haya en la universidad un porcentaje de marxistas", a lo que Riccomi le contestó que si era un 10 por ciento no había problema, "sería elegante frente al mundo. Yo conservaría, dentro de mi claustro, algún comunista de Moscú por elegancia, porque me permitiría plantearle a cualquiera que me haga objeciones que tengo a este conocido comunista". El problema se presentaba si eran el 51 por ciento, porque se entorpecía toda la vida universitaria y al poco tiempo se tenía "subvertida toda la universidad". Cruz agregó que había que confiar en tratar de "evitar la infiltración". Santos Martínez concluyó que lo único que podría hacerse era "eliminar el carácter público y buscar una fórmula semejante al concurso de títulos y antecedentes" y organizar jurados que "nos den garantías".

Posteriormente hablaron de dedicaciones exclusivas, juicios académicos, edad de jubilación y el gobierno de la universidad. En un momento, el presidente de la Comisión de Asuntos Legislativos, el capitán de fragata Von Wernich, indicó a su secretario que suspendiera el registro de la versión taquigráfica, por lo que inferimos que continuaron deliberando otros temas de carácter secreto, probablemente vinculados a la represión.

Los rectores de las universidades privadas fueron consultados por los militares de la CAL en otra reunión sobre los cuatro primeros artículos de la Ley que afectaban a las privadas. Piñón hizo saber su preocupación porque en esos articulados se decía que las universidades debían cumplir tres funciones y que entre las privadas, existían casas de estudio que no se dedicaban a la investigación pura, aplicada o a la creación artística (art.

3, inciso b). Proponía que se reemplazara la expresión "deberán" por la de "procurarán", cuestión que no fue atendida.[51] Luego opinaron acerca de la incompatibilidad entre la función en la universidad con la actividad política partidaria, tema sobre el cual se manifestaron a favor sobre la cual se manifestaron a favor. La comisión les preguntó cómo resolvían las universidades privadas el tema de los concursos docentes, a lo que respondieron que no había un solo criterio y que dependía de los fines particulares de cada casa. Argentato agregó que él sí había concursado en las universidades nacionales y consideraba que los concursos habían sido "experiencias desagradables" y no daban ningún "resultado positivo". Los encargados de la CAL les preguntaron cómo estaban organizadas las universidades privadas en relación a los órganos de conducción y los rectores explicaron que eso también variaba según cada casa de estudio: las había dependientes del Arzobispado y la figura del Gran Canciller, de Fundaciones y otras que eran asociaciones civiles.

La sanción de la Ley

El 24 de abril de 1980 se publicó en el *Boletín Oficial* la sanción de la nueva Ley N° 22.207: "Régimen Orgánico para el funcionamiento de las Universidades Argentinas". En sus fundamentos se recordaba que había sido el ámbito universitario "uno de los sectores de la vida del país en donde con mayor intensidad actuó la subversión apátrida". Llerena Amadeo explicó que el objetivo principal de la nueva norma era "erradicar totalmente del régimen universitario la subversión" y producir la definitiva "normalización" del sistema. La norma debía aplicarse en 1981 y a partir de marzo, cuando asumió el general Roberto Viola, el escenario político y social se había modificado sustancialmente debido, entre otras causas, al creciente desprestigio de la política económica.

La Ley regía hasta el artículo cuarto para las universidades privadas. Entre sus fines generales establecía que las universidades tenían la "obligación de preservar, difundir y transmitir la cultura" y en especial el

---

[51] *Comisión de Asesoramiento Legislativo,* Subcomisión 3, reunión 25 febrero 1980.

"patrimonio de valores espirituales y los principios democráticos y republicanos" que animaban a la Nación. Era "ajena a los ámbitos universitarios" toda actividad que significaba "propaganda, adoctrinamiento, proselitismo o agitación de carácter político partidario o gremial, como asimismo la difusión o adhesión a concepciones políticas totalitarias o subversivas". A pesar de los comentarios en contrario, los cargos de rector, vicerrector, decano, vicedecano y secretarios de Universidad, Facultad o Departamento "eran de desempeño incompatible con el ejercicio de cargos directivos, político- partidarios o gremiales". Sobre los estudiantes, se decía que "debía promoverse la participación de los alumnos en la vida universitaria preparándolos para su integración responsable en la comunidad" (art. 36).

El Poder Ejecutivo Nacional a propuesta del Ministerio designaba a los rectores, quienes debían tener más de 30 años, ser ciudadanos argentinos y haber enseñando en alguna universidad argentina. En relación a las dedicaciones, los profesores podían ser ordinarios y extraordinarios, serían designados previo concurso público de títulos, antecedentes y oposición. El cargo de profesor ordinario duraría siete años y una segunda designación otorgaría la estabilidad definitiva. Los profesores ordinarios e interinos y los docentes auxiliares cesaban el primero de abril siguiente a la fecha en que cumplieran sesenta y cinco años. Los docentes podían tener dedicación exclusiva (incompatible con otra actividad), plena (45 horas semanales), de tiempo completo (35 horas), de tiempo parcial (25 horas) y simple (con "menores exigencias horarias"). Se aclaraba que los profesores estaban representados en la Asamblea Universitaria, Consejos Superiores y Consejos Económicos y que dentro de los treinta días de la vigencia de la Ley, se debía constituir en cada casa de estudio un "Consejo Asesor".

Por otra parte, se establecía la posibilidad de fijar aranceles a la enseñanza (art. 39), y en el art. 34 se imponía como requisito de ingreso "cumplir las condiciones que establezca cada Universidad y satisfacer las pruebas de admisión que las mismas fijen con ajuste a las normas generales que determine el Ministerio de Cultura y Educación". En suma, se ratificaba la vigencia de los exámenes para entrar a las Facultades y de los cupos de admisión. En el texto se habilitaba la creación de "carreras cortas" de menos de cinco años de duración.[52] En el curso de los 120 días los rectores tenían que elevar un proyecto de Estatuto de sus respectivas universidades y luego de su aprobación, debían comenzar con la organización de los concursos "público de títulos, antecedentes y oposición" (art. 23) y la posterior designación de profesores ordinarios.

Luego de sancionarse la nueva Ley, se volvió a desatar la polémica alrededor de la incompatibilidad de ejercer cargos públicos. Una columna del diario *La Nación*, afirmaba que el proyecto definitivo difería "muy poco" del texto difundido por el Ministerio en junio de 1979, y en ese sentido, debía aceptarse que no se reflejaron "en nada los resultados del debate previo".[53] Cabría preguntarse, decía el columnista, si las "apuntaciones críticas" efectuadas tanto en conferencias, mesas redondas y colaboraciones periodísticas, "resultaron irrelevantes a juicio de la autoridad oficial".

Días después, el periodista del mismo diario afirmaba que la nueva Ley había tenido una repercusión fuertemente "negativa" en los partidos políticos democráticos. La discrepancia estaba centrada alrededor del artículo cuarto de la Ley que establecía la incompatibilidad entre el ejercicio de ciertas funciones universitarias y el desempeño de cargos directivos partidarios:

"No es este el artículo que hubieran escrito Nicolás Avellaneda, autor de la primera Ley Universitaria nacional, que fue rector de la Universidad de Buenos Aires después de haber sido presidente de la nación y mientras ocupaba una banca en el senado; Joaquín V. González, que fue fundador del Partido Demócrata Progresista y presidente de la Universidad de La Plata, o Alfredo L. Palacios el líder socialista que también estuvo al frente de la casa de altos estudios bonaerense, o Vicente Gallo, Ricardo Rojas y tantos ciudadanos ilustres cuya vigorosa personalidad excedía con mucho las fronteras de su desenvolvimiento en una bandería partidaria. Entre los más recientes, Jorge Orgaz que estuvo al frente del rectorado de la

---

[52] Burundarena creó un plan para implementar "carreras cortas" – siguiendo la nueva Ley-, pero que tuvo la oposición de la mayoría de los rectores quienes creían que era "quitar el nivel y estatus a los actuales estudios universitarios". Recordemos que esta propuesta venía haciéndose desde 1976.

[53] *La Nación*, 23 abril 1980, p. 8.

Universidad Nacional de Córdoba sin perder su condición de miembro del comité ejecutivo del Partido Socialista Democrático en su provincia".[54]

El cronista subrayaba que el político Alberto Natale, a quien el gobierno lo había convocado para el "diálogo político", debido a la Ley "tal vez tendría que renunciar a su cargo de director del Departamento de Derecho Público de la Facultad de Derecho de la Universidad de Rosario, porque pertenecía al Partido Demócrata Progresista". Otro tanto podría ocurrir con René Palestra, quien era un alto dirigente nacional del socialismo democrático y además, ejercía las funciones de director del Departamento de Ciencias Sociales de la Universidad de Rosario.

Declaraciones sobre el arancelamiento

Después de sancionada la Ley, a mediados de mayo de 1980 Gallo confirmó que para 1981 se arancelaría la enseñanza universitaria, mencionando que parte de lo que se recaudase iría directamente a becas para alumnos de menores recursos.[55] Llerena Amadeo anunció que a causa de estos "ingresos extra" se reducirían los gastos de personal en un 2 por ciento y un 6,5 los de inversión universitaria. Se constituyó una comisión con los rectores de las universidades del Sur, Salta, Córdoba y Tucumán que tendría a su cargo el análisis de los montos.

Al salir de una reunión del CRUN Gallo dijo que se había resuelto el arancelamiento de los estudios superiores a partir de 1981: los montos serían fijados por el Ministerio, pero las universidades podrían hacer reajustes regionales. El arancelamiento tendría variantes según las carreras y se buscaría desalentar a aquellas que contaban con muchos estudiantes y alentar a otras que el gobierno tenía especial interés en desarrollar. De acuerdo con el ministro Llerena Amadeo, el arancelamiento garantizaba "la igualdad de oportunidades".[56]

---

[54] *La Nación*, 24 abril 1980, p. 8.
[55] *El Día*, 13 mayo 1980, p. 3.
[56] *El Día,* 22 agosto 1980, p. 5.

Varias fueron las voces que salieron a criticar la Ley y el arancel. La mesa directiva de la Unión Nacional de Estudiantes (UNE) presentó una nota con la firma de 1.382 alumnos de treinta universidades públicas y privadas, que afirmaban: "No fuimos protagonistas de la época de la subversión en las universidades, ni tampoco somos responsables". En la carta le solicitaban a Llerena Amadeo: "Que no se aplique el arancelamiento universitario; se concluya con la política de restringir el ingreso mediante los cupos; se impulse la participación del estudiantado; se desarticule la política restrictiva; y se ponga fin al grave deterioro de la infraestructura y al bajo nivel académico". La Federación Universitaria Argentina (FUA) a través de una solicitada, también alzó su voz de protesta por la aplicación del arancelamiento.[57]

En julio de 1980 se realizó una reunión organizada por la Fundación Juan B. Justo donde hablaron Carlos Cossio, profesor universitario en la Facultad de Derecho de la UBA; Ernesto Giúdice, ex dirigente de la Federación Universitaria de Buenos Aires (FUBA) y Carlos Alconada Aramburú, ministro de educación durante el gobierno radical de Arturo Illia.[58] Coincidieron en que la actual Ley Universitaria impedía la libertad de cátedra y la discusión que tradicionalmente se ejercitó como principio de la democracia.

El especialista Héctor Félix Bravo criticó el arancelamiento de los estudios universitarios.[59] Expresó que las autoridades dieron una muestra más de "insensibilidad social" y "desconocimiento de la opinión pública", y que en la práctica el arancelamiento significará el desaliento para seguir estudios superiores, principalmente en aquellos jóvenes procedentes de sectores populares, ya que las becas nunca serían suficientes.

Varios de estos críticos agregaron que tampoco quedaba claro cuál iba a ser el destino de los aranceles. Una de las propuestas era que el 70 por ciento del monto total fuese a un fondo para las universidades y el 30 por ciento se transfiriese al Instituto Nacional de Crédito Educativo (INCE) que coordinaba Guillermo Francos. La mayoría de los rectores se manifestó en desacuerdo con esta idea.

---

[57] *La Nación,* 31 diciembre 1980, p. 6.
[58] *El Día,* 2 julio 1980, p. 3.
[59] *El Día,* 23 agosto 1980, p. 4.

El rector de la Universidad de Cuyo, Pedro Santos Martínez, declaró que "las perspectivas para 1981 no son al parecer muy buenas. No se sabe aún cómo se moverá la universidad, ya que el presupuesto se ha elaborado sobre lo que se tiene, sin pensar en incrementos".[60] El doctor Humberto Riccomi de Rosario dijo: "Hay unanimidad en todos los rectores para que los fondos que se originen en la posible aplicación del arancelamiento, se destinen exclusivamente a las actividades estudiantiles. Yo no estaré un momento más si los fondos del posible arancelamiento se destinan al pago de sueldos".

Del lado de la prensa, un columnista del diario *La Nación* afirmaba que no resultaba "feliz en este instante" imponer o autorizar un arancelamiento, cuyas "consecuencias políticas para el gobierno actual serán francamente negativas y cuyos beneficios, con seguridad, serán muy modestos".[61] De hecho, el ministro y los rectores continuaron advirtiendo que la situación económica era muy grave. En octubre de 1980, Gallo aseguraba que los rectores no sabían cómo pagarían los gastos de los servicios públicos y pensaba que el escaso presupuesto "podía provocar un rebrote subversivo".[62] Gallo estaba preocupado porque si no se revertían a corto plazo las dificultades presupuestarias, sería muy difícil "conducir la universidad" y el "control" podía "escaparse de las manos". Aún así, el presidente del CRUN expresó que, sin desmedro de lo ocurrido en otros niveles de la enseñanza, creía que "lo más coherente del gobierno de Videla" había sido la política universitaria.[63]

Para esos días el propio ministro advertía públicamente que la situación financiera en el ámbito educativo nacional "era crítica" y que la escasez de fondos "era casi total". Luego de estos reclamos, a principios de 1981 se anunció que asumiría la presidencia el general Roberto Viola y cambiaría el titular de la cartera educativa. Unos días antes de dejar el cargo, Llerena Amadeo declaró que la insuficiencia monetaria condicionó su acción, que si bien había solicitado en reiteradas oportunidades que se revisara, el presidente Videla había seguido el criterio de sostener

---

[60] *La Nación,* 31 diciembre 1980, p. 6.
[61] *La Nación,* 30 abril 1980, p. 8.
[62] *El Día,* 23 octubre 1980, p. 4.
[63] *El Día,* 23 octubre 1980, p. 4.

un "presupuesto de mantenimiento", cuando él creía que la educación argentina necesitaba uno "de despegue".

Capítulo 6

La (fallida) "normalización" universitaria

Introducción

El nuevo presidente de facto Roberto Viola, nombró como ministro al ingeniero en telecomunicaciones egresado de la UBA, Carlos Burundarena. Católico y antiperonista, desde julio de 1976 ingresó al Ministerio de Cultura y Educación cumpliendo funciones de interventor en el Consejo Nacional de Educación Técnica (CONET).[1] Recordemos que en 1980 Llerena Amadeo lo había designado rector de la Universidad Tecnológica Nacional. Hemos mencionado también que Burundarena nominó a Raúl C. Roque Cruz (hasta entonces rector de la UN de Centro de la provincia de Buenos Aires) subsecretario de Asuntos Universitarios (cargo al que luego regresó). El secretario de Educación fue Carlos Gil, quien había sido subdirector de la Dirección Nacional de Enseñanza Media y Superior entre 1977 y 1979.

En los siete apartados que siguen analizaremos la gestión del ministro Carlos Burundarena (1981) y en particular el rechazo que seguían manifestando ciertas autoridades sobre algún tipo de participación estudiantil en el gobierno de la universidad. Nos referiremos también a la propuesta realizada por la Fuerza Aérea de homenajear a los rectores por las tareas

---

[1] Burundarena era oriundo de la localidad de Adrogué en la provincia de Buenos Aires. Egresado del "Colegio La Salle", decía que había estado "defendiendo" la Catedral de los "ataques de militantes peronistas" en 1955, lo que le valió entonces unos días de arresto.

de "depuración" llevadas a cabo y finalmente, hablaremos brevemente del proceso de "normalización" del CONICET. En el segundo apartado describiremos el ingreso del último ministro, Cayetano Licciardo (1981-1983), quien debió ratificar y cambiar a un importante grupo de rectores. Además, detallaremos qué ocurrió con la aplicación de la Ley: el arancel, la sanción de los Estatutos y la organización de los concursos docentes. En la cuarta parte realizaremos un balance acerca de la política de cupos y en la quinta plantearemos cómo actuaron los servicios de inteligencia frente a la reorganización del movimiento estudiantil.

En el sexto apartado, desarrollaremos los casos que comenzaron a darse de "rehabilitación" de alumnos que fueron expulsados en 1976, y comentaremos los fallos judiciales a favor de la reincorporación e indemnización de algunos profesores dados de baja por la Ley de Prescindibilidad en 1979 y 1980. Por último, observaremos que Gallo se había convertido en una de las pocas voces que continuaba apoyando públicamente la política universitaria del PRN.

Pretendemos mostrar que los ministros que asumieron a partir de 1981 tuvieron dificultades para aplicar la Ley Universitaria e iniciar el proceso de "normalización" que venían anunciando desde los inicios del PRN. En un clima social, económico y político que había comenzado a cambiar sustancialmente, los estudiantes volvieron a ser los protagonistas de la época, al punto que los servicios de inteligencia aseguraban que estaban en presencia de un resurgimiento del "activismo" análogo al de 1973. Los cuestionamientos hacia la política universitaria fueron una constante de la época: los alumnos se manifestaron contrarios al arancel, el ingreso y los profesores se hicieron oír en relación a la implementación de los concursos docentes. Al mismo tiempo, se escuchaban las últimas voces de apoyo al régimen: un grupo de militares propuso homenajear a los rectores, los servicios arengaban a los rectores para que frenaran el avance del "activismo" y vigilaran la presentación a los concursos de profesores "subversivos", y el presidente del CRUN defendía públicamente lo realizado en materia universitaria.

La participación estudiantil, homenaje a los rectores y "normalización" del CONICET

Recién asumido en abril de 1981 Burundarena dijo que, aunque se arancelaran los estudios universitarios, el presupuesto educativo era "muy escaso" y sólo alcanzaba para pagar salarios. Burundarena se declaraba "confiado" en que el presidente Viola "reconsideraría la Ley de presupuesto", cuestión que no ocurrió. En el medio de una crisis económica aguda y del comienzo de las movilizaciones estudiantiles, la suya fue la gestión más corta del período.

Uno de los puntos de discusión que se retomaron con la Ley después del alejamiento de Llerena Amadeo, fue el de la participación estudiantil. Roque Cruz declaró, con respecto a los estudiantes, que la Ley Universitaria "era clara al respecto" y que había que atenerse a sus términos: la participación no implicaba "participación en el gobierno", sino que se daba fundamentalmente "a nivel del aula, del diálogo con los profesores, jefes de departamento y decanos para solucionar todos los problemas del estudiante".[2] Creía que en el país se había "desvirtuado la participación estudiantil, llevándola a una participación política" y concluía que: "A los claustros universitarios no pueden regresar los que llevaron la universidad al caos y que atentaron contra la universidad y el país. Eso es subversión ideológica y militar, y no podrán retornar, pero fuera de eso, está abierta la posibilidad para todos los que cumplan los requisitos establecidos".

El tema de los alumnos universitarios se redimensionó cuando Burundarena lanzó la frase: "Creo que es importante que haya un poco de ruido y no la paz de los cementerios". Lo dijo en un año donde comenzaron a hacerse visibles las primeras manifestaciones públicas de los alumnos en la mayoría de las universidades del país. En la columna del diario *La Prensa*, Jesús Iglesias Rouco señalaba que ciertos integrantes de la Junta Militar veían con "desagrado" la "voluntad dialoguista" del ministro con los estudiantes universitarios y que esto habría provocado "un aumento de la actividad de grupúsculos marxistas o marxistoides en Buenos Aires

---

[2] *El Día*, 21 agosto 1981, p. 5.

y en el Litoral". Recordaba que las declaraciones iniciales de Burundarena causaron "reacciones en contra de miembros del gabinete nacional".[3] En referencia a unas protestas que organizaron alumnos de la UBA, un columnista de *La Nación* afirmaba preocupado que "hasta el día de hoy" los estudiantes estaban "prácticamente desaparecidos de los claustros y de todo tipo de acción pública". Pero ahora se realineaban, lanzaban declaraciones y anunciaban "su decisión de salir a la calle cuando sea necesario".[4]

Respecto a los rectores, del total de 25, dos terminaban su gestión en 1981: el de Buenos Aires, Lucas Lennon y el de Misiones, Carlos Roko; 19 lo harían en 1982 y 4 en 1983. Para esa época, efectivos de la Fuerza Aérea propusieron realizar un acto de reconocimiento a los rectores de las universidades nacionales, en tanto la mayoría de ellos finalizaba sus mandatos en los primeros meses de 1982.[5] En los fundamentos, los militares explicaban que casi todos los rectores habían "demostrado una gran participación y consubstanciación" con el PRN, al dirigir las altas casas de estudio en "momentos difíciles" de la situación nacional. Muchos habían sido "objetos de amenazas, infundios y atentados personales", pese a lo cual habían continuado "en la tarea de depurar y dirigir" las universidades nacionales. Por estas razones, se imponía "un reconocimiento de las Fuerzas Armadas a la tarea realizada por los rectores", a través de la entrega de un "objeto recordatorio, para dejar testimoniado el agradecimiento a su participación en el logro de los objetivos del PRN". Desconocemos si se hizo o no el acto, pero esta propuesta es ilustrativa del importante rol que los militares le atribuyeron a los rectores de las universidades nacionales.

Después de sancionar la Ley Universitaria, Burundarena "normalizó" el Consejo Nacional de Investigaciones Científicas y Técnicas (CONICET), que había estado intervenido desde 1973 (decreto 200/81).[6] El decreto

---

[3] *La Prensa,* 14 noviembre 1981, p. 8.

[4] *La Nación,* 4 noviembre 1981, p. 8

[5] *Comisión de Asesoramiento Legislativo,* "Reconocimiento a rectores de universidades nacionales", reunión del 4 noviembre 1981, Archivo Fuerza Aérea Argentina.

[6] El CONICET fue creado por decreto 1.291 de 1958. El antecedente inmediato fue el Consejo Nacional de Investigaciones Técnicas y Científicas que había sido fundado por el presidente Juan D. Perón en 1951 (decreto 9.695/51). Los primeros directores fueron nombrados directamente por el Poder Ejecutivo Nacional. La conducción del organismo, de

decía que el CONICET tendría por "misión promover, coordinar y ejecutar investigaciones en el campo de las ciencias puras y aplicadas, dentro del ámbito de su competencia" (art. 1). El artículo 8 modificaba la composición del Directorio, que estaría compuesto por quince miembros, dos serían un representante del Ministerio de Defensa y uno de la Secretaría de Estado de Ciencias y Tecnología del Ministerio, los restantes serían científicos designados por el Poder Ejecutivo: tres por las Ciencias Tecnológicas, dos por cada uno de los siguientes sectores: Ciencias Físico Matemáticas; Ciencias Humanas, Ciencias Médicas, Ciencias Naturales y Ciencias Químicas. No menos de cuatro debían ser directores de Institutos y no menos de tres, residentes en el interior del país, con mandato de tres años.[7]

Los militares creían, de acuerdo al documento *El terrorismo en Argentina*, que este organismo estaba lleno de "marxistas".[8] Según se explicaba, entre 1958 y 1965, fundaciones nacionales y extranjeras en connivencia con el CONICET, "concedían becas a alumnos y graduados marxistas" o que "aceptaban ese adoctrinamiento". Por aplicación de la Ley Universitaria votada en 1958 se iniciaron en 1965 los concursos en todas las cátedras universitarias del país y éstos "coparon" la universidad. En 1966 se produjo la "emigración inicial al exterior" de estos "dirigentes marxistas". Con el nuevo gobierno constitucional de 1973 "regresaron" y junto a los investigadores y profesores que se habían quedado, produjeron la "destrucción más intensa que se conoció de la universidad".[9]

---

acuerdo al decreto fue definida a través de la formación de un directorio compuesto por quince miembros, trece de los cuales eran designados por el Poder Ejecutivo, más un representante de la Junta de Investigaciones Científicas y Experimentación de las Fuerzas Armadas (JICEFA) y uno del Ministerio de Educación. El primer directorio estuvo formado por un representante del Ministerio (Julio César Gancedo), por JICEFA (contraalmirante ingeniero Helio López) y la rama científica incluyó una mayoría de representantes de las ciencias biomédicas, seguido por las ciencias exactas, un solo exponente de las tecnológicas y una ausencia total de las ciencias sociales. *Conicet: ciencia y tecnología para el desarrollo*. Buenos Aires, Edición Nacional Editora & Impresora, 2006, pp. 42 y 45.

[7] Sobre cómo siguió el CONICET después de 1981, ver Bekerman, F., "Investigación científica…".

[8] Poder Ejecutivo Nacional, *El terrorismo en la Argentina,* 30 noviembre 1979, pp. 369-378. Al parecer, hubo varios documentos más con un contenido similar. Por ejemplo, *Marxismo y subversión- ámbito educacional,* publicado por el Estado Mayor General del Ejército, sin año.

[9] A partir de 1974, hubo numerosas cesantías a investigadores sospechados de "subversivos". Fabiana Bekerman contabilizó 679 personas (investigadores, personal de apoyo y becarios)

El organismo venía implementando un programa de "regionalización" del sistema de investigación.[10] Los analistas del período coinciden en señalar que si bien el presupuesto destinado a la Secretaría de Ciencia y Tecnología se incrementó entre 1976 y 1981 para crear "institutos" de investigación dependientes del CONICET, estos fueron en desmedro de la investigación científica que se realizaba en las Universidades.[11]

La aplicación de la Ley (I): arancel

La suerte de Burundarena quedó atada a la del presidente Viola y a fines de 1981 los dos debieron renunciar. Para esos días se conoció que en el transcurso de ese año se había producido otra reducción del presupuesto general, que había pasado del 11,2 estipulado inicialmente al 10,5. Algunos rectores declararon nuevamente que desde el mes de agosto venían "operando en rojo". En diciembre, el ya ex ministro Burundarena salió a denunciar que sin una adecuada partida de dinero no se podían desarrollar con calidad ninguno de los programas previstos y que nadie podía "hacer milagros" con lo que se destinaba a educación. Meses después decía que se habían malinterpretado sus declaraciones sobre la participación estudiantil en las universidades.

Galtieri eligió como ministro de educación al contador público nacional egresado de la Universidad Nacional de La Plata, Cayetano Licciardo, nacido en Ensenada, provincia de Buenos Aires. Desde 1979 era decano de la Facultad de Ciencias Económicas de la UBA y había sido propuesto por Burundarena para ser rector de esa misma casa de

---

que dejaron de pertenecer al Consejo – la mayoría figura que renunció- desde 1976. Bekerman, F., "La expansión de las *research capacities* en tiempos de dictadura: la política de creación de institutos en el CONICET y su impacto en la estructura del sistema científico argentino (1974-1983)", *Estudios 25*, 2011, pp. 121-139.

[10] *La Nación,* 25 marzo 1978, p. 7.

[11] Ver Oteiza, E., (dir.) *La política de investigación científica y tecnológica en Argentina. Historias y perspectivas,* Buenos Aires, CEAL, 1992; Sábato, H., "Sobrevivir en Dictadura: las ciencias sociales y la Universidad de las catacumbas", en Quiroga, H. y Tcach, C. (comps.), *A veinte años del golpe. Con memoria democrática,* Rosario, Homo Sapiens Ediciones, 1996; Weinberg, G., "Aspectos del vaciamiento de la universidad argentina durante los regímenes militares recientes", *Universidad y política en América Latina.* México, UNAM, 1987.

estudio, cargo que rechazó.[12] Con el objetivo de recortar los "gastos", en marzo de 1981 el Ejecutivo dictó una Ley de Ministerios que eliminó las Secretarías de las 13 carteras. Un tiempo después, en enero de 1982, Galtieri dio a conocer una nueva Ley de Ministerios (N° 22.520), por la cual la Subsecretaría de Ciencia y Tecnología y el CONICET pasaban a depender de la Secretaría de Planeamiento bajo las órdenes de presidencia. De esta manera, estas dos dependencias y el único organismo de Ciencia, habían dejado de pertenecer al Ministerio de Cultura y Educación. Dentro del Ministerio se suprimieron, entre otras, la Subsecretaría de Asuntos Universitarios, lo que significaba que los rectores debían tratar directamente con el ministro o con el subsecretario de Educación.

A la consulta acerca del presupuesto destinado al área, Licciardo dijo que había que ver si era que el dinero no alcanzaba o "nosotros no sabemos arreglarnos con lo que tenemos". Expresó que "había que agotar todas las posibilidades de gastar bien" y que se pondría a investigar qué se estaba haciendo. La primera medida que tomó fue la designación del abogado Alberto Rodríguez Varela al frente del rectorado de la UBA. Rodríguez Varela había sido decano de la Facultad de Derecho de la UBA, hasta que en época del presidente Lanusse debió renunciar, después de haber pasado "momentos penosos y francamente tremendos" en esa dependencia, según decía, debido a la "subversión". Estaba altamente comprometido con el proyecto dictatorial y, ya mencionamos, había sido ministro de Justicia de Videla y ex fiscal de Estado del gobernador Saint Jean en la provincia de Buenos Aires.

Igual que cuando asumió el rector Lennon, desde *La Nación* se esperaba que con este nombramiento, los problemas que solían existir entre un rector de la UBA, el ministro, el presidente de facto de turno y los demás rectores, se terminaran. El editorialista señalaba que siempre existió una "hostilidad latente" entre la UBA y el resto de las universidades del país y por eso ningún rector de esa casa de estudio había llegado a presidir

---

[12] Licciardo era militante activo de la Acción Católica Argentina, se inició en la administración pública en 1947 como contador fiscal de la Nación y dos años después pasó a desempeñarse como jefe de la Oficina de Contabilidad del Presupuesto. Fue subsecretario de Hacienda entre 1962 y 1963, director nacional y subsecretario de Presupuesto de 1966 a 1968, director del Banco Central en 1971, y ministro de Hacienda y Finanzas durante la presidencia del general Agustín Lanusse (1971 -1972).

el CRUN. En más de una ocasión, aseguraba, el representante de la UBA "prefirió no concurrir a las sesiones".[13] En la intimidad de los despachos, desde hacía lustros, decía, había sido posible escuchar que los problemas organizativos, presupuestarios y pedagógicos de la UBA tenían "características muy diferentes de los de otras casas". Además, como desde 1978 prácticamente no habían funcionado los cuerpos colegiados (Asamblea y Consejo Superior), la distancia entre el rector y el resto de los delegados de las Facultades se había agravado, lo que hacía "más difícil la conducción de una universidad de ese tamaño".

A principios de 1982, el ministro Licciardo optó por prolongar la mayoría de los mandatos y en agosto firmó un decreto que reemplazaba a algunos rectores. En Catamarca: ingeniero agrónomo Guillermo Oscar Martín; Comahue: ingeniero hidráulico y civil Honorio Añon Suárez; Córdoba: se nombró transitoriamente a Carlos A. Luque Colombres y luego a Carlos Alberto Morra; La Pampa: contador público nacional José Ariel Nuñez; Salta: contador público nacional Gustavo Enrique Wierna; San Luis: el profesor de la UN de Cuyo, el militante católico Dennis Félix Cardozo Biritos. En diciembre de 1982 se designó rector de la UBA a Carlos Segovia Fernández.

Fueron ratificados por tres años más (y continuaron hasta fines de 1983) los rectores de Entre Ríos: Luis Alberto Barnada; Jujuy: Salvador Cosentini; Lomas de Zamora: Carlos María Storni; Mar del Plata, José Angel Alvarez; Nordeste: Héctor Enrique Tamburini; Misiones: Carlos Alberto Roko; Río Cuarto: Milán Jorge Dimitri; San Juan: Eduardo Mario Caputo; Ariel Domingo Alvarez Valdes; Sur: Ricardo Enrique Bara; Tucumán: Carlos Raúl Landa; Tecnológica: Roberto Guillán. En el Sur, a principios de 1983 Bara renunció y le siguieron el ingeniero Oscar Andrés y el licenciado Carlos Robledo.[14]

El primer discurso de Licciardo fue objeto de críticas por parte de la prensa. En una nota se afirmaba que el ministro había dicho generalidades y que no había hecho mención a "los actuales problemas de la universidad": el presupuesto, los deficientes exámenes de ingreso, los cupos cerrados de admisión, la existencia de casas hiper e hipodimensionadas

---

[13] *La Nación*, 31 diciembre 1981, p. 8.
[14] Tedesco, M. C., "La universidad…".

y el reconocimiento de competencias y atribuciones profesionales sobre carreras nuevas, "por no citar sino algunas pocas y difíciles cuestiones".[15]

Hacia el final del período, ciertos rectores admitían que tenían dificultades con el cobro del arancel. Hablando del caso de la UN de La Plata, Gallo explicó que los alumnos estaban abonando los aranceles muy por debajo de los cálculos previstos y esto le generaba varios inconvenientes, porque con lo percibido debía financiar los créditos educativos, la concesión de 825 becas, los compromisos con la obra social provincial IOMA y la Caja de Ahorros que cubría los seguros de vida y por accidente del personal universitario.[16] El problema, según Gallo, era que la Universidad no tenía "cláusulas punitivas" como otras universidades y por eso, los estudiantes "especulaban un poco con los pagos", aunque el que no abonaba, no tenía derecho a rendir los exámenes. Aclaraba también que con el cobro del arancel se habían realizado "más de 3.000 excepciones".

Sumado a esto, las universidades seguían con los mismos problemas presupuestarios de siempre. Inclusive, Gallo había expresado que iba a proponer "suprimir los cursos de ingreso" en la Universidad "por el alto costo que demandaban".[17] En su reemplazo, buscaba "vender a los aspirantes las respectivas guías de estudios" y de ese modo, "se destinaría lo que costaran estos cursos al equipamiento de las distintas Facultades". Estas declaraciones del rector y presidente del CRUN fueron calificadas por el ministro Licciardo de "desatinadas". En noviembre Gallo dio a conocer los topes de los aranceles para 1982.[18]

La aplicación de la Ley (II): concursos

Recordemos que la Ley Universitaria de 1980 había dispuesto que se sancionaran los nuevos Estatutos de las casas de estudio 120 días después de su publicación, pero ningún rector lo hizo. Recién entre 1982 y 1983 se aprobaron en tiempo récord varias de estas normas con la

---

[15] *La Nación,* 6 enero 1982, p. 8.
[16] *El Día,* 12 septiembre 1982, p. 5.
[17] *La Nación,* 24 febrero 1982, p. 8.
[18] *El Día,* 7 noviembre 1981, p. 1.

finalidad de encarar la "normalización" definitiva con la organización de los concursos docentes.

Acerca de los concursos, en la UN de La Plata el 16 de julio se dio a conocer la ordenanza N° 140 y su reglamentación para instrumentar el llamado a concurso con el fin de cubrir los cargos docentes afectados a cátedras y otras funciones que estuvieran vacantes o cubiertas interinamente.[19] En septiembre de 1982, la Sociedad de Arquitectos de La Plata hizo conocer su posición respecto a los concursos que se realizarían en breve en esa universidad y que sintetizaban las posiciones de los afectados:

> "Visto el espíritu del reglamento general de los llamados concursos, se desprende claramente la actitud no democrática y no tradicionalmente universitaria de los mecanismos implementados, ya que los mismos establecían la decisión unipersonal de las actuales autoridades universitarias para la designación definitiva de los postulantes, en evidente contradicción con los principios éticos de un concurso. Una vez más nos vemos comprometidos a exigir la plena vigencia del estado de derecho. Llamamos a las demás organizaciones profesionales, estudiantiles y a las fuerzas políticas a unirse en nuestra voz para reclamar por la impugnación de los llamados a concursos en el marco actual de las Facultades".[20]

En un reportaje que buscaba contestar los cuestionamientos realizados, Gallo admitió que según los Estatutos, el decano podía reveer lo dispuesto por el jurado de los concursos, pues tenía "potestad absoluta para decidir", pero que "siempre" había sido así porque la Ley le otorgaba esas atribuciones desde 1980.[21] Si bien el decano trabajaba conjuntamente con un "consejo asesor", éste no tenía poder de decisión.

En octubre, una treintena de profesores de distintas Facultades de la UN de La Plata dirigió una carta al rector Gallo donde volvían a hacer referencia a los concursos. Allí señalaban que:

---

[19] *El Día,* 17 julio 1982, p. 1.
[20] *El Día,* 2 septiembre 1982, p. 7.
[21] *El Día,* 12 septiembre 1982, p. 5.

"El mejor servicio que se puede prestar a la universidad, es dejar que se hundan en el abismo del pasado las fórmulas rígidas derivadas del autoritarismo, la supresión de los claustros a partir de 1966 y su reemplazo por órganos burocráticos, son creaciones postizas, que niegan la armonía de las fuerzas que constituyen el ideal universitario y desvirtúan la formal legalidad de cualquier concurso (…) La Ley orgánica de la llamada universidad argentina (22.207) (…) la unilateralidad mental que la dictó está fundada en la convicción que nace de la ilusión, del mando y el dogma de obediencia. El fundamento de nuestra prevención está en la misma organización que la Ley le da a la universidad, en su régimen de transición (art.77) que concentra en órganos unipersonales, Ministro, rector y decano, funciones propias de Asambleas o Consejos, y sólo éstos titulares son los que designan jurados y profesores, valorando por sí y ante sí cuándo un concursante tiene las calidades de 'integridad moral' o le falta 'identificación con los valores de la Nación'. Esta concepción se extiende hasta en los meros aspectos instrumentales, como los formularios de presentación de los concursos donde se consigna que el firmante declara conocer y aceptar, no sólo las disposiciones legales, sino también las reglamentarias que no se hicieron públicas, transformándola en una mera cláusula de adhesión". [22]

Concluían que todas las condiciones requeridas en el Estatuto (art. 15), "las prolijas clasificaciones, las pretendidas asepsias ideológicas y el arsenal reglamentario", estaban destinados a consolidar un cuerpo docente más allá del plazo de duración del régimen. El concurso, recordaban, era la "genuina expresión de la Reforma de 1918", debía ser "el medio más idóneo para acceder a la Cátedra" y "seleccionar a los mejores".

En la UBA se denunciaban cuestiones similares en tanto el Estatuto disponía que el rector tendría en sus manos todas las decisiones: designación de los jurados, régimen de los concursos y aprobación o rechazo de sus resultados.[23] En la revista *Perspectiva Universitaria* salieron publicados decenas de pedidos de distintas personas y organizaciones, para que se suspendiesen los concursos en todo el país. Entre los solicitantes estaban: los ex ministros Pedro J. Arrighi y Carlos Alconada Aramburú, referentes de la Multipartidaria y agrupaciones estudiantiles (comunistas,

---

[22] *El Día*, 3 octubre 1982, p. 5.
[23] Editorial "Nuevos impactos contra la universidad: Estatuto-Ingreso-Concursos", *PU,* N° 10, mayo 1982, p. 8.

peronistas y radicales), los ex rectores Emilio F. Mignone, Alberto Constantini e Hilario Fernández Long y el ex subsecretario Antonio Salonia.[24]

Sin hacer caso a estas declaraciones, desde febrero de 1983 el rector Gallo, conforme hizo el resto de los rectores, publicaba los nombres completos de las designaciones de los profesores que habían ganado los concursos, "atento a las propuestas formuladas por los decanos de las respectivas Facultades y a los dictámenes de las Comisiones de Interpretación y Reglamento y de Enseñanza".[25]

Simultáneamente, profesores de la Facultad de Derecho y Ciencias Sociales de la UBA lograron que un juez en lo contencioso administrativo de la Capital Federal firmara una resolución que disponía la suspensión de los concursos convocados para la designación de 22 profesores ordinarios adjuntos de la carrera de abogacía.[26] Otro abogado demandó a esa universidad por "inconstitucionalidad y nulidad de la resolución que reglamentaba los concursos que se realizaban en la UBA". Afirmaba que el objetivo de los concursos era "conseguir la ratificación por siete años de aquellos que fueron designados interinamente por las actuales autoridades universitarias a partir de 1976".

En otras universidades como La Plata se realizaron pedidos parecidos ante los Juzgados Federales. Por ejemplo, un profesor de la Facultad de Arquitectura y Urbanismo de La Plata inició una acción de amparo ante el Juzgado Federal N° 2, contra la resolución recaída en el concurso realizado para cubrir la cátedra de "Estructuras I". El accionante se había presentado oportunamente al mencionado concurso, siendo el único aspirante con una antigüedad de 8 años en la cátedra como titular.[27] En apoyo de su acción, el damnificado invocaba la inconstitucionalidad de la ordenanza N° 140 que reglamentaba los concursos, por considerarla "lesiva a los derechos y garantías expresamente amparados por la Constitución Nacional". Expresaba que el jurado del concurso "emitió su dictamen carente de toda evaluación objetiva y equitativa, al amparo

---

[24] "Pronunciamientos sobre concursos: Concursos universitarios o las triquiñuelas del continuismo", *PU*, N° 11/12, diciembre 1982/enero 1983, pp. 75-142.

[25] *El Día*, 6 febrero 1983, p. 7; *El Día*, 5 marzo 1983, p. 5; *El Día*, 7 agosto 1983, p. 9.

[26] *El Día*, 10 abril 1983, p. 3.

[27] *El Día*, 18 junio 1983, p. 5.

de ordenanzas inconstitucionales que protegían la ilegitimidad y la arbitrariedad".

En esos días un abogado, ex diputado nacional y profesor de "Derecho Constitucional" en las universidades de Buenos Aires y La Plata, presentó una nota al decano de la Facultad de Derecho de La Plata, impugnando los concursos universitarios que se realizaban en esa Facultad.[28] Sostenía que los concursos de profesores abiertos hasta el 19 de agosto último eran "ilegítimos e inoportunos" y que la ilegitimidad devenía de una Ley Universitaria que, al eliminar al estudiante de sus órganos, era "contraria al más elemental concepto de universidad en la que deben de ser sus protagonistas los profesores y alumnos". También un médico veterinario impugnó el dictamen del jurado en el concurso de profesor titular de "Medicina Operatoria" en la Facultad de Ciencias Veterinarias de La Plata.[29]

En algunas universidades como la del Nordeste, los servicios de inteligencia de la Gendarmería Nacional seguían de cerca el desarrollo de los concursos. Le pidieron al rectorado que informaran con nombre, apellido y número de documento, qué profesores se estaban presentando a los concursos y quiénes los habían ganado, porque tenían información que "profesores de izquierda ocuparían los cargos" que se estaban cubriendo.[30] En otro informe, la Gendarmería había hecho un listado de los antecedentes de profesores de la universidad, informando que uno estaba sindicado "como posible activista en la Facultad donde cursaba", y otro era "odontólogo y abogado recientemente recibido y cabeza visible del Frente de Izquierda Popular", que imprimió y difundió "un panfleto formulando acusaciones en contra de la comisión directiva del Colegio de Odontólogos".[31] En ese mismo documento, se explicaba que la Policía Federal le había pedido a Gendarmería una investigación en referencia a la "nómina de jurados de los concursos de antecedentes" y "nómina de postulantes". Deseaban saber "antecedentes policiales, judiciales

---

[28] *El Día,* 26 agosto 1983, p. 7.

[29] *El Día,* 8 junio 1983, p. 5.

[30] Documentación producida por la Gendarmería Nacional, consultada en la Dirección Nacional de Derechos Humanos del Ministerio de Seguridad, Corrientes, 16 febrero 1982.

[31] Documentación producida por la Gendarmería Nacional, consultada en la Dirección Nacional de Derechos Humanos del Ministerio de Seguridad, Corrientes 14 diciembre 1982.

e ideológicos de los causantes, asimismo de sus cónyuges y familiares directos".[32]

Balance sobre la política de cupo

En este apartado haremos un breve balance sobre el cupo, es decir, cómo fue variando entre 1976 y 1983 y a qué universidades afectó más. Hemos visto que el cupo nacional fue bajando durante los primeros años: a fines de 1977 el ministro Catalán lo redujo un 24 por ciento, quedando en 68.742 plazas; en 1978 fue de 52.372 y en 1979 de 50.845.[33] Entre 1980 y 1981 casi no se modificó (50.402 y 50.644 respectivamente, sin la UN de Luján) y acorde a los nuevos tiempos, en 1982 el cupo aumentó a 56.506 vacantes y en 1983 se incrementó un poco más. De todos modos, teniendo en cuenta que en el año 1973 entraron alrededor de 100.000 aspirantes y el año del ingreso irrestricto, 1974, fueron aproximadamente 128.000, la pérdida de ingresantes resultó considerable.

Del conjunto de universidades, el cupo afectó sobre todo a las grandes.[34] En la UBA, a fines de 1979 se aseguraba que sólo uno de cada cuatro aspirantes ingresaría luego de haber aprobado los exámenes.[35] Ese año hubo 42.235 interesados y el cupo fue de 9.805 plazas.[36] En algunas

---

[32] Documentación producida por la Gendarmería Nacional, consultada en la Dirección Nacional de Derechos Humanos del Ministerio de Seguridad, Corrientes 14 diciembre 1982.

[33] Existe una diferencia entre los números que presenta el investigador Pérez Lindo con nuestras cifras, extractadas de los diarios. Pérez Lindo presenta una tabla basada en cifras del CRUN, que titula "Nuevos inscriptos en las universidades nacionales", pero el autor en realidad transcribe las cifras del cupo estipulado por el Ministerio, ya que los "inscriptos" fueron muchos más. Entre 1977 y 1979 Pérez Lindo transcribe los siguientes números: 43.924 (1977); 48.623 (1978) y 48.767 (1979). En base al caso de la UN de La Plata que conocemos mejor, podemos afirmar que estas divergencias se deben a que el CRUN tenía los datos de los alumnos que efectivamente ingresaron aprobando el examen. En el año 1977, por ejemplo, el cupo para la UNLP fue de 7.796, pero Pérez Lindo copia 4.930, cifra que se aproxima más al número de alumnos que realmente entró ese año, que fueron unos 4.192. Ver Pérez Lindo, A. *Universidad, política…*, pp. 168 y 178.

[34] Una reflexión en este sentido está en Cano, D., *La educación Superior en Argentina.* Texto preparado por la Facultad Latinoamericana de Ciencias Sociales (FLACSO), Programa Buenos Aires, Caracas, CRESALC/UNESCO, 1985.

[35] *La Nación,* 28 diciembre 1979, p. 7.

[36] *La Nación*, 13 febrero 1980, p. 9.

Facultades el desequilibrio fue más notorio, por ejemplo en 1983, el número de inscriptos y la cantidad de vacantes fueron para las Facultades de Ciencias Veterinarias 1.248 y 400; Ciencias Económicas: 6.700 y 1.300; Farmacia y Bioquímica: 2.639 y 400; Filosofía y Letras: 2.939 y 800; Medicina: 8.506 y 800; Odontología: 1.068 y 400; Psicología: 2.505 y 230; Sociología 449 y 150.[37] En la Universidad de Rosario, en 1982 se inscribieron 8 mil personas, se presentaron 5700, aprobaron 3100 y hubo un cupo de 2400 bancos, es decir, quedaron más de 1100 alumnos – de los que salieron bien en el examen- sin poder entrar.[38]

Invirtiendo el argumento, para ciertos periodistas el "problema de las vacantes" se daba en las universidades del interior, adonde su número generalmente "superaba con amplitud al de los aspirantes y con sólo superar los requisitos mínimos, el alumno ingresaba".[39] En relación con esto, otros investigadores han señalado que si bien las vacantes en las universidades ubicadas en los grandes centros urbanos tendió a disminuir durante los primeros años (Buenos Aires, Rosario, La Plata, Córdoba y Cuyo), en universidades como Comahue, Patagonia, La Pampa y del Sur fue aumentando año tras año en un intento de la dirigencia dictatorial de "desviar" la matrícula hacia las casas de estudio más chicas.[40]

Para comprender mejor lo ocurrido en las universidades más perjudicadas, nos detendremos a analizar con más detalle el caso de la UN de La Plata. Habíamos mencionado que el sistema de cupos fue implementado desde la gestión de Oscar Ivanissevich. Así pues, los cupos eran de: 13.200 (en 1975), 10.510 (1976), 8.376 (1977), 4.510 (1978), 4.290 (1979), 4.220 (1980), 4.330 (1981), 4.389 (1982); y 4.896 (1983). Entre 1975 y 1977, el número de inscriptos fue menor o ligeramente igual que el cupo: 8.657 inscriptos (1975); 10.691 (1976); 5.084 (1977).[41] El único año de la serie que tuvo ingreso irrestricto, 1974, se anotaron en la UNLP alrededor de 14 mil jóvenes. Como podemos observar, el descenso

---

[37] *La Nación*, 23 marzo 1983, p. 8.
[38] Águila, G., *Dictadura, represión…*, p. 315.
[39] *La Nación*, 9 diciembre 1981, p. 8.
[40] Tedesco, M. C., "La universidad…".
[41] Todas las cifras fueron publicadas en el diario *El Día* de La Plata. Para conocer el análisis más detallado y las tablas completas, ver Rodríguez L. G. y Soprano, G., "Las políticas de acceso a la Universidad…".

abrupto de las vacantes se dio en 1978 (y el número de inscriptos de 1977 fue el más bajo de la década). De acuerdo con Gallo, se intentó adecuar el cupo "a las necesidades de la Universidad de La Plata" reduciendo el número en relación con el de ingresantes reales. En su opinión, gracias a este ajuste "la deserción de estudiantes en las carreras comenzó a ser menor". Siguiendo el razonamiento de Gallo, en 1977 los aspirantes que aprobaron los exámenes de ingreso fueron 4.192 (pero el cupo se había fijado en 8.376). En base a esta cifra se impuso el cupo para 1978 en 4.510 y los que pasaron las pruebas fueron menos que el año anterior, 3.541. Resumiendo, entre 1978 y 1983 el cupo se mantuvo en alrededor de 4 mil bancos, el número de inscriptos estuvo entre los 8 mil; en tanto que se presentaban a rendir el día del examen de ingreso unos 4 mil aspirantes, de los cuales 3 mil quinientos resultaban aprobados. En suma, se desalentó el ingreso directo de más de 4 mil inscriptos y de 10 mil si tomamos como referencia los 14 mil que se inscribieron en 1974 con el sistema de ingreso irrestricto.

Acabamos de ver que en la UN de La Plata el número de aprobados fue menor al cupo total, pero igual que en otras universidades, el cupo impactó de manera distinta en las Facultades y carreras. En Medicina, la diferencia entre cupo e inscriptos fue la más alta de toda la universidad entre 1978 y 1983. En 1975 fue de 2.000 (cupo) y 1.860 (inscriptos); en 1976 de 2.000 y 1.591; en 1977 de 1.410 y 1.413. Pero en 1978 hubo 700 (cupo) y 1.909 (inscriptos); en 1979 de 600 y 2.185; en 1980 de 550 y 1.914; en 1981 de 500 y 1.907; en 1982 de 270 y 1.851. En 1983 el cupo subió a 450. Una evolución equivalente se registró en otras carreras tradicionales como Abogacía, aunque con un poco menos de aspirantes.

Gallo afirmaba que al disminuir los cupos correspondientes a las "carreras tradicionales" se acrecentaría positivamente el de la Facultad de Ingeniería, esto es, se incrementaría el acceso a las "carreras científicas y tecnológicas". A contramano con estas declaraciones, si se observa la evolución en esta última unidad académica se verifica que el cupo en 1977 fue de 1.210 y al año siguiente, en vez de mantenerse para estimular el ingreso a esa Facultad, se lo bajó abruptamente a 590. Desde

1978, el número de aspirantes siempre fue mayor al de las vacantes dispuestas por Gallo.

Lo cierto fue que desde 1979, Gallo destinó el cupo más alto de toda la Universidad para la Facultad de Humanidades y Ciencias de la Educación. El rector justificó este aumento explicando que existían numerosos "licenciados" que ocupaban cargos docentes y que no tenían formación pedagógica; en consecuencia, pretendía orientar la matrícula de esa Facultad para favorecer el crecimiento de los Profesorados en Historia, Geografía, Filosofía y Letras, por encima de las Licenciaturas. El resultado de esta decisión fue que entre 1979 y 1982 esa Facultad tuvo el mayor número de vacantes de toda la UNLP (720 en 1979; 750 en 1980; 720 en 1981; 688 en 1982), aún cuando la cantidad de aspirantes a los profesorados se mantuvo siempre por debajo de los cupos asignados, con la excepción de la carrera de Educación Física. Recién en 1983 el cupo más alto fue para la Facultad de Ingeniería (800), mientras que Humanidades tuvo 775 plazas.

En síntesis, el caso de La Plata muestra las incoherencias entre el discurso oficial y las políticas que efectivamente se aplicaban, y la falta de eficacia en el intento de desalentar o "desviar la matrícula" hacia las carreras no tradicionales.

Los servicios de inteligencia y el rebrote del "activismo estudiantil" o la vuelta al '73

Como ya relatamos, con la "normalización" volvió el tema de la participación estudiantil. En 1982, Gallo habló de los centros de estudiantes, afirmando que no tenía inconvenientes en que se integraran, siempre que funcionaran por fuera de las Facultades y no utilizaran ningún espacio físico de la universidad.[42] Con esa condición, los alumnos podían hacer asambleas, elegir autoridades y gestionar el reconocimiento como Personas Jurídicas, entre otras acciones. En los Estatutos aprobados se daban mayores precisiones sobre el lugar de los alumnos

---

[42] *El Día,* 12 septiembre 1982, p. 5.

en la universidad. Por ejemplo, en el Estatuto de la UN de La Plata se estipulaba la creación de las Secretarías de Asuntos Estudiantiles que tendrían a su cargo: canalizar las inquietudes, peticiones y sugerencias de los alumnos; informar con respecto a los asuntos estudiantiles y en coordinación con los organismos específicos; participar en los servicios de orientación vocacional, asesoramiento pedagógico, asistencia médica, integración cultural, educación física y deportiva, recreación y demás servicios de bienestar y asistencia estudiantil.[43] A pesar de la poca predisposición de las autoridades, a lo largo de 1982 y 1983 se realizaron elecciones de los centros de estudiantes en distintas universidades.

Los servicios de inteligencia en el ámbito educativo– a cargo del coronel Agustín Valladares, jefe de la Asesoría de Comunicación Social- se reunían periódicamente con los rectores del CRUN para alertarlos acerca del peligro que los centros de estudiantes volviesen a reorganizarse. Por ejemplo, el 29 de septiembre de 1982 estuvieron los rectores de la UBA, Rosario, La Plata y el subsecretario de educación con el coronel Valladares para hablar del "activismo estudiantil en las universidades".[44] Luego de la exposición de los tres rectores sobre la situación en cada una de las casas de estudio, coincidieron en que el "activismo de izquierda" era mayor en Rosario y que la "neutralización del activismo estudiantil" debía ejercerse "acorde con las particularidades de cada Facultad". Concluían que las "universidades líderes (UBA, Córdoba, Rosario, La Plata, Tucumán y la Universidad Tecnológica Nacional)" debían orientar a las restantes en las acciones a seguir.

En otra reunión Valladares presentó el detalle de doce agrupaciones estudiantiles, las tendencias políticas a las que respondían y cómo actuaban en la Federación Universitaria Argentina y la "Federación de la Universidad Tecnológica".[45] Explicó que la "evolución de la agitación

---

[43] El 2 de junio de 1982 fue aprobado en por decreto N° 1.086/82 del Poder Ejecutivo Nacional y publicado en el *Boletín Oficial* el Estatuto de la Universidad de La Plata, que contenía 133 artículos que reglamentaban distintos aspectos del desenvolvimiento de la universidad.

[44] "Informe periódico", 30 septiembre 1982, Archivo Fuerza Aérea.

[45] "Exposición de la Asesoría de Comunicación Social acerca del accionar de la oposición política y del oponente subversivo sobre el sector estratégico educativo". 7 octubre 1982, consultado en Archivo de la Fuerza Aérea. A mediados de 1982, Valladares también hizo una exposición sobre la "evolución de la situación de Inteligencia" en el nivel primario y secundario y habló de la situación de los docentes que fueron declarados prescindidos en

subversiva en las universidades" operaba "con sectores intelectuales para transformar las universidades en verdaderos cuarteles de la subversión como en 1973". Concluía que se debía "activar el tono moral de los docentes" y llamaba a "proteger los logros de la dictadura de funcionarios o docentes" que pretendiesen "transgredirlos".[46]

Por su parte, las autoridades de la UN de Rosario informaron en varias oportunidades a los servicios de inteligencia de la Fuerza Aérea cuáles eran las agrupaciones que estaban activas y cómo habían sido los resultados de las elecciones realizadas entre septiembre y octubre de 1982 en varias Facultades. Al informe le agregaban recortes del diario local sobre los comicios.[47] El rector Riccomi había dado a conocer en otra reunión del CRUN con el coronel Valladares (7 octubre 1982) "los cursos de acción que su gestión ha adoptado en Rosario para controlar la actividad estudiantil en sus diversas expresiones, como ser: constitución de centros estudiantiles, intento de asambleas, votaciones, toma de Facultades, etc".[48]

En esa Asamblea del CRUN, Valladares había pronunciado un extenso discurso donde resumía cómo se había ido incrementando el "activismo estudiantil". Concluía que los rectores no podían dejar de aplicar las dos medidas básicas del PRN formuladas en el Acta constitutiva del 24 de marzo de 1976: "la fijación de una política basada en la disciplina y con un contenido nacional y cristiano, y la supresión de toda actividad política partidista en todos los niveles de la educación".[49] Por ello, instaba a los rectores a "aplicar con la mayor urgencia e intensidad todas las medidas de orden y disciplina que estén en nuestras manos, a efectos de proteger a nuestros adolescentes y a nuestros jóvenes, para que no

---

1976 y que aspiraban a reincorporarse a la planta docente al haberse cumplido el plazo legal. Consejo Federal de Educación, *III Asamblea Extraordinaria y VI Asamblea Ordinaria*. Buenos Aires, CendiE, 1983.

[46] Idem.

[47] "De acuerdo a los solicitado en COMESIN N° 21162, de fecha 3 noviembre 1982, adjunto elevo en devolución informes remitidos por la Universidad Nacional de Rosario, Archivo Fuerza Aérea.

[48] "Activismo estudiantil en las Universidades Nacionales", Archivo Fuerza Aérea.

[49] "Exposición de la Asesoría de Comunicación social acerca del accionar de la oposición política y del oponente subversivo sobre el sector estratégico educativo", Conferencia pronunciada ante el CRUN, en la Asamblea del 7 de Octubre de 1982, Archivo Fuerza Aérea.

sean el real y primer propósito de la captación por parte de la subversión apátrida". Al final, presentaba una serie de Anexos. En uno de ellos, mostraba un esquema adonde estaban los nombres y ramificaciones de todas las agrupaciones estudiantiles. Según su conocimiento, del Partido Justicialista sólo actuaban la Juventud Universitaria Nacional (JUN-Línea J. M. de Rosas) y el Frente Peronista Universitario (FREPU).

El coronel Valladares preparó además varios informes de inteligencia y los firmaba como "asesor de Gabinete" en hojas con membrete del Ministerio de Cultura y Educación. Estaban dirigidos al Delegado Militar de la Fuerza Aérea, comodoro Adolfo J. Saint Martín. En un Parte de Inteligencia llamado "Activismo en el ámbito educativo", detallaba las actividades en las distintas Facultades de la UBA, donde decía, por ejemplo, que en la Facultad de Filosofía y Letras integrantes de la "Comisión Reorganizadora del Centro de Estudiantes de Filosofía y Letras" (CRECEFYL) arrojaron en el interior de la misma "panfletos en los que se instaba al alumnado a concurrir el 22 a la Plaza de Mayo.[50] Sobre la UN de Rosario informaba que en el patio interno de la Facultad de Derecho se llevó a cabo una asamblea estudiantil con el objeto de diagramar "la mecánica de las futuras elecciones de autoridades del centro de estudiantes, las que se realizaron el 28 septiembre 1982". De la UN del Litoral se comunicaba que integrantes del centro de estudiantes de Derecho realizaron una reunión con 150 estudiantes presentes y que habían pedido: suspensión de los concursos docentes, reconocimiento de los centros, reincorporación de docentes limitados y prescindidos, anulación de la Ley Universitaria, reimplantación del cogobierno universitario, retiro del personal de seguridad de las Facultades y apoyo a las organizaciones de solidaridad en el tema "desaparecidos". Agregaba que se habían producido "tres hechos significativos": la reaparición de FAUDI, del Movimiento Peronista Montonero y del dirigente Hugo Bellini del Partido Comunista, quien estaba denunciando la situación de la Universidad Tecnológica Nacional. Conforme se hacía en otros Partes, se anexaban recortes de diarios y propagandas de las distintas agrupaciones estudiantiles. En otro informe Valladares denunció el contenido de un petitorio que se entregó

---

[50] "Activismo en el ámbito educativo", Parte de Inteligencia 20/82, Archivo Fuerza Aérea.

en la Facultad de Ciencias Exactas de la UBA y acerca de los sucesos ocurridos en la carrera de Psicología.[51]

Las reincorporaciones de profesores y las rehabilitaciones de alumnos

En la UN del Nordeste, el Ejército comunicó al jefe del escuadrón de Gendarmería Nacional el listado de bajas y rehabilitaciones que había dispuesto el Ministerio de Cultura y Educación en marzo de 1981. En la nómina estaban profesores de distintas universidades nacionales: Nordeste, Entre Ríos, Rosario y Litoral, que habían sido dados de baja entre 1979 y 1980.[52] En 1981 comenzaron presentarse ante el Poder Judicial los casos de los estudiantes que habían sido expulsados en 1976 por el término de cinco años. Igual que con los profesores, ciertos expedientes fueron revisados y se reincorporaron a los alumnos, como en la UN de Cuyo.[53] De todos modos, el jefe de los servicios de inteligencia en el ámbito educativo, Valladares, sugería que se reincorporasen solo a aquellos alumnos "cuyos antecedentes ideológicos no fuesen urticantes".[54]

Algunos reclamos relacionados con la aplicación de la Ley de Prescindibilidad también fueron atendidos por la Justicia, por lo menos en algunas universidades y desde 1979. En la UN de La Plata hubo fallos judiciales que obligaron al rector Gallo, en tanto representante legal de esa casa, a reincorporar y/o indemnizar a profesores afectados. De forma

---

[51] "Entrega de un petitorio en la Facultad de Ciencias Exactas", Parte de Información N° 19/82, Archivo Fuerza Aérea.

[52] "Objeto: comunicar bajas y rehabilitaciones", Corrientes, Marzo 1981, Documentación producida por el Ejército Argentino, consultada en la Dirección Nacional de Derechos Humanos del Ministerio de Seguridad.

[53] En la UN de Cuyo un grupo de alrededor de 19 alumnos declararon en la prensa sus intenciones de pedir la reincorporación. *Clarín,* 11 abril 1982. El militante del Partido Comunista, Roberto Vélez, fue uno de los que la solicitó y le fue otorgada en 1982. Sobre todas las instancias por las que atravesó el trámite, ver Vélez, R., *La Universidad Nacional de Cuyo...,*. pp. 232 y ss.

[54] "Situación del tema vinculado a la posible reincorporación a las universidades nacionales de los alumnos que fueron expulsados y/o suspendidos definitivamente a partir de 24 de marzo de 1976 por los interventores militares", Archivo Fuerza Aérea.

similar, empleados de la administración pública provincial o municipal elevaron los mismos reclamos y hubo dictámenes que fueron favorables a los denunciantes.[55]

Por ejemplo, a fines de abril de 1979 la Corte Suprema de Justicia de la Nación confirmó un fallo de la sala II de la Cámara Federal de Apelaciones de La Plata que hizo lugar a la petición de un profesor que había sido declarado prescindible en los términos del artículo sexto, inciso seis de la Ley 21.274, por "constituir un factor real o potencial de perturbación".[56] Se condenó a la UN de La Plata a pagarle la "indemnización compensatoria" establecida en el artículo primero de dicha Ley. En el fallo se expresaba que los fundamentos de la baja importaban "un juicio de valor respecto de la conducta del agente" que proyectaba "sombra sobre su reputación", lo descalificaba como tal y equivalía por ende a una "cesantía encubierta" en los términos de la jurisprudencia existente. Añadía que en el presente caso no sólo no se había aportado ningún elemento de juicio que avalara la inclusión del actor en el artículo sexto inciso sexto de la Ley, sino que ni siquiera se había expresado causal o motivación concreta que pudiera explicarla y tampoco se había instruido un sumario previo.

Un mes después, un juez federal hizo lugar a la demanda por nulidad de acto administrativo interpuesto por otro docente contra la UN de La Plata y ordenó la reposición del nombrado en su cargo de profesor adjunto por concurso en la cátedra de "Filosofía del Derecho" de la Facultad de Ciencias Jurídicas y Sociales.[57] El magistrado declaró nula la resolución 366/77 del rector Gallo en función de "insanables vicios". El afectado había impugnado la medida adoptada por la universidad por "considerarse agraviado moralmente" ya que allí se decía que era un "potencial de perturbación". En el fallo volvía a remarcarse que no había habido sumario para que se acreditaran los cargos respectivos y que mediara la oportunidad de ejercer el derecho a la defensa.

---

[55] Es preciso aclarar que esos mismos jueces federales hicieron poco o nada en los casos de denuncias de los familiares de las víctimas de la represión.

[56] *La Nación,* 27 abril 1979, p. 11.

[57] *El Día,* 17 mayo 1979, p. 3.

En marzo de 1980 el titular del Juzgado Federal N° 3 de La Plata condenó a la UN de La Plata a abonar a un profesor la cantidad de 34 millones de pesos en concepto de indemnización más intereses al 5 por ciento anual desde el 26 de junio de 1979 hasta la actualidad, dentro de los 20 días de notificada la sentencia, más el pago de las costas a cargo de la demandada.[58] Igualmente, se declaraba nula la resolución N° 3.365/76 dictada por el rector Gallo, que desestimó un recurso interpuesto por el actor al decretarse su separación como jefe de trabajos prácticos de la cátedra de "Parasitología y Enfermedades Parasitarias" de la Facultad de Ciencias Veterinarias. En otro fallo de julio de ese año, el mismo juez federal hizo lugar a una demanda promovida por una médica contra la UN de La Plata, anulando parcialmente las resoluciones 738/76 y su modificatoria 1.790 firmadas por Gallo, por las cuales se la declaró comprendida en el artículo 6, inciso 6 de la Ley 21.274, fallo que afectó "su buen nombre y honor". El juez condenó a esa casa de altos estudios a abonar, dentro de los diez días de notificada, la suma de 10 millones de pesos por indemnización, más 5 millones por reparación de daño moral, ambas sumas más intereses de un 6 por ciento anual. En la demanda sostenía "que se ha cometido un grave exceso y desvío de poder por aplicación de una normativa que lesiona su reputación personal y profesional".[59]

El retorno al "facilismo"

Hacia fines del PRN se escucharon críticas generalizadas a las pruebas de ingreso a la universidad y la prensa se hizo eco. Profesionales expertos y los propios estudiantes, mencionaban las incongruencias y desinteligencias que podían observarse en los exámenes.[60] El examen de ingreso, decían, era "exagerado en el carácter selectivo, complicado en las preguntas" y permitía, en algunos casos, "más de una respuesta válida".

---

[58] *El Día,* 27 marzo 1980, p. 7.
[59] *El Día,* 13 julio 1980, p. 7.
[60] *El Día,* 26 marzo 1983, p. 1 y 6.

Los alumnos se quejaban de los cursos de apoyo, el nivel de los docentes que los impartían y la discrecionalidad con que los calificaban.

En marzo de 1983, en la UBA hubo un ausentismo de alrededor de la tercera parte del total de inscriptos. Ese año se habían dispuesto 11 mil vacantes contra 40 mil inscriptos.[61] Acorde a los nuevos tiempos y desdiciéndose de todo lo dicho anteriormente, la nota en el diario *La Nación* afirmaba que los cupos "no siempre tuvieron que ver con la vocación y capacidad de quienes aspiraban a entrar en la universidad".

Una delegación de dirigentes de la Confederación General del Trabajo de la República Argentina, encabezada por su secretario general Saúl Ubaldini, hizo varios reclamos al ministro. Apuntaron a la suspensión de los concursos docentes universitarios, a la rehabilitación de la UN de Luján y al ingreso sin limitaciones en el nivel universitario.[62] Estuvieron dos horas hablando con el mandatario y el momento más difícil de la entrevista, mencionaba la prensa, fue el pedido de la reapertura de Luján. Fuentes ministeriales calificaron como un "desatino" la solicitud y señalaron la contrariedad del mandatario por tal motivo "Yo no la cerré y en ocho meses que me quedan aunque quiera, no podría reabrir la universidad", les habría respondido Licciardo.

La Federación Universitaria de Buenos Aires y su delegado Roberto Vázquez, también habían realizado una importante manifestación en las puertas del Ministerio, siendo la primera concentración de estudiantes en lo que iba del año. Reclamaban derogar el examen de ingreso, los cupos y aumentar el presupuesto. Se habían sumado las agrupaciones Franja Morada, el Movimiento de Orientación Reformista, Unión Nacional de Estudiantes y la Unión de Juventudes por el Socialismo, entre otras.

En abril de 1983 Gallo inauguró el curso lectivo con la presencia del Comandante de la Décima Brigada de Infantería Mecanizada, otras autoridades de las Fuerzas Armadas y de seguridad. Advirtió que se escuchaban muchas voces que pretendían el "retorno a la universidad del facilismo".[63] Volvió a defender el sistema de ingreso recordando que en la

---

[61] *La Nación,* 23 marzo 1983, p. 8.
[62] *La Nación,* 16 marzo 1983, p. 8.
[63] *El Día,* 12 abril 1983, p. 1.

ciudad de La Plata existían "demasiados médicos". Defendió el arancel y dijo que los alumnos podían pagarlo en "cinco cuotas" a partir de abril.

A lo largo del año 1983 se realizaron elecciones de los centros de estudiantes de las distintas Facultades. La Federación Universitaria de La Plata (FULP) pidió la derogación del Estatuto Universitario, mesas de examen en mayo y septiembre, autonomía universitaria para que cada unidad académica dictara sus propias resoluciones y ordenanzas y la renuncia de Gallo.[64] En abril la FULP organizó una marcha de más de 2 mil estudiantes. A semejanza de las otras autoridades del PRN, el 29 de octubre presentaron sus renuncias el rector Gallo, los decanos de las Facultades, vicedecanos, secretarios y directores de los colegios universitarios. La prensa afirmaba que luego de siete años de permanecer en silencio, "las paredes de La Plata se han puesto a hablar".[65] En forma paulatina, tanto las viviendas particulares como los edificios públicos se iban cubriendo de leyendas políticas, y la foto publicada decía "El pueblo a la Universidad".

---

[64] *El Día*, 27 abril 1983, p. 3.
[65] *El Día,* 25 abril 1983, p. 5.

Reflexiones finales

En estas reflexiones resumiremos las principales conclusiones, estructuradas siguiendo las hipótesis y las tres dimensiones de análisis planteadas en la Introducción. En la primera parte, repasaremos lo ocurrido durante el tercer gobierno peronista, en la segunda lo sucedido en el PRN, y en la tercera atenderemos las continuidades y rupturas entre uno y otro período. Al final, mencionaremos qué temas quedan aún pendientes para futuras investigaciones.

En relación a las políticas que se diseñaron e implementaron, vimos que el tercer gobierno peronista pasó por dos etapas: una que coincidió con la gestión de Taiana (1973-74), y la que fue de mediados de 1974 hasta marzo de 1976. El primer período estuvo dominado por su propuesta de fundar la universidad para la "Reconstrucción y Liberación Nacional", proyecto que consistió básicamente en aliarse con la JUP, reincorporar a los profesores cesanteados entre 1955 y 1973, promover la firma de convenios con distintos organismos para vincularse con el "pueblo" y las necesidades "de la sociedad" y habilitar el ingreso irrestricto – que produjo un gran impacto, pero sólo fue para 1974-. Lo cierto es que el proyecto de Taiana tuvo muchas dificultades para implementarse debido al contexto político general, la actitud contraria de la cúpula del Consejo Superior Justicialista, la avanzada de la Triple A y de los dirigentes de las agrupaciones peronistas de derecha que actuaban en la universidad (especialmente ALN, CdeO y CNU) que lo acusaban, a través de sus revistas, de designar a rectores "marxistas". A esta lista sumamos el FEN-OUP, atendiendo a las diferencias que se dieron entre sus militantes y al interior de las universidades, ya que en algunas casas de estudio fueron clasificados de "centro" o "izquierda".

Este discurso se volvió más virulento luego del resultado de las elecciones estudiantiles a fines de 1973, cuando el grupo liderado por la JUP ganó la mayoría de los centros de estudiantes. En el medio de la campaña, se habían producido incidentes con armas y atentados de bomba. Como parte de la "depuración interna" Taiana debió pedirles la renuncia a los rectores y figuras más visibles de la izquierda. El funcionamiento y puesta en marcha de las nuevas universidades no hizo más que extender los conflictos a las otras capitales de provincia.

La siguiente medida que Taiana propuso fue la redacción y posterior sanción de una nueva Ley Universitaria (marzo de 1974) que fue rechazada por un ala minoritaria del progresismo peronista y de otros partidos. En particular, objetaron los artículos 5 (que prohibía el proselitismo) y el 51 (que habilitaba al Poder Ejecutivo a realizar intervenciones). Sin embargo, estos y otros sectores estuvieron de acuerdo con volver al mecanismo de las Asambleas Universitarias para elegir a las autoridades y la (re) incorporación de los estudiantes y de los trabajadores no docentes (por primera vez) al gobierno.

La segunda etapa abarcó las gestiones de Ivanissevich y Arrighi, y estuvo signada por su rechazo a aplicar la mencionada Ley, que no hizo más que agravar la situación en las universidades. Ni bien asumió Ivanissevich intentó reformarla buscando reinstaurar la potestad del Ejecutivo de nombrar a las autoridades universitarias y eliminar el sistema de selección de profesores por medio de los concursos públicos y abiertos. Asimismo, haciendo una interpretación libre de la norma (art. 36 y 58), reincorporó el ingreso restricto con examen y cupo y justificó la cesantía y la no renovación de los nombramientos de cientos de profesores y trabajadores – muchos de los cuales habían asumido en mayo de 1973-. Entre quienes denunciaron este estado de cosas, se destacaron los responsables de la CTERA, que en 1975 publicaron un detallado informe. Si bien por un brevísimo tiempo el ministro Arrighi intentó iniciar la "normalización" de las universidades, ordenando suspender las intervenciones en varias casas de estudio, en octubre de 1975 se aprobó una nueva Ley de "prórroga de la normalización" que cortó de plano el proceso. Todo esto

se dio en una espiral creciente de violencia política y armada protagoni-
zada por agrupaciones estudiantiles de derecha e izquierda y enfrentamientos entre estudiantes y la policía. Desde 1974 – con Taiana todavía
en el Ministerio- se sucedieron una serie de asesinatos a universitarios
(estudiantes, profesores y trabajadores) producidos mayoritariamente
por militantes de la CNU; policías o civiles que respondían de una u otra
forma a la compleja organización de la Triple A y por agentes de otras
organizaciones. La implementación del estado de sitio en noviembre de
1974 legitimó la presencia de las Fuerzas Armadas, de seguridad y los
organismos de inteligencia en las casas de estudio. Los cierres temporarios de carreras, Facultades, expulsiones y detenciones a estudiantes por
"disturbios", fueron moneda corriente.

Acerca de lo ocurrido en las universidades privadas, hubo conflictos
que incluyeron tomas, huelgas y enfrentamientos en las Católicas de Mar
del Plata, Salta, del Salvador, La Plata, Patagonia, y las privadas de Aconcagua y Mendoza. Los reclamos tenían relación con los problemas presupuestarios, el bajo nivel académico, la arbitrariedad en el trato con los
alumnos y el cambio de propietarios – por ejemplo, cuando la Compañía
de Jesús entregó a los civiles la administración de las casas de estudio de
Salta y la del Salvador-, entre otros. Igual que en universidades públicas,
las protestas estuvieron atravesadas por las internas del peronismo y en
algunos casos terminaron en asesinatos. Por motivos diferentes, Mar del
Plata y Patagonia fueron estatizadas.

En relación a la segunda y tercera dimensión de análisis que nos
interesaba plantear en este libro, vinculadas al tipo de trayectoria de los
ministros y rectores y las actitudes que asumieron estos últimos frente a
las políticas diseñadas e implementadas desde el Ministerio, vimos que
los ministros tenían en común haber sido funcionarios (embajadores,
ministros, interventores) del primer y segundo gobierno de Perón (1946-
1955). En referencia a los rectores, entre 1973 y 1976 los criterios que
se valoraban para elegirlos fueron distintos en una y otra etapa. En los
inicios, los candidatos eran bien vistos si se habían mantenido alejados
de la universidad entre 1955 y 1973 – ciertamente, no todos cumplían
esta condición- y estaban dispuestos a realizar las modificaciones que
proponía Taiana en su plan. Hubo un grupo de rectores que se manifestó

especialmente de acuerdo con la política ministerial, del cual se destacaron Puiggrós y Villanueva (UBA), Benamo (UN del Sur), López (San Luis), Carretero (Cuyo), Martínez Borelli (Salta), Heredia (Tucumán), Klappenbach (Río Cuarto), Domecq (Comahue) y Chambouleyron (UN Tecnológica). Del lado de las universidades privadas, sobresalieron las figuras de los rectores que en los años peronistas no dudaron en acusar de "marxistas" a los estudiantes que protestaban o denunciar a Taiana de intentar "estatizar" las casas de estudio.

Hemos señalado que las trayectorias de los rectores fueron altamente inestables, ya que los ministros los cambiaron – medida que repercutía a su vez al interior de las Facultades- cada vez que ocurría algún hecho político destacado: cuando asumió Taiana e intervino las universidades (mayo 1973), en ocasión de la asunción de Perón como presidente (septiembre 1973), cuando se sancionó la Ley Universitaria y el ministro decidió nombrar a "rectores normalizadores" (marzo 1974) y cuando asumieron los otros encargados de la cartera, en agosto de 1974 (Ivanissevich) y en agosto de 1975 (Arrighi). Cada modificación generó actitudes de apoyo o rechazo por parte de los estudiantes principalmente, que se le sumaron al clima de convulsión general.

Cuando el ministro presentó el texto de la Ley Universitaria, buena parte de los rectores originales había cambiado y si bien consiguió amplios apoyos de los nuevos, no le quedó tiempo para implementarla. Los ministros que le siguieron reemplazaron a casi todos los rectores de la gestión de Taiana, y fueron nombradas destacadas figuras de la derecha como Ottalagano (UBA), Burgos (Cuyo), Menso (Córdoba), Arrighi (La Plata) y Remus Tetu (Sur y Comahue). Es decir, quedaron casi todos rectores que estaban "con Cristo" y dispuestos a seguir los lineamientos dictados por el Consejo Superior del Partido Justicialista. En casos puntuales fueron reintegrados profesores que habían sido desplazados en 1973. En suma, esta fue una etapa, a diferencia de la anterior, de coincidencias generales entre el Partido, los ministros y un sector de los rectores acerca de lo que había que hacerse: evitar o desvirtuar la implementación de la Ley Universitaria e iniciar una "depuración" sistemática de profesores, trabajadores y alumnos.

* * *

Dentro del PRN también podemos afirmar que existieron dos etapas diferenciadas (1976-1980 y 1981-1983). Los militares y civiles que asumieron en 1976 tenían sus propias ideas sobre lo que había ocurrido en la universidad y en el ámbito científico. Creían que la Ley de 1974 favorecía a los intereses "marxistas", porque su aplicación "llevaría tarde o temprano a elecciones estudiantiles". Asimismo, tenía "problemas" porque seguía varios de los fundamentos de la Reforma de 1918, que había promovido un "laicismo antirreligioso" y la creación de la FUA, organización "comunista". De acuerdo a su versión, el derrocamiento de Perón en 1955 fue aprovechado por la "izquierda", cuyos integrantes aprobaron el Decreto-Ley 6.403/55. Estos "izquierdistas" "invadieron" el CONICET, creado en 1958. Luego de esos nueve años de "caos", llegó la "Revolución Argentina" que consiguió el fin del cogobierno, "depurar a los marxistas" – tanto del CONICET como de las universidades- y sancionar la Ley 17.245. En 1973, decían, volvieron los científicos de izquierda y la JUP logró "dominar" las universidades nacionales, y si bien hacia fines de 1973 "se comenzó a actuar contra la izquierda infil-trada y la JUP", recién con la "misión Ivanissevich" empezó el "orden y la tranquilidad".

En base a este diagnóstico, los distintos ministros plantearon de forma insistente la necesidad de realizar un "reordenamiento" que denominaron de distintas maneras: "reorganización", "redimensionamiento", "regio-nalización" y/o "racionalización" de los servicios. Hemos observado los distintos significados que tuvo esta política durante los primeros años: se hablaba de reordenar el sistema creando "carreras cortas", se estaba a favor de las ingenierías y se creía que había que eliminar Antropo-logía, Sociología y Psicología. Se consideraba que había que clausurar las universidades nuevas y las "carreras menores" por "saturación de profe-sionales"; "reorientar la matrícula", expulsar o restringir el acceso de los extranjeros; cerrar la carrera de Medicina porque "sobraban los médicos" y "desmasificar" a las universidades grandes. Todas estas medidas fueron aplicadas solo parcialmente, en parte porque cada rector tuvo cierta autonomía y algún margen de negociación con los ministros. Vimos que ordenaron cierres definitivos y/o temporarios de las carreras indicadas por el Ministerio pero también de otras carreras debido al "bajo número de inscriptos"; otros evitaron realizar cambios o bien dispusieron la modificación de los planes de estudio y/o suspendieron los que estaban en marcha. Por su parte, el ministro Catalán propuso la "regionalización" que buscaba dividir el sistema en nueve regiones y eliminar Facultades, carreras y servicios administrativos que se superpusieran en cada una. El rechazo de los propios aliados fue unánime y debió renunciar.

Hemos mostrado que de todos los mandatarios, el ministro Llerena Amadeo fue quien logró concretar una política de "reordenamiento" de alto impacto, en general negativo. Partía de la base de que el sistema era uno y que comprendía universidades públicas y privadas. Más allá de la pretendida racionalidad que tenía su plan, lo que pudo observarse es que implementó las medidas en función de su relación con cada rector afectado. Entendía el reordenamiento como una "racionalización", y mandó fusionar universidades católicas con públicas y firmar convenios entre las dos casas que beneficiaron a las primeras, aunque en simultáneo cerró subsedes y Facultades en otras universidades católicas. No obstante, si el problema era la superposición de carreras, no dudó en crear una a pedido de un rector aliado (Cuyo). Sus problemas personales con ciertos rectores quedaron al descubierto en el caso de la UN de Luján y su ex rector Emilio F. Mignone, a quien conocía de los círculos católicos y organismos internacionales (OEA). Cuando debió justificar el cierre de esa universidad y pasar carreras y alumnos a la UBA, la universidad más "masiva" del país, recibió críticas incluso de los militares que estaban en la CAL, aunque finalmente lo aprobaron. La clausura de Luján derivó en un escándalo público de tal magnitud que las autoridades que le siguieron no pudieron continuar con esa política, como era el objetivo original.

Otro aspecto del "redimensionamiento" tenía que ver con la creencia de los funcionarios del PRN, que el crecimiento de las universidades a partir de 1971 había provocado la "masificación" y alimentado el proceso de radicalización política de estudiantes y profesores, un fenómeno que había terminado instalando la "subversión" en sus aulas. En consecuencia, las políticas de "redimensionamiento" de 1976 a 1980 introducían una nueva modalidad de ingreso a la universidad, la reducción del cupo de estudiantes por carreras y el arancelamiento de diversos trámites administrativos. En relación al ingreso, mencionamos que se impuso a partir de 1977 un complicado y contradictorio sistema de exámenes que iba cambiando: primero debían rendirse dos asignaturas y "Comprensión de textos", luego se eliminó esta última y se modificaron las materias a rendir; todos los años se anunciaban distintas maneras de promediar las notas; y hubo problemas para implementar los cursos preparatorios que debían ofrecer las universidades. A esto se le sumó que cada año se daba a conocer un número de cupo diferente por carrera. En la práctica, este sistema de ingreso por examen y cupo incidió de diferentes formas en las universidades grandes y en las chicas y en cada Facultad y carrera. Sin dudas, la más afectada fue la UBA porque prácticamente todas las dependencias tuvieron alumnos que aprobaron los exámenes pero quedaron afuera por el cupo. En otras casas de estudio como La Plata, se vieron perjudicados sobre todo los alumnos de las carreras tradicionales de Medicina y Abogacía. En las universidades de menor matrícula o nuevas, el cupo casi no las afectó (siempre refiriéndonos a los estudiantes que debieron rendir los exámenes y los aprobaron). Recordemos además que se endurecieron las condiciones de permanencia o regularidad y fueron expulsados los que no cumplían las nuevas normas. El rector de La Plata se vanagloriaba de haber dejado afuera a más de 20.000 estudiantes.

Una vez que Llerena Amadeo se alejó de la cartera, se dejaron de lado las medidas de "reordenamiento", quedando en vigencia los exámenes y el cupo, que comenzó a subir año tras año. Se inició una nueva etapa con la Ley Universitaria sancionada durante su mandato (1980) que, según había expresado, produciría la "definitiva normalización" de las universidades públicas. Del anteproyecto y la Ley opinaron varias voces que cuestionaron el artículo sobre la incompatibilidad de ejercer funciones en la universidad y ocupar al mismo tiempo cargos directivos, político-partidarios o gremiales. Otros académicos pensaban que los concursos docentes debían eliminarse y que los estudiantes tenían que quedar excluidos de toda participación.

De todos estos puntos, el más polémico fue la implementación del arancel, ya que en general, nadie creía que sirviese para paliar la grave crisis económica que sufrían las universidades desde el inicio del PRN, denunciada por los mismos mandatarios cuando dejaban el cargo, como Llerena Amadeo. En un clima social, político y económico que comenzaba a cambiar, el ministro Burundarena anunció el cobro de las cuotas para el año 1981. Los estudiantes ya se venían manifestando en contra desde el año anterior, pero iniciaron acciones más sistemáticas desde ese momento. Hacia 1983, el presidente del CRUN se quejaba porque el porcentaje de alumnos que pagaba las cuotas era menor del esperado y la propuesta de que el INCE les otorgara créditos para estudiar, tampoco tuvo mayores adherentes.

En 1981 se presentaron pedidos de rehabilitación de estudiantes que fueron expulsados en 1976 (la Ley fijaba 5 años de espera), algunos de los cuales fueron atendidos si pasaban el "filtro" de los servicios de inteligencia. Esta situación fue similar a la que ocurrió años anteriores, cuando ciertos jueces federales le dieron curso a reclamos de profesores perjudicados por la Ley de Prescindibilidad y fueron restituidos, a veces con indemnización.

En 1982, algunas universidades dictaron sus Estatutos para organizar los concursos docentes y consolidar en sus cargos a profesores que habían asumido en el PRN o entre 1974 y 1976. Estas medidas merecieron fuertes críticas de estudiantes, profesores y asociaciones profesionales y en ocasiones lograron suspenderlos a través de fallos judiciales. Los servicios de inteligencia siguieron de cerca todo el proceso, en procura de identificar si había "marxistas" entre los candidatos y/o los jurados.

Respecto a las trayectorias de los ministros de la dictadura, observamos que tenían en común definirse públicamente como católicos alineados con la jerarquía eclesiástica. Trabajaban en instituciones de enseñanza privadas confesionales de nivel secundario y universitario y ocuparon importantes cargos en el Estado durante la dictadura anterior (1966- 1973). Algunos mantuvieron una relación fluida con el grupo de católicos nacionalistas de extrema derecha nucleados alrededor de revistas como *Cabildo* o *Verbo*.

Sobre los rectores, notamos que prácticamente ninguno del peronismo continuó o volvió a asumir el rectorado entre 1976 y 1983 (la única excepción fue Roque Cruz). Buena parte de los rectores nombrados por Taiana fueron secuestrados, encarcelados, exiliados o desaparecidos entre 1974 y 1975 o en el PRN. Igual que los ministros del PRN, varios de ellos habían sido altos funcionarios de la dictadura anterior (1966-1973), tanto en la universidad como rectores y decanos, o en el Estado nacional y/o provincial como ministros, secretarios, asesores y subsecretarios. La amplia mayoría de los rectores profesaba un catolicismo activo, ordenando poner imágenes religiosas, crucifijos y/o celebrar misas en las casas de estudio públicas. Algunos gozaban de cierto prestigio, y sabemos que por lo menos cinco fueron homenajeados en la etapa democrática posterior. Hemos visto que los rectores del peronismo y los del PRN poseían distintos títulos universitarios, no existiendo algún patrón común. Había una pequeña concentración de abogados, contadores públicos e ingenieros (en distintas especialidades) y luego seguían médicos, arquitectos, bioquímicos, profesores de historia, filósofos y sociólogos, entre otras profesiones.

En referencia a las actitudes que asumieron los rectores de la dictadura frente a la política universitaria de los ministros, pudimos observar una heterogeneidad de reacciones, siempre dentro del arco ideológico de la derecha católica. Hubo rectores que se mantuvieron en sus cargos desde el principio hasta el fin del PRN y otros que renunciaron en protesta por la política de cierres y achicamiento que los afectaba directamente (Buenos Aires, Luján, Entre Ríos y San Juan).

Si bien se intentó darle estabilidad a los rectores, hubo universidades donde esto no se dio por distintas razones: Buenos Aires, Misiones y Patagonia. En la UBA, por ejemplo, hubo rectores que cuestionaron públicamente a los ministros por medidas que los perjudicaban (Constantini y Cabral) y estuvieron los que fueron cuadros ideológicos y políticos del gobierno dictatorial (Lennon y Rodríguez Varela). Las universidades que tuvieron el mismo rector a lo largo de todo el período o casi todo, fueron: La Plata, Rosario, Litoral, Santiago del Estero, Centro de la Provincia de Buenos Aires y San Luis. De este grupo se destacó la figura del rector de La Plata, Guillermo Gallo, que actuó de virtual encargado del área universitaria del Ministerio, trascendiendo en el tiempo a los ministros de educación y a los presidentes, siendo uno de los pocos funcionarios que en el último año del PRN seguía defendiendo la política universitaria implementada. Dos universidades tuvieron por un lapso breve rectores que eran sacerdotes católicos (Jujuy y Patagonia), y dos mantuvieron a los delegados militares hasta el año 1977 (Córdoba y Patagonia). Los rectores que tenían un vínculo público con las universidades católicas de sus provincias eran los de Santiago del Estero y Entre Ríos (entre otros) y firmaron convenios que las beneficiaban los de Tucumán, Salta y Santiago del Estero. Estuvieron gestionando más de una universidad los rectores Laurent (Comahue y Patagonia) y del Pino (Catamarca y Salta).

Fueron altos funcionarios del gobierno dictatorial, además de rectores: Burundarena (ministro de educación de la nación), Rodríguez Varela y Lennon (ministros de Justicia), Paine (coordinador de una dirección nacional dentro del Ministerio de Cultura y Educación), Roque Cruz (subsecretario de asuntos universitarios de nación), Calvo (ministro de educación de la provincia de Buenos Aires) y Amado (intendente municipal).

En referencia a los rectores de las privadas, el episodio más notorio fue el que protagonizó monseñor Plaza, en tanto Gran Canciller de la Universidad Católica de La Plata, quien objetó la medida de cierre de las subsedes, al tiempo que reeditaba sus denuncias sobre la existencia de "subversivos" en la universidad pública. En esos años, también se manifestaron contrarios a la regionalización propuesta por Catalán y una parte de ellos hizo críticas a la Ley de 1980.

Acerca de la actitud que asumieron los rectores frente a la represión dictatorial y la responsabilidad que les cupo en el asesinato y desaparición de alrededor de 2.100 universitarios, debemos apuntar que en los casos de las universidades donde se produjeron secuestros, desapariciones y asesinatos, los rectores de esa época fueron citados posteriormente por la Justicia para declarar, en general, en calidad de testigos. Ciertos abogados, fiscales y representantes de los organismos de derechos humanos sostienen que debe investigarse más en profundidad la naturaleza del vínculo entre los rectores y los responsables de los servicios de inteligencia, las Fuerzas Armadas y de seguridad —sobre todo de los primeros años- y su posible rol de "entregadores" y responsables directos de la represión.

* * *

Uno de los propósitos de este libro era mostrar, hablando de las políticas, en qué sentido se dieron más rupturas que continuidades entre uno y otro período. La primera que mencionaremos está vinculada a la violencia. Como ya dijimos, durante el tercer gobierno peronista abundaron los hechos de violencia en las universidades por parte de la policía y los grupos de civiles armados, al tiempo que se incrementaba sin pausa la sanción de leyes y decretos que avalaban la escalada represiva estatal. Sin embargo, no todos los docentes y alumnos que habían logrado quedarse en la universidad, pudieron mantenerse a la llegada del PRN, cuando se inició una segunda "depuración", mucho más extendida que aumentó el número de víctimas universitarias exponencialmente de la mano de una represión sistemática, financiada y organizada desde el Estado por las Fuerzas Armadas. Una de las ausencias más notables en la escena pública durante los primeros años fue la de los dirigentes estudiantiles y sus agrupaciones, protagonistas indiscutibles de la época peronista. Entre 1973 y 1976 los hechos de violencia en la universidad solían recibir una amplia cobertura de la prensa en las partes centrales –diarios nacionales y provinciales, revistas de las distintas agrupaciones -, donde se denunciaba lo ocurrido, se desplegaban hipótesis sobre los asesinos con nombre y apellido y acerca de quiénes podrían haber organizado el hecho, y los afectados y testigos brindaban detallados testimonios. A partir de marzo de 1976 la prensa – debido sobre todo a la censura impuesta por el gobierno- ubicó esos hechos en la sección de "policiales" sin brindar mayores explicaciones de los "enfrentamientos" y "bajas", facilitando así la implementación del terrorismo de Estado.

Los servicios de inteligencia comenzaron a apostarse en las universidades sobre todo desde el estado de sitio y los rectores debieron informar todo lo que sucedía dentro de cada Facultad y dejar actuar a los "celadores". Desde 1976 todo eso se reforzó significativamente y, como ya mencionamos, la represión se concentró en manos del Estado. El coronel Valladares, jefe de los operativos en el área de cultura y educación, mantuvo reuniones periódicas con los rectores y, por ejemplo, en el año 1982, les pidió que le informaran con detalle el resurgimiento del "activismo estudiantil". En una de las universidades -del Nordeste- los servicios de inteligencia de la Gendarmería Nacional "ficharon" a más de 20 mil estudiantes. Los directores de la Escuela de Defensa Nacional también hicieron su contribución para "capacitar" a rectores, profesores y estudiantes en distintos temas y sobre cómo luchar "contra la subversión". Vale añadir que el rol de los rectores fue considerado muy relevante por las autoridades del PRN, hasta tal punto que los militares de la Fuerza Aérea propusieron otorgarles un "diploma al reconocimiento" por la labor de "depuración" cumplida.

Hubo otra serie de medidas que aparentemente eran continuación del período anterior, pero su significado y aplicación fueron sustancialmente diferentes después de 1976. Por ejemplo, la política de cupos y examen de ingreso – que estaba en vigencia en 1975 en algunas Facultades y universidades- continuó en los años siguientes. Sin embargo, los objetivos y consecuencias fueron distintos: en 1975 no se había universalizado y en los hechos, se evitó dejar a los estudiantes afuera (aunque perjudicó especialmente a los de la UBA), como sí comenzó a ocurrir desde 1977. Lo mismo puede decirse acerca del planteo realizado sobre la existencia de carreras "subversivas". Si bien se expresó en 1975, las autoridades del PRN hicieron suya la acusación e intentaron directamente cerrarlas (con distintos resultados, como vimos).

Del lado de las continuidades, en los diez años sobrevivió la práctica de nombrar a los rectores por medio de decretos del Poder Ejecutivo, es decir, no llegó nunca a conformarse una Asamblea Universitaria que eligiese a sus propias autoridades. Hubo tres decretos y leyes de intervención a la totalidad de las universidades: en mayo de 1973 (Taiana); octubre de 1975 (Arrighi) y en marzo de 1976 (PRN). Entre estas normas hubo numerosas intervenciones puntuales y las Leyes Universitarias sancionadas (1974 y 1980) no lograron modificar este funcionamiento general.

* * *

En este libro hemos analizado las políticas universitarias diseñadas e implementadas por los ministros de educación, las rupturas y las continuidades, las trayectorias de los rectores y las actitudes asumidas entre 1973 y 1983. La mirada de conjunto nos permitió reconocer algunas similitudes y diferencias de lo ocurrido en las universidades, pero resta aún profundizar el estudio sobre lo sucedido en cada una de las casas. En este sentido, para poder determinar este procesamiento diferenciado a nivel institucional, sería necesario avanzar en el estudio localmente situado de todas estas políticas mencionadas. Asimismo, resultaría importante reconstruir con más detalle cómo llegaron a ser elegidos los rectores, cuáles eran sus perfiles académicos, profesionales y políticos y en qué redes sociales participaban a nivel nacional, provincial y/o local. Podríamos agregar que conocemos poco aún sobre las rupturas y continuidades que se dieron en el período democrático que se abrió a fines de 1983. Como dijimos en el primer trabajo que escribimos sobre estos temas, avanzar en el reconocimiento de las singularidades locales de estas redes y políticas universitarias, permitirá construir una historia más compleja y diversa y por esa razón, menos homogénea de la que todavía hoy estamos presentando.

Principales Leyes, decretos y resoluciones publicados en el *Boletín Oficial*

Nota aclaratoria: en ocasiones, la norma se aprobaba pero se publicaba en el *Boletín* después que otras, que habían sido aprobadas con posterioridad pero salieron publicadas antes (por ejemplo, las dos primeras de esta lista)

Período 1973-1976 (selección)

Decretos 37 y 64, 11 junio 1973: Designación interventores (La Plata, del Litoral, del Sur, Nordeste, Comahue, Rosario, Salta, Córdoba y Tecnológica)

Decreto 35, 13 julio 1973: Intervención a las universidades

Decreto 451, 13 julio 1973: Se suspende la creación de nuevas universidades nacionales, provinciales y privadas

Decreto 144/733, 1 julio 1973: Se intervienen por 150 días dos establecimientos privados: universidad de Mendoza y universidad de Aconcagua

29 agosto 1973: Se autoriza a los interventores de las universidades nacionales a no computar las inasistencias que hubiera incurrido el personal no docente entre el 1 de febrero y el 31 de marzo de 1973 con motivo de planteamientos de reivindicaciones laborales

10 diciembre 1973: Se excluye a la UN de Entre Ríos del decreto 451 y se designa delegado organizador (Miguel Angel Marsiglia)

Ley 20.579, 20 diciembre 1973: Se crea la UN de Jujuy

Decreto 944, 27 diciembre 1973: Intervención a la Universidad de la Patagonia san Juan Bosco

Decreto 722, 12 marzo 1974: Intervención a la Universidad de Mendoza

Ley 20.654, 1 abril 1974: Ley universitaria para las universidades nacionales

Decretos 948, 949 y 950, 3 abril 1974: Renuncias de interventores y Delegados Organizadores y designación de Rectores Normalizadores

Decreto 1750, 17 junio 1974: Poner en funcionamiento a la Universidad Nacional Santiago del Estero

Decreto 805, 23 septiembre 1974: Se interviene la UBA (designación de Alberto E. Ottalagano)

Ley 20753, 16 octubre 1974: Créase la Universidad Nacional del Centro de la Provincia de Buenos Aires, sancionada 18 septiembre 1974, promulgada 9 octubre 1974

Decreto 1189, 29 octubre 1974: Se interviene la Universidad Tecnológica Nacional (designación de Tomás J. Persichini)

4 noviembre 1974: Se interviene la UN de Río Cuarto (nómbrase a Luis J. Maestre)

Decreto 1468, 21 noviembre 1974: Se interviene la UN de La Plata (nómbrase a Pedro J. Arrighi)

Decreto 1807, 13 diciembre 1974: Se interviene la UN de Entre Ríos (nómbrase a Andrés Millán)

Decreto 1894, 20 diciembre 1974: Se interviene UN de San Juan (nómbrase a Antonio R. Lloveras)

Decretos 2013, 2015, 2016, 15 enero 1975: Se prorrogan las intervenciones a las UN de Río Cuarto, La Plata, Salta, Universidad Tecnológica Nacional, UBA

Decreto 1890, 17 enero 1975: Se autoriza provisionalmente la creación y funcionamiento de la Universidad de la Marina Mercante

Decreto 1976, 20 enero 1975: Se interviene UN de Cuyo (nómbrase a Otto Herbert Burgos)

Decreto 2156, 22 enero 1975: Se interviene la UN de Comahue (designación de Remus Tetu)

Decreto 387, 26 febrero 1975: Se interviene la UN de Lomas de Zamora (nómbrase a Luis Alberto Vitar)

Decreto 388, 26 febrero 1975: Se interviene la UN del Sur (nómbrase a Remus Tetu)

Decreto 700, 20 marzo 1975: Se otorga validez nacional a los estudios que se cursan en la Universidad Provincial de La Rioja

Decreto 744, 26 marzo 1975: Se prorrogan las intervenciones a las UN de Buenos Aires, Comahue, Córdoba, Entre Ríos, La Plata, Salta y San Juan

Decreto 800, 4 abril 1975: Se prorrogan intervenciones a las UN de Río Cuarto y Cuyo

Decreto 803, 4 abril 1975: Se prorroga intervención a la Universidad Tecnológica Nacional (interventor Cecilio Conditi)

Decreto 799, 4 abril 1975: Se prorroga el plazo de normalización de las UN de Catamarca, La Pampa, del Litoral, Luján, Misiones, Nordeste, Rosario, San Luis, Jujuy y la Patagonia

Decreto 945, 18 abril 1975: Se nombra delegado organizador para la UN del Centro de la provincia de Buenos Aires

Decreto 967, 18 abril 1975: Se homologa *ad referéndum* del Honorable Congreso de la Nación el convenio suscripto referente a la nacionalización de la Universidad Provincial de Mar del Plata. Declárase a dicha Universidad incorporada el régimen de la Ley 20.654 bajo la denominación oficial de "Universidad Nacional de Mar del Plata"

Decreto 1.075, 2 mayo 1975: El comando General de la Armada fijará los requisitos a cumplir por los egresados de la Universidad de la Marina Mercante que deseen ingresar al elenco del personal de la Marina Mercante Argentina

Decreto 1414, 3 junio 1975: Se nombra delegado organizador para la Universidad Nacional de Mar del Plata (Josué J. Catuogno)

5 junio 1975: Se prorroga hasta 30 septiembre 1975 la intervención de la UN del Sur

Decreto 1669, 24 junio 1975: Se prorrogan intervenciones a las UN de Buenos Aires, Comahue, Córdoba, Entre Ríos, La Plata, Salta, San Juan, Río Cuarto, Cuyo, Tecnológica Nacional y Lomas de Zamora

Decretos 2.284 y 2.286, 2 septiembre 1975: Se dan por finalizadas dos intervenciones (La Plata y UBA)

Decreto 2.390, 9 septiembre 1975: Finaliza intervención a la UN de Córdoba

Decretos 2.420 y 2.421, 10 septiembre 1975: Se dan por finalizadas las intervenciones a las UN de Río Cuarto y Salta

Decreto 2.470 y 2.471, 15 septiembre 1975: Se dan por finalizadas las intervenciones a la UN San Juan y Lomas de Zamora

Decreto 2.511, 17 septiembre 1975: Se da por finalizada la intervención a la UN de Cuyo

Decretos (varios): Se designan rectores normalizadores en las UN de Misiones, Tucumán, Nordeste, Litoral, Jujuy

Decreto 2.578, 25 septiembre 1975: Se da por finalizada la intervención a la Universidad Tecnológica Nacional

Decreto 2.654, 2 octubre 1975: Se da por finalizada la intervención a la UN Entre Ríos

Decreto 2.754, 8 octubre 1975: Se da por finalizada la intervención a la UN del Sur

Ley 21.219, 24 octubre 1975: Se prorroga el plazo de normalización de las universidades nacionales hasta el 31 agosto de 1976

Ley 21.139, 18 noviembre 1975: Se ratifica el decreto 967/75 y se crea la Universidad Nacional de Mar del Plata sobre la base de la Universidad Provincial y la Universidad Católica

Decreto 3.392, 18 noviembre 1975: Se da por finalizada la intervención a la UN Comahue

Decreto 3.980, 26 diciembre 1975: Validez nacional a los estudios de la Universidad Provincial La Rioja

A fines de diciembre y principios de enero 1976 empiezan a aparecer "avisos oficiales" de intimación a distintos profesores de las universidades

Decreto 846, 10 marzo 1976: Se aprueban los Estatutos de la UN del Centro de la provincia de Buenos Aires

Decreto 845, 11 marzo 1976: Se aprueban los Estatutos de la UN Luján

Decreto 879, 12 marzo 1976: Se autoriza provisionalmente la creación y funcionamiento de la Universidad Sindical Bancaria

Decreto 721, 27 febrero 1976: Se ratifica el convenio suscripto entre Universidad Católica Argentina (UCA) y la Universidad Nacional de Entre Ríos, sobre la transferencia a la UN de Entre Ríos de las Facultades de Ciencias Económicas e Ingeniería de la ciudad de Paraná de la UCA

Decreto 73, 27 febrero 1976: Se ratifica el convenio celebrado entre el Gobierno de la provincia de Entre Ríos y la Universidad Nacional de la misma provincia, por el que se transfiere a dicha casa la Escuela de Servicio Social dependiente de aquella provincia

Designación de rectores y delegados
(mayo 1973- marzo 1976)

UN Buenos Aires: Rodolfo Puiggrós (1973); Julio H. Lyonnet (1973); Ernesto P. Villanueva (1973-74); Alberto Eduardo Ottalagano (1974-75); Julio H. Lyonnet (1975); Eduardo Luis Mangiante (1975-76); José Alocén (1976)

UN Catamarca: Armando Raúl Bazán (1973-74); Edmundo Francisco Chara (1974-76)

UN Centro de Buenos Aires: se crea en octubre 1974, comenzando a funcionar el 1/1/75: Raúl Ceferino Roque Cruz

UN Comahue: Raymundo Joaquín Salvat (1973); José Antonio Güemes (1973); Roberto Noel Domecq (1973-74); Remus Tetu (1974-75); Alberto Julio Dosko (1975-76)

UN Córdoba: Próspero Francisco Luperi (1973-74); Mario Víctor Menso (1974-76)

UN Cuyo: Roberto Vicente Carretero (1973-74); Guido Orlando Liserre (interino); Otto Herbert Burgos (1974-76)

UN Entre Ríos: decreto 451/73; autorizada en diciembre 1973: Miguel Angel Marsiglia (1973-74); Andrés Millán (1974-75); Carmelo Soriano (1975-76)

UN La Pampa: Carlos Gerónimo Gianella (1973-74); Eugenio Ricardo Pietrafesa (1974); Jorge Ricardo Bragulat (1974); Alfredo Gerardo Domínguez (1974-75); José Armando Seco Villalba (1975-76)

UN La Plata: Rodolfo Mario Agoglia (1973-74); interinos sustitutos: Francisco Fidalgo; Herminio L. M. Zatti y Luis María Alvarez; Francisco

Pablo Camperchioli Masciotra (1974); Pedro José Arrighi (1974-75); Héctor Eduardo Mercante (1975-76)

UN Lomas de Zamora: Pedro Mollura (1973); Pedro Enrique Bustos (1973- 74); Julio César Raffo (1974-75); Luis Alberto Vitar (1975-76)

UN Litoral: Adolfo López Domínguez (1973); Roberto Armando Ceretto (1973- 74); Celestino Angel Marini (1974-75); Julio Argentino García Martínez (1975-76)

UN Luján: Emilio Fermín Mignone (1973-76)

UN Mar del Plata: creada en 1975: Josué José Catuogno

UN Misiones: Víctor Benito Alfaro (1973-74); Raúl Justo Lozano (1974-1975); Marta Irene Coronel de Sawaya (1975-76)

UN Nordeste: Luis Palacios Rivas (1973-74); Ángel Tosetti (1974-75); Adolfo Torresagasti (1975-1976)

UN Jujuy: decreto 451/73; se crea en diciembre de 1973: presbítero Juan Roberto Moreno (1973-75); Enrique Salvador Martínez Cánepa (1975-76)

UN Patagonia: decreto 451/73; se autoriza en mayo 1974: Silvio Grattoni (1974-75);

UN Río Cuarto: Juan José Caselli (1973); Carlos Ignacio Rivas (1973); Augusto Ángel Klappenbach (1973-74); Luis Jorge Maestre (1974-76)

UN Rosario: Ángel Antonio Brovelli (1973); Juan Francisco Federico Verdaguer (1973- 74); Carlos Roberto Agustín Rovere (1974-75); Carlos Bottaro (1975-76); Fernando Cortés (1976)

UN Santiago del Estero: decreto 451/73; autorizada para funcionar en junio 1974: Carlos Raúl Ruiz (1974); César Eusebio Iturre (1974- 1976)

UN Salta: Francisco Holver Martínez Borelli (1973-74); Francisco Renée Villada (1974-76)

UN San Juan: Julio Rodolfo Millán (1973-74); Antonio Rodolfo Lloveras (1974- 76)

UN San Luis: Mauricio Amílcar López (1973-76)

UN Sur: Víctor Benamo (1973-74); Antonio Tridenti (1974); Héctor Arango (1974); Remus Tetu (1974-75); Julio Horacio Reynoso (1975-76)

UN Tecnológica: Iván Emilio Chambouleyron (1973); Rolando Jorge Weindenbach (1974); Juan Alberto Donato Montes (1974); Tomás Julián Persichini (1974-75); Cecilio Conditi (1975); Carmelo Soriano (1975-76)

UN Tucumán: Pedro Amadeo Heredia (1973-74); Roberto Paine (1974-75); Juan José Pons (1975-76)

Período 1976- 1983 (selección)

Ley 21.276, 6 abril 1976: Normas para las Universidades Nacionales

Ley 21.274, 29 de marzo 1976: Se autoriza a dar de baja por razones de servicio a personal de diversos Organismos del Estado

Decreto 391, 21 de febrero de 1977: Se constituye el Consejo de Rectores de Universidades Nacionales

Ley 21.533, 23 febrero 1977: Se modifica el actual régimen de designaciones y remociones de Rectores y Presidentes de Universidades Nacionales y Decanos y Directores de unidades académicas

Ley 21.536, 3 marzo 1977: Confirmación de profesores universitarios que hubieren obtenido su categoría académica mediante concurso

Decreto 350, 8 febrero 1979: Se establece el tiempo de duración de su cargo para los Rectores, Decanos y demás autoridades de las Universidades

Decreto 2.318, 26 septiembre 1979: Se aprueba el Convenio suscripto entre el señor Ministro de Cultura y Educación y el señor Obispo de Comodoro Rivadavia

Decreto 47, 11 enero 1980: Universidad Nacional de Entre Ríos. Facultad de Ingeniería. Declárase el cese de las actividades académicas y administrativas

Ley 22.173, 29 febrero 1980: Se unifican en un solo organismo universitario las actuales Universidad Nacional de la Patagonia y Universidad de la Patagonia "San Juan Bosco". Deróganse la Ley 20.296 y el Decreto 2.850/63

Ley 22.167, 22 febrero 1980: Se deroga la Ley 20.033 por la que se creara la Universidad Nacional de Luján

Ley 22.207, 24 abril 1980: Régimen Orgánico para el funcionamiento de las Universidades Argentinas

Decreto 200, 16 febrero 1981: Consejo Nacional de Investigaciones Científicas y Técnicas. Modifícase el Decreto- Ley N° 1.291/58

Estatutos

Decreto 1.086, 7 junio 1982: Estatuto de la Universidad Nacional de La Plata

Decreto 579, 16 septiembre 1982: Estatuto de la Universidad de Lomas de Zamora

Decreto 651, 23 septiembre 1982: Estatuto de la Universidad Nacional de Tucumán

Decreto 652, 23 septiembre 1982: Estatuto de la Universidad Nacional del Sur

Decreto 1565, 29 junio 1983: Estatuto de la Universidad Nacional de Entre Ríos

Personal dado de baja

Nota aclaratoria: hubo resoluciones que trataban el caso de una sola persona, que no resumiremos aquí. El caso de Tucumán resulta el más llamativo por el nivel de detalle, ya que en general se publicaban listados sin mayor especificación

Boletines Oficiales del 28 de mayo de 1976 y del 31 de mayo: fueron dados de baja por el artículo 8 de la 21.274 de la Universidad Nacional de Rosario 4 agentes

Boletines Oficiales del 17 y 18 de junio de 1976: fueron dados de baja por el artículo 8 de la 21.274 de la Universidad Nacional de Rosario, 62 agentes

Boletín Oficial 4 agosto de 1976: fueron dados de baja por el artículo 2 de la Ley 21.274 de la Universidad Nacional de Rosario, 16 agentes y 5 más. En ambos casos se ordenaba a efectuar la liquidación y el pago de la indemnización pertinente, condicionado por el resultado de los informes que presentarían las autoridades

Boletín Oficial 11 agosto de 1976: fueron dados de baja por el artículo 8 de la Ley 21.274 de la Universidad Nacional de Tucumán: Facultad de Agronomía y Zootecnia: 4; Facultad de Arquitectura y Urbanismo: 17; Facultad de Ciencias Económicas: 15; Facultad de Derecho y Ciencias Sociales: 12; Facultad de Filosofía y Letras: 23; Facultad de Medicina: 6; Departamento de Artes: 7; Escuela Universitaria de Educación: 1; Televisora Universitaria: 18; Facultad de Ciencias Exactas y Tecnología: 16; Representación UNT en Buenos Aires: 1; Asesor Letrado rectorado con presentación de servicios en Buenos Aires: 1; dirección de Construcciones Universitarias: 2; Dirección General de Asuntos Jurídicos: 2; Rectorado- asesoría en Educación Física: 1; Servicio Médico: 2; Servicio de Automotores: 1; Dirección General de Presupuesto: 1; Depósito Central y Suministros: 1

Boletín Oficial 17 de mayo 1978: fueron dados de baja por artículo 8 de la Ley 21.274 de la Universidad Nacional de Rosario: 73 agentes

Designación de rectores y delegados (1976- 1983)

UN Buenos Aires: capitán de navío Edmundo E. Said (1976); Alberto Constantini (1976), Sol Rabasa (1976- 1977), Luis Carlos Cabral (1977- 1978), Alberto V. Donnes (1978-1978), Lucas Lennon (1978- 1981), Alberto V. Donnes (1981), Alberto Rodríguez Varela (1981-1982), Carlos Segovia Fernández (1982 a 1983).

UN Catamarca: teniente primero Jorge Alberto Contreras; Agustín González del Pino (1976-1979); José Luque (1979-1982); Guillermo Oscar Martín (1982- 1983)

UN Centro de Buenos Aires: mayor Absalón Héctor Varas; Raúl Ceferino Roque Cruz (1976- 1981); Carlos Gutiérrez (1981-1982); Raúl Ceferino Roque Cruz (1982- 1983)

UN Comahue: coronel Osvaldo Camilo Feijoo; Guillermo Santiago Ferrari (1976-1979); Julio César Laurent (1979-1982); Honorio Añon Suárez (1982- 1983)

UN Córdoba: comodoro Jorge Luis Pierrestegui; Jorge Andrés Clariá Olmedo (marzo 1977-1979); Francisco Quintana Ferreyra (1979-1982); Carlos A. Luque Colombres (1982); Carlos Alberto Morra (1982- 1983)

UN Cuyo: comodoro Héctor Eduardo Ruiz; Pedro Santos Martínez (1976- 1981); Enrique Zuleta Alvarez (1981-1983)

UN Entre Ríos: mayor Raúl Enrique Cagnani; Esteban Homet (1976-1979); Enrique Agustín Garaycochea (1979); Luis Alberto Barnada (1979-1983)

UN La Pampa: Coronel Julio César Ruiz; Vicente M. Marquina (1976-1979); Marcelo Iván Aguilar (1979-1982); José Ariel Nuñez (1982- 1983)

UN La Plata: capitán de navío Eduardo Luis Saccone; Guillermo Gallo (1976-1983)

UN Lomas de Zamora: capitán de navío Guillermo José Paraván y luego capitán de fragata Máximo Eduardo Rivero Kelly; Abel Calvo (1976-1979); Carlos Storni (1979-1983)

UN Litoral: coronel José Hipólito Núñez; Jorge Douglas Maldonado (1976-1983)

UN Luján: teniente coronel Jorge Alberto Marincola y luego mayor Héctor Pablo Tommasi; Gerardo Amado (1976-1979); Roberto Paine (1979)

UN Mar del Plata: capitán de navío Juan Sidotti; Alfredo M. Navarro (1976-1980); José Ángel Álvarez (1980-1983)

UN Misiones: coronel Walter César Ragalli; Francisco Solano Flores (1976-1977); Omar Adolfo Bruno (1977-1978); Carlos Alberto Roko (1978-1980); Víctor René Nicoletti (1980-1981); Carlos Alberto Roko (1981-1983)

UN Nordeste: mayor Aldo Ferrari; Jorge Atlántico Rodríguez (1976-1980); Héctor Enrique Tamburini (1980-1983)

UN Jujuy: capitán Eduardo Nicolás Fernández; monseñor Germán Miguel Mallagray (1976-1977); Salvador Cosentini (1979-1983)

UN Patagonia: capitán de navío Edmundo Juan Schaer y capitán de fragata José Guillermo Saucedo; capitán de fragata Camilo A. Nabias y capitán de fragata Raúl E. Gómez Roca; Raúl Alfredo Marino; José María Anaya; Bernardo Franchino; Gianfranco Tronfi; Julio César Laurent (1978-1979).

UN de la Patagonia San Juan Bosco: reverendo Padre Licenciado Norberto Sorrentino (1982- 1983)

UN Río Cuarto: vicecomodoro Eduardo Pedro Herreros; Alberto E. Luccini (solo por unos días de 1976); Eduardo José Pesoa (1976-1979); Milán Jorge Dimitri (1979-1983)

UN Rosario: coronel Joaquín René Sánchez Matorras; Humberto A. Riccomi (1976-1983)

UN San Luis: vicecomodoro Rodolfo Reinaldo Fernández; Genaro Neme (1976-1982); Dennis Félix Cardozo Biritos (1982- 1983)

UN Santiago del Estero: capitán de navío Ramón González; Ariel Alvarez Valdez (1976-1983)

UN Salta: capitán Norberto Antonio Yommi y luego capitán Eduardo Alberto Casal; Hugo Roberto Ibarra (1976-1979); Agustín Carlos González del Pino (1979-1982); Gustavo Enrique Wierna (1982- 1983)

UN San Juan: capitán odontólogo Jorge Fernández Monjes; Emiliano Pedro Aparicio (1976-1979); Roberto López Aragón (1979-1980); Eduardo Caputo Videla (1980- 1983)

UN Sur: capitán de navío Raúl González; Julio César Lucero (1976-1979); Ricardo Enrique Bara (1979-1983); Oscar Andrés (1983); Carlos Robledo (1983)

UN Tecnológica: comodoro Antenor Echenique; comodoro ingeniero Jorge Omar Conca (1976-1980); Carlos Alberto Burundarena (1980-1981); Roberto Guillán (1981-1983)

UN Tucumán: coronel Eugenio Antonio Barroso; Carlos Alberto Cornejo (1976-1977); Jaime Verdaguer González (1977-1979); Carlos Raúl Landa (1979-1983)

Bibliografía

Acha, O., "Rodolfo Puiggrós ante la condición humana", en Biagini, H. (coord.) *El pensamiento latinoamericano del siglo XX ante la condición humana*, 2005, disponible en http://www.ensayistas.org/critica/generales/C-H/argentina/puiggros.htm.

Águila, G., "La represión en la historia argentina: fases, dispositivos y dinámicas regionales", *Procesos represivos y actitudes sociales*, Buenos Aires, Prometeo, pp. 97-122.

Águila, G., "La Universidad Nacional de Rosario en dictadura (1976-1983): una mirada sobre las políticas de depuración, "normalización" y reestructuración institucional", en Rodríguez, L. G. (coord.), "Dossier Universidad y dictadura", *PolHis. Revista del Programa Interuniversitario de Historia Política*, N° 14, 2015.

Águila, G., *Dictadura, represión y sociedad en Rosario. Un estudio sobre la represión y los comportamientos y actitudes sociales en dictadura*, Buenos Aires, Prometeo, 2008.

Algañaraz Soria, V. H., "Reestructuración universitaria en clave autoritaria: política y accionar de los rectores de la Universidad Nacional de San Juan durante la última dictadura", en Rodríguez, L. G. (coord.), "Dossier Universidad y dictadura", *PolHis. Revista del Programa Interuniversitario de Historia Política*, N° 14, 2015.

Axat, J., "La historia de Carlos A. Disandro, mentor espiritual de la CNU", disponible en http://poesiaypolitica.blogspot.com.ar/2011/07/la-historia-de-carlos-disandro-mentor.html

Baeza, N. B., *La Universidad Nacional de la Patagonia San Juan Bosco como agente de desarrollo (1973-2002)*, UNPSJB, 2002.

Barletta, A. M., "Una izquierda universitaria peronista. Entre la demanda académica y la demanda política (1968-1973)", *Prismas*, N° 6, 2002.

Barletta, A. y Tortti, M. C., "Desperonización y peronización en la universidad en los comienzos de la partidización de la vida universitaria" en Krotsch, P. (org.), *La universidad cautiva. Legados, marcas y horizontes*, La Plata, Ediciones Al Margen, 2002, pp. 107-126.

Baruch Bertocchi, N., *Las universidades católicas*, Buenos Aires, Centro Editor de América Latina, 1987.

Beigel, F., (dir.) *Autonomía y dependencia académica. Universidad e investigación científica en un circuito periférico: Chile y Argentina (1950-1980)*, Buenos Aires, Biblos, 2010.

Bekerman, F., "Investigación científica bajo el signo militar (1976- 1983): la bisagra entre el CONICET y la universidad", *Alas. Asociación Latinoamericana de Sociología*, 2009, pp. 189-206.

Bekerman, F., "La expansión de las *research capacities* en tiempos de dictadura: la política de creación de institutos en el CONICET y su impacto en la estructura del sistema científico argentino (1974-1983)", *Estudios 25*, 2011, pp. 121-139.

Besoky, J. L., "La revista El Caudillo de la Tercera Posición", *Conflicto Social*, N° 3, 2010.

Besoky, J. L., "Adiós Juventud… Juan Domingo Perón y el fin de la Tendencia Revolucionaria", *VII Jornadas de Sociología,* Universidad Nacional de La Plata, 5-7 diciembre, 2012.

Besoky, J. L., "La derecha peronista en perspectiva", *Nuevo Mundo Mundos Nuevos. Questions du temps présent,* 2013, consultado 4 junio 2014, http://nuevomundo.revues.org/65374.

Betancur Mejía, G., "El crédito educativo y la educación como factor esencial en la integración latinoamericana", *Boletín de la Academia Nacional de Educación,* N°36, 1998, pp. 5-9.

Blanco, A., *Razón y modernidad. Gino Germani y la sociología en la Argentina,* Buenos Aires, Siglo Veintiuno, 2006.

Bonavena P., "El rector que no fue: la lucha de los estudiantes de la UBA contra la designación del odontólogo Alberto Banfi en octubre de 1973", *Primeras Jornadas de Estudio y Reflexión sobre el Movimiento Estudiantil,* disponible en www.mov-estudiantil.com.ar/terceras/20063.doc

Bonavena, P., "El movimiento estudiantil universitario frente a la Misión Ivanissevich: el caso de la Universidad de Buenos Aires", *IV Jornadas de Trabajo sobre Historia reciente,* Rosario, 2008.

Bandieri, Susana (coord.), *Universidad Nacional del Comahue, 1972-1997. Una historia de 25 años,* Neuquén, Educo.

Buchbinder, P. y Marquina, M., *Pasividad, heterogeneidad y fragmentación. El sistema universitario argentino 1983-2008,* Los Polvorines, Universidad Nacional de General Sarmiento, 2008.

Buchbinder, P., *Historia de las Universidades Argentinas,* Buenos Aires, Sudamericana, 2005.

Buchbinder, P., *La universidad en los debates parlamentarios*, Los Polvorines, Universidad Nacional de General Sarmiento, 2014.

Califa, J. S., *Reforma y Revolución. La radicalización política del movimiento estudiantil de la UBA 1943-1966*, Eudeba, Buenos Aires, 2014.

Canelo, P., "Laboratorios de la refundación. Los ministerios de Interior, Trabajo y Economía durante la última dictadura militar (1976-1983)", *VII Jornadas de Trabajo de Historia Reciente*, Universidad Nacional de La Plata, 2014.

Canelo, P., "Represión, consenso y diálogo político. El Ministerio del Interior durante la última dictadura militar argentina", *Política. Revista de Ciencia Política*, vol. 52, pp. 219-24, 2014.

Canelo, P., *El proceso en su laberinto. La interna militar de Videla a Bignone*, Buenos Aires, Prometeo, 2008.

Cano, D., *La educación Superior en Argentina*, Texto preparado por la Facultad Latinoamericana de Ciencias Sociales (FLACSO), Programa Buenos Aires, Caracas, CRESALC/UNESCO, 1985.

Carli, S., (comp.) *Universidad pública y experiencia estudiantil. Historia, política y vida cotidiana*, Buenos Aires, Miño y Dávila, 2014.

Carnagui, J. L., "¿Entre la derecha peronista y grupos paraestatales? La ofensiva de la Concentración Nacional Universitaria en la Universidad Nacional de La Plata (1973-1975)", en Bohoslavsky, Ernesto y Echeverría, Olga (eds.) *Las derechas en el cono sur, siglo XX. Actas del sexto taller de discusión*, Los Polvorines, 2015, pp. 66-83.

Carnagui, J. L., "El nacionalismo juvenil platense y la formación de la Concentración Nacional Universitaria (CNU), 1960-1971", *Nuevo Mundo Mundos Nuevos. Questions du temps présent*, consultado 13 julio 2014, http://nuevomundo.revues.org/66038

Cucchetti, H., "¿Derechas peronistas? Organizaciones militantes entre nacionalismo, cruzada anti-montoneros y profesionalización política", *Nuevo Mundo Mundos Nuevos. Questions du temps présent,* consultado 4 junio 2014, http://nuevomundo.revues.org/65363.

Cucchetti, H., *Combatientes de Perón, herederos de Cristo. Peronismo, religión secular y organizaciones de cuadros,* Buenos Aires, Prometeo, 2010.

Denaday, J. P., "Amelia Podetti: una trayectoria olvidada de las Cátedras Nacionales", *Nuevo Mundo Mundos Nuevos. Questions du temps présent,* 2013, consultado 2 julio 2014, http://nuevomundo.revues.org/65663

Díaz, M. F. y Gil, G. J., "Continuidades, "orden" y "despolitización". La Universidad Nacional de Mar del Plata en los años de dictadura (1976-1983)", en Rodríguez, L. G. Universidad y dictadura", *PolHis. Revista del Programa Interuniversitario de Historia Política,* N° 14, 2014.

Díaz, M. F., "La sal del odio. Una historia de bandidos y justicieros en la Mar del Plata de los años 70", en Gil, G. J. (dir.) *Universidad y utopía. Ciencias sociales y militancia en la Argentina de los 60 y 70,* Mar del Plata, EUDEM, 2010.

Duhalde, E. L., *El Estado terrorista argentino,* Buenos Aires, Argos Vergara, 1983.

Fares, M. C., "Tradición y reacción en el Sesquicentenario. La escuela sevillana mendocina", *Prismas,* N° 15, 2011, pp. 87-104.

Fares, M. C., "Universidad y nacionalismos en la Mendoza postperonista. Itinerarios intelectuales y posiciones historiográficas en los orígenes de la Facultad de Ciencias Políticas y Sociales", *Anuario IEHS,* N° 26, 2011a, pp. 215-238.

Franco, M., *Un enemigo para la nación. Orden interno, violencia y subversión, 1973-1976*, Buenos Aires, Fondo de Cultura Económica, 2012.

Friedemann, S., "Liberación o dependencia en el debate parlamentario de la Ley Taiana. Un acercamiento al enfoque etnográfico para el estudio de la cuestión universitaria en el pasado reciente", *Historia de la educación. Anuario*, vol. 12, N° 2, 2011.

Garatte, L., *Políticas, grupos académicos y proyectos curriculares de Ciencias de la Educación en la Universidad Nacional de La Plata (1966-1986)*. Tesis Doctoral. Universidad de San Andrés, 2012

Gil, G. J., "Una experiencia universitaria 'frustrada'. Persecución y represión antes del golpe en la Universidad de Mar del Plata", *Sociohistórica. Cuadernos del CISH*, 20/21, 2008, pp. 91-119.

Gil, G. J., "Nacionalización y represión en la Universidad de Mar del Plata. El cierre de carreras de ciencias sociales (1974-1977)", *Jornadas Interescuelas- Departamentos de Historia*, Catamarca, 2011.

Gil, G., *Las sombras del Camelot. Las ciencias sociales y la Fundación Ford en la Argentina de los '60*, Mar del Plata, EUDEM, 2011.

González Jansen, I., *La Triple-A*, Buenos Aires, Ed. Contrapunto, 1986.

Invernizzi, H. y Gociol, J., *Un golpe a los libros. Represión a la cultura durante la última dictadura militar*, Buenos Aires, EUDEBA, 2002.

Izaguirre, I., "La Universidad y el Estado terrorista. La Misión Ivanissevich", *Conflicto social*, Año 4, N° 5, 2011, pp. 287-303.

Kaufmann, C. (dir), *Dictadura y Educación*, Buenos Aires, Miño y Dávila, 2001 y 2003.

Klappenbach, H. *et. al.*, *Crónicas de la Vida universitaria en San Luis*, San Luis, Universidad Nacional de San Luis, 1995.

Ladieux, J. I., "La mazorca de Perón: prácticas ideológicas de la derecha peronista. Una aproximación a partir de un estudio de caso. Mar del Plata 1970- 1976", *X Jornadas Interescuelas- Departamentos de Historia*, Rosario, Universidad Nacional de Rosario, 2005.

Lenci, L., "Cámpora al gobierno, Perón al poder. La Tendencia Revolucionaria del Peronismo antes de las elecciones del 11 de marzo de 1973", en Pucciarelli, A. (edit.), *La primacía de la política. Lanusse, Perón y la Nueva Izquierda en tiempos del GAN*. Buenos Aires, EUDEBA, 1999.

Luciani, L., "La Universidad Nacional de Rosario durante la última dictadura militar argentina (1976-1983). Un acercamiento a los conflictos al interior de la gestión interventora", *RBBA. Revista Binacional Brasil-Argentina*, vol. 3, N° 1, 2014.

Marcilese, J. B. y Tedesco, M., *Universidad Tecnológica Nacional. Facultad Regional Bahía Blanca. 1954-2004. Medio siglo de proyección regional*, Bahía Blanca, UTN, 2004.

Marinaro, S., "Holver Martínez Borelli y la radicalización de la intelectualidad salteña", *Jornada: Recuperando trayectorias intelectuales en el Estado"*, Universidad Nacional de General Sarmiento, 11 septiembre 2013.

Mignone, E. F., *Legislación universitaria: pasado y presente*, Bernal, Universidad Nacional de Quilmes, Documentos de Trabajo N° 5, 1998.

Mignone, E., *Iglesia y dictadura*, Buenos Aires, Ediciones del Pensamiento Nacional, 1986.

Millán, M., "La formación de alianzas en el campo popular: el caso del movimiento estudiantil de Corrientes y Chaco entre 1966 y 1969", en

Primeras Jornadas de reflexión y estudio sobre el Movimiento Estudiantil Argentino, UBA, 3-5 noviembre, 2006.

Montero, M. L., "Prensa y dictadura: La Nueva Provincia frente a la persecución ideológica en la Universidad Nacional Del Sur", *IX Jornadas Nacionales- VI Latinoamericanas "El pensar y el hacer en nuestra América, a doscientos años de las guerras de la independencia"*, Bahía Blanca, 2010.

Nievas, F., *Las tomas durante el gobierno de Cámpora*, Tesis de Maestría, UBA, 2000.

Novaro, M. y Palermo, V., *Historia Argentina 9. La Dictadura militar. 1976/ 1983. Del golpe de Estado a la restauración democrática*, Buenos Aires, Paidós, 2003.

Orbe, P., "El "proceso de reorganización" de los claustros: el impacto de la última dictadura en la Universidad Nacional del Sur", en Rodríguez, L. G. (coord.), "Dossier Universidad y dictadura", *PolHis. Revista del Programa Interuniversitario de Historia Política*, N° 14, 2014.

Osuna, M. F., "Católicos y Tecnócratas. Diagnósticos, políticas y discusiones en torno a la previsión social durante la última dictadura", *Revista Páginas*, vol. 4, N° 6, 2012, pp. 101-121.

Oszlak, O., *Merecer la ciudad. Los Pobres y el Derecho al Espacio Urbano*, Buenos Aires, Humanitas/ CEDES, 1991.

Oteiza, E., (dir.) *La política de investigación científica y tecnológica en Argentina. Historias y perspectivas*, Buenos Aires, CEAL, 1992.

Pagano, N., "Las ciencias sociales durante la dictadura argentina (1976-1981), en Devoto, F. y Pagano, N. (ed.), *La historiografía académica y la historiografía militante en Argentina y Uruguay*, Buenos Aires, Biblos, 2004, pp. 159-170.

Paso, M., "La formación de docentes universitarios durante la última dictadura cívico-militar. Estrategias, enfoques y prácticas en la UNLP (1976 -1983)", *VII Jornadas de Trabajo sobre Historia Reciente,* Universidad Nacional de La Plata, 6 al 8 agosto, 2014.

Pérez Lindo, A., *Universidad, política y sociedad,* Buenos Aires, Eudeba, 1985.

Philp, M. *et. al.,* "La UNC en el golpe del 76. Una isla autoritaria", *UNC. 400 años. Historia y futuro,* 2012.

Pozzoni, M., "Leales" y "traidores": La experiencia de disidencia de la Juventud Peronista Lealtad (1973- 1974)", *Nuevo Mundo Mundos Nuevos. Questions du temps présent,* 2013, consultado 4 junio 2014, http://nuevomundo.revues.org/65393

Pucci, R., "Pasado y presente de la Universidad tucumana", disponible en http://historiapolitica.com/datos/biblioteca/pucci.pdf, 2012.

Pujol, S., *Rock y dictadura,* Buenos Aires, Booket, 2007.

Quiroga, H., *El tiempo del 'Proceso'. Conflictos y coincidencias entre políticos y militares. 1976-1983,* Rosario, Homo Sapiens Ediciones, 2004.

Ranalletti, M. y Pontoriero, E., "La normativa en materia de defensa y seguridad y la criminalización de las disidencias (1955-1976)", *V Jornadas de Trabajo sobre Historia Reciente,* Los Polvorines, UNGS, 2012.

Recalde, A. y Recalde, I., *Universidad y Liberación Nacional,* Buenos Aires, Nuevos Tiempos, 2007.

Reta, M. A., "El Frente Estudiantil Nacional (FEN): juventud y estudiantado en el proceso contestatario de los años sesenta en Argentina", *Antiteses,* Vol.2, N° 4, 2009, pp. 1059-1093.

Rodríguez, L. G., "La universidad argentina durante la última dictadura: actitudes y trayectorias de los rectores civiles (1976-1983)", *RBBA. Revista Binacional Brasil- Argentina,* volumen 3, N° 1, 2014, pp. 135-160, http://periodicos.uesb.br/index.php/rbba/issue/archive.

Rodríguez, L. G., "La Universidad Católica de La Plata. Iglesia, peronismo y sectas", *Revista Páginas,* vol. 6, N° 10, 2013, pp. 102-127, http://web.rosario-conicet.gov.ar/ojs/index.php/RevPaginas/index

Rodríguez, L. G., "Las Ciencias Sociales durante la última dictadura: agendas, investigadores e instituciones", en Gárgano, C., (comp.) *Ciencia y Dictadura. Trayectorias institucionales, agendas de investigación y mecanismos represivos en Argentina (1973-1983),* Buenos Aires, Ediciones INTA, 2015.

Rodríguez, L. G., "Los católicos en la universidad: monseñor Derisi y la UCA", *Estudios del ISHIR,* vol. 3, N° 7, 2013, pp. 79-93.

Rodríguez, L. G. "El "marxismo" y la universidad en la revista *Mikael* (1973-1984)", en *Ciencia, docencia y tecnología.* N° 45, año XXIII, 2012, pp. 147-162, disponible en http://www.revistacdyt.uner.edu.ar/

Rodríguez, L. G., "La subversión científica en las universidades de Argentina e Hispanoamérica", en *Mundos Nuevos- Nuevos Mundos,* 2015, disponible en http://noveauxmonde.revues.org.

Rodríguez, L. G., *Católicos, nacionalistas y políticas educativas durante la última dictadura (1976-1983),* Rosario, Prohistoria, 2011.

Rodríguez, L. G., *Civiles y militares en la última dictadura. Funcionarios y políticas educativas en la provincia de Buenos Aires (1976-1983),* Rosario, Prohistoria, 2012.

Rodríguez, L. G. y Soprano, G., "Nacionalismo y educación en la última dictadura argentina (1976-1983). Civiles y militares en el proyecto de la Escuela de Defensa Nacional", *Século XXI*, vol. 5, N° 1, 2015.

Rodríguez L. G. y Soprano, G., "Las políticas de acceso a la Universidad durante el Proceso de Reorganización Nacional, 1976-1983. El caso de la Universidad Nacional de La Plata", *Question,* N° 24, 2009, http:// www.perio.unlp.edu.ar/question/2009.

Rodríguez, L. G. y Soprano, G., "La política universitaria de la dictadura militar en la Argentina: proyectos de reestructuración del sistema de educación superior (1976-1983)", *Nuevos Mundos- Mundos Nuevos,* 2009, disponible en http://noveauxmonde.revues.org

Sábato, H., "Sobrevivir en Dictadura: las ciencias sociales y la Universidad de las catacumbas", en Quiroga, H. y Tcach, C., (comps.) *A veinte años del golpe. Con memoria democrática*, Rosario, Homo Sapiens Ediciones, 1996.

San Nicolás, N., "Reflexiones sobre la Universidad y el terrorismo de Estado, 1974-1976", en Romano, S. (comp.), *Historias recientes de Córdoba: política y derechos humanos en la segunda mitad del siglo XX,* Córdoba, Universidad Nacional de Córdoba, 2013, pp. 128-140.

Schvarzer, J., *Martínez de Hoz. La lógica política de la política económica*, Buenos Aires, CISEA, 1984.

Scirica, E., "Un combate integral e intransigente en la Argentina post conciliar. *Verbo* y el despliegue de Carlos Sacheri contra "La iglesia clandestina", *Actas del III Simposio Internacional sobre Religiosidad, Cultura y Poder,* Buenos Aires, GERE, 2010.

Servetto, A., *73/76. El gobierno peronista contra las provincias montoneras,* Buenos Aires, Siglo XXI Ed., 2010.

Soprano, G.; Garatte, L., "Política y grupos académicos universitarios. Un análisis comparado de su historia reciente en Facultades de Ciencias Naturales y Humanas (Argentina. 1966-1986)", en Bohoslavsky, E. *et. al.* (eds.). *Historia reciente en el Cono Sur,* Los Polvorines, Universidad Nacional de San Martín/ Universidad Nacional de General Sarmiento, 2011, pp. 277-301.

Suasnábar, C., *Universidad e intelectuales. Educación y política en la Argentina (1955-1976)*, Buenos Aires, Flacso-Manantial, 2004.

Tarruella, A. C., *Guardia de Hierro. De Perón a Kirchner,* Buenos Aires, Sudamericana, 2005.

Tedesco, M. C., "La universidad en los años del Proceso", en Bulnes, M. C. de (dir.), *Universidad Nacional del Sur: 1956-2006*, Bahía Blanca, Universidad Nacional del Sur, 2006.

Tortti, M. C., "Protesta social y Nueva izquierda en la Argentina del GAN", en Pucciarelli, A. (comp.), *La primacía de la política. Lanusse, Perón y la Nueva Izquierda en tiempos del GAN,* Buenos Aires, Eudeba, 1999, pp. 205-234.

Vázquez, E., *La última. Origen, apogeo y caída de la dictadura militar,* Buenos Aires, Eudeba, 1985.

Vélez, R., *La represión en la UN de Cuyo*, Mendoza, Universidad Nacional de Cuyo, 1999.

Verbitsky, H., *El silencio. De Paulo VI a Bergoglio*, Buenos Aires, Sudamericana, 2005.

Verbitsky, H., *Ezeiza,* Buenos Aires, Contrapunto, 1985.

Vessuri, H., "Las ciencias sociales en la Argentina: diagnóstico y perspectivas", en Oteiza, E., (dir.) *La política de investigación científica y tecnológica argentina. Historia y perspectivas,* Buenos Aires, CEAL, 1992, pp. 339-363

Weinberg, G., "Aspectos del vaciamiento de la universidad argentina durante los regímenes militares recientes", *Universidad y política en América Latina.* México, UNAM, 1987.